DEHONGLI
MEDDWL PAUL

CYFRES O ASTUDIAETHAU
O FYWYD A DYSGEIDIAETH
YR APOSTOL PAUL

GAN

ELFED AP NEFYDD ROBERTS

CYHOEDDIADAU'R
GAIR

I EIDDWEN

gyda diolch am ei chefnogaeth
a'i chymorth, a'i hamynedd mawr
â mi, ac â'r Apostol ei hun,
ac am lawer awgrym gwerthfawr
tra oedd y gwaith hwn ar y gweill.

ⓗ Cyhoeddiadau'r Gair 2016

Testun gwreiddiol: Elfed ap Nefydd Roberts

Dymuna'r cyhoeddwyr gydnabod cymorth
Adran Grantiau Cyngor Llyfrau Cymru.

Golygydd Testun: John Pritchard
Golygydd Cyffredinol: Aled Davies

Argraffwyd gan Melita oddi fewn i'r Undeb Ewropeaidd

**Cyhoeddwyd gan
Cyhoeddiadau'r Gair, Cyngor Ysgolion Sul Cymru,
Ael y Bryn, Chwilog, Pwllheli, Gwynedd LL53 6SH.
www.ysgolsul.com**

CYNNWYS

RHAGAIR

Yn ystod chwedegau a saithdegau'r ganrif ddiwethaf gwelwyd twf a chynnydd mudiad 'Yr Eglwysi Tai', sef rhwydwaith o grwpiau yn cyfarfod yn nhai ei gilydd i weddïo, i astudio'r Beibl ac i drafod y Ffydd. Ar y pryd, credai llawer fod y mudiad hwn yn ddatblygiad arwyddocaol, yn arwyddo symud oddi wrth yr eglwys fel cynulleidfa i'r eglwys fel cell, oddi wrth yr adeilad eglwysig mawreddog i gynhesrwydd a chroeso'r cartref. Ond gwahanol fu canlyniad hirdymor y mudiad. Datblygodd llawer o'r grwpiau tai yn eglwysi newydd, a'r rheiny yn garismataidd eu pwyslais a heb gysylltiad â'r prif enwadau. Ac er i'r grwpiau tai 'gydio' mewn rhai o'r eglwysi traddodiadol, erbyn heddiw aeth yn fwy anodd cynnal grwpiau trafod a grwpiau gweddi, a gwelwyd dosbarthiadau Ysgol Sul i oedolion yn lleihau a seiadau a chyfarfodydd gweddi yn mynd yn brin. Ond calondid yw gwybod fod rhai yn dal ati, a bod rhai – oherwydd prinder gweinidogion a phregethwyr, ac am fod cynulleidfaoedd yn lleihau – yn arbrofi trwy gynnal trafodaethau neu astudiaethau Beiblaidd ar y Sul.

Amcan y gyfrol fach hon, fel eraill o'i blaen yn y gyfres *Dehongli,* yw bod yn adnodd i arweinwyr sy'n ymdrechu i gynnal grwpiau o'r fath. Wedi trafod yn y cyfrolau blaenorol fywyd a gwaith Iesu, a'i ddysgeidiaeth a'i ddamhegion a'i wyrthiau, derbyniais awgrym Aled Davies, Cyfarwyddwr Cyhoeddiadau'r Gair, i lunio cyfrol arall – y tro hwn ar fywyd a meddwl yr Apostol Paul. Wedi cychwyn ar y gwaith, sylweddolais mai menter go fawr oedd ceisio deall a dehongli meddwl athrylith o ddyn fel Paul, gan mor gyfoethog ac arloesol, ac ar adegau mor gymhleth oedd ei gyfraniad a'i arweiniad ym mlynyddoedd cynnar yr Eglwys.

Meddai un ysgolhaig Testament Newydd, James D. J. Dunn, amdano, 'Yr Apostol Paul oedd y diwinydd Cristnogol cyntaf a'r mwyaf. Bu treiddgarwch ei adfyfyrdod diwinyddol, ei ymrafael sensitif â phroblemau moesol, ei arweiniad bugeiliol doeth, a phendantrwydd ei farn yn destun rhyfeddod i ddarllenwyr y Testament Newydd dros y blynyddoedd.' Arwydd o bwysigrwydd y gŵr hwn yng nghyfnod cynnar ffurfiannol yr Eglwys Fore, a'i ddylanwad ar rai o arweinwyr mawr yr Eglwys dros y canrifoedd, o Awstin Sant i Martin Luther i Karl Barth a llawer un arall, yw'r doreth o lyfrau ac erthyglau dysgedig a gyhoeddir amdano o flwyddyn i flwyddyn. Go brin y gall cyfrol fach fel hon sefyll ysgwydd wrth ysgwydd â'r gweithiau trwchus, academaidd hyn. Ond gobeithio y bydd yn fath o bont rhyngddynt â dosbarthiadau a grwpiau o fewn eglwysi Cymru heddiw.

Wedi dweud hynny, rhaid ychwanegu gair o rybudd. Nid gwaith hawdd yw mynd i'r afael â meddwl a dysgeidiaeth Paul. Ac felly, nid gwaith hawdd fydd cyflwyno cynnwys rhai o'r penodau sy'n dilyn. Bydd rhaid i bob athro, ac yn wir i bob aelod o ddosbarth, wneud eu gwaith cartref. Ond o wneud hynny, gobeithio y bydd y dosbarthiadau yn cael budd a bendith o'r ymdrech ac yn canfod fod gan y gŵr mawr hwn bethau i'w dweud sy'n gymorth i ni ddeall yn well rai o bynciau canolog ein Ffydd, a phethau sy'n berthnasol i'n bywyd a'n tystiolaeth fel eglwysi yng Nghymru heddiw.

Unwaith eto, y mae fy nyled yn fawr i Aled Davies, Cyhoeddiadau'r Gair, am ei garedigrwydd a'i gefnogaeth, ac am ei wahoddiad i lunio'r gyfrol hon. Yn wir, yr ydym i gyd yn ddyledus i Aled a'i Wasg am eu cynnyrch gwerthfawr ac am yr adnoddau gwych a ddarperir ganddynt yn ddi-dor i blant, ieuenctid ac oedolion ein heglwysi.

Elfed ap Nefydd Roberts

CYFLWYNIAD I FYWYD A GWAITH PAUL

Rai blynyddoedd yn ôl darlledwyd cyfres o raglenni ar Sianel 4 ar fywyd a dylanwad yr Apostol Paul. I gyd-fynd â'r gyfres cyhoeddwyd llyfr gan Karen Armstrong dan y teitl, *The First Christian: St. Paul's Impact on Christianity.* Mynnodd yr awdures mai Paul oedd y Cristion cyntaf, a hynny yn rhinwedd ei gyfraniad fel cenhadwr, diwinydd, cyfrinydd ac arweinydd eglwysig arloesol. Ef a osododd sylfeini'r Eglwys yn Syria, Asia Leiaf ac Ewrop. Teithiodd filoedd o filltiroedd; mentrodd i sefyllfaoedd peryglus; a chafodd ei gam-drin a'i garcharu ar sawl achlysur. Yn ychwanegol at ei wroldeb a'i ysbryd mentrus, roedd hefyd yn ddyn o allu meddyliol anghyffredin. Ef oedd y cyntaf i ddechrau deall a dehongli Efengyl Crist, ac ystyr ei groeshoeliad a'i atgyfodiad. A chyfrannodd yn fwy na neb arall – ar wahân i Iesu ei hun – at ddatblygiad athrawiaeth yr Eglwys Gristnogol yn ystod y canrifoedd cynnar a hyd heddiw. Yn wir, mae rhai wedi dadlau mai ef, yn hytrach na Iesu, a roddodd siâp a chynnwys i'r grefydd Gristnogol.

Y mae mawredd y dyn i'w weld yn y cyfuniad sydd ynddo o ddisgleirdeb meddwl, egni ymarferol a dyfnder profiad ysbrydol. 'Does ond rhaid troi at y pwysicaf o'i lythyrau, fel y Llythyr at y Rhufeiniaid neu'r ddau at y Corinthiaid, i werthfawrogi ei allu ymenyddol. Ac o ddilyn ôl ei droed ar ei deithiau cenhadol trwy Gyprus ac Asia Leiaf i Ewrop a Rhufain, rhyfeddwn at ei egni a'i ddawn fel arweinydd a'i ofal am ei eglwysi fel bugail eneidiau. Ac o ystyried dirgelwch ei berthynas agos â'i Arglwydd, effaith parhaol ei weledigaeth o'r Crist byw ar ffordd Damascus, ac arwyddocâd dwfn ei ymadrodd 'yng Nghrist', sylweddolwn ein bod yng nghwmni un oedd yn wir yn ŵr Duw. Anaml iawn y ceir mewn un person uniad o'r ymenyddol, yr ymarferol a'r ysbrydol, ond fe'u cafwyd yn yr Apostol Paul.

Dylanwad Paul
Dros y canrifoedd bu Paul, ei lythyrau a'i ddysgeidiaeth, yn faes astudiaeth a thrafodaeth ymhlith gwahanol garfannau o Gristnogion.

9

Roedd ei ddylanwad yn drwm ar y Tadau Eglwysig cynnar, yn enwedig wrth iddynt fynd i'r afael â'r dasg o ddiffinio credo'r Eglwys. Roedd Awstin Sant yn drwm yn ei ddyled, yn enwedig ei bwyslais ar gyfiawnhad trwy ffydd yn hytrach na thrwy weithredoedd. A darganfod dehongliad Paul o gyfiawnhad trwy ffydd a achubodd Martin Luther o'i bryder a'i anobaith wrth iddo, fel mynach Awstinaidd, dreulio misoedd lawer yn ei gell yn chwilio am sicrwydd o faddeuant a chymod â Duw. Cafodd ryddhad o'r diwedd o ddarllen a myfyrio ar eiriau Paul: 'trwy ras yr ydych wedi eich achub, trwy ffydd. Nid eich gwaith chwi yw hyn, rhodd Duw ydyw; nid yw'n dibynnu ar weithredoedd, ac felly ni all neb ymffrostio' (Eff. 2:8–9).

Roedd canlyniad darganfyddiad Luther yn chwyldroadol. Daeth i gredu fod holl gyfundrefn yr Eglwys Babyddol yn ddiffygiol. Dysgai'r Eglwys honno mai trwy ymprydio, gweddïo, pererindota, mynychu'r offeren a'r gyffesgell yn gyson, prynu maddeuebau, a phlygu i ddisgyblaeth, yr oedd boddhau Duw a byrhau'r cyfnod yn y purdan. O dan ddylanwad Paul, gyrrwyd Luther i begwn arall, i wrthdrawiad â'i Eglwys; a chafodd ei esgymuno a'i gondemnio fel heretic. Effaith hynny oedd tanio'r Diwygiad Protestannaidd a rhwygo'r Eglwys a holl gyfandir Ewrop.

Byth ers hynny, ystyriwyd athrawiaeth Paul am gyfiawnhad trwy ffydd yn ganolbwynt diwinyddiaeth Brotestannaidd. Fel y profodd Paul yn ei ddydd mai ofer oedd ceisio cyfiawnhad trwy ufuddhau i ofynion y Gyfraith Iddewig, dysgodd Luther yntau, wrth draed Paul, mai trwy ffydd yn unig, ac nid trwy weithredoedd, yr oedd canfod cyfiawnhad yng ngolwg Duw.

Yn 1931, cyhoeddwyd cyfrol a fyddai'n rhoi cyfeiriad newydd i astudiaethau o fywyd a dysgeidiaeth Paul, sef *The Mysticism of Paul the Apostle,* gan neb llai nag Albert Schweitzer. Prif ddadl Schweitzer oedd mai cyfrinydd oedd Paul yn ei hanfod ac mai arwyddocâd cyfriniol oedd i'r ymadrodd 'yng Nghrist'. Nid oedd yn gwadu pwysigrwydd cyfiawnhad trwy ffydd, ond mynnai mai ystyr *ffydd* i Paul oedd perthynas ysbrydol rhwng y credadun a Christ. Wrth drafod ei

10

berthynas ag Iddewiaeth, credai Schweitzer fod Paul wedi cael ei ddylanwadu gan yr haen apocalyptaidd oddi fewn i Iddewiaeth Balestinaidd. Effaith hynny oedd iddo osod ei fryd ar y dyfodol yn hytrach na'r presennol, ar undod Iddewon a Groegiaid, undod credinwyr o fewn cymdeithas yr Eglwys, undod y credadun â'i Arglwydd, ac undod yr holl greadigaeth yng Nghrist. 'Yr oedd Duw yng Nghrist yn cymodi'r byd ag ef ei hun ... ac y mae wedi ymddiried i ni neges y cymod' (2 Cor. 5:19). Yn wahanol i'r pwyslais Protestannaidd traddodiadol ar achubiaeth yr enaid unigol trwy ffydd, symudodd Schweitzer y pwyslais at achubiaeth gosmig, sef dwyn pob peth, yn y nef ac ar y ddaear, i undod yng Nghrist.

Yn dilyn gwaith Schweitzer, cyhoeddwyd sawl astudiaeth o berthynas Paul ag Iddewiaeth, gan gynnwys cyfrol bwysig y Cymro, W. D. Davies, cyn-athro Testament Newydd ym Mhrifysgol Princeton, *Paul and Rabbinic Judaism* (1955). Er ei fod yn anghytuno â syniad Schweitzer am berthynas Paul ag Iddewiaeth apocalyptaidd, cytunai mai yn ei berthynas ag Iddewiaeth yr oedd deall ei bwysigrwydd a'i ddylanwad. Ond dadleuodd W. D. Davies mai fel Pharisead ac Iddew Rabinaidd yr oedd deall Paul, ond Iddew a ddaethai i dderbyn Iesu o Nasareth fel y Meseia. Parhaodd Paul yn Iddew ffyddlon ar hyd ei oes. Ymboenai am dynged ei bobl; roedd yn ei uniaethu ei hun â'r hen Israel; a defnyddiai gysyniadau Rabinaidd i ddehongli person Crist ac ystyr y bywyd Cristnogol.

Dros y blynyddoedd diwethaf, Paul yr Iddew fu'r prif faes astudiaeth ymhlith ysgolheigion. Y mae eu gweithiau yn rhy niferus i ni allu cyfeirio atynt yma, ond arwydd o fawredd Paul ac o bwysigrwydd ei ddysgeidiaeth yw bod diwinyddion ac esbonwyr yn parhau i'w astudio ac i asesu ei ddylanwad ar Gristnogaeth ac Iddewiaeth fel ei gilydd. Y mae'n ddiddorol fod ysgolheigion Iddewig hefyd wedi cyfrannu at y drafodaeth. Un ohonynt oedd Geza Vermes, Iddew a droes yn Gristion ac a ordeiniwyd yn offeiriad Pabyddol, ond a droes yn ôl at Iddewiaeth, ac a gyhoeddodd sawl astudiaeth o Iesu'r Iddew. Yn ei lyfr, *The Changing Faces of Jesus,* cyfeiria Vermes at Paul fel *'the true founder of Christianity'.* Hebddo, meddai, ni fyddai Cristnogaeth wedi gwreiddio

11

nac wedi ymledu fel y gwnaeth. Aeth mor bell ag awgrymu pe bai Paul wedi ei fagu yn Jerwsalem ym mysg Iddewon Rabinaidd o'r iawn ryw, ac nid yn Nharsus lle'r oedd y dylanwad Groegaidd yn drwm, na fyddai wedi troi at Grist o gwbl.

Efengyl Iesu ac athrawiaeth Paul

Trwy gyfeirio at Paul fel gwir sylfaenydd Cristnogaeth roedd Vermes, fel eraill o'i flaen, yn dadlau fod Paul wedi cefnu ar Efengyl seml Iesu Grist – neu, nad oedd yn gyfarwydd â hanes a dysgeidiaeth Iesu – ac wedi gosod seiliau ei ddiwinyddiaeth ei hun yn ei lle. Sail y ddadl hon yw mai ychydig iawn o gyfeiriadau sydd gan Paul at Iesu yn ei lythyrau. Ond prin fod angen iddo adrodd hanes bywyd a gweinidogaeth Iesu, na manylu ar ei ddysgeidiaeth, ei ddamhegion a'i ddywediadau, gan y byddai'r rheiny'n hysbys i'w ddarllenwyr. Yma a thraw, ceir cyfeiriadau cynnil at ddywediadau Iesu: 'I'r rhai sydd wedi priodi yr wyf fi'n gorchymyn – na, nid fi, ond yr Arglwydd – nad yw'r wraig i ymadael â'i gŵr' (1 Cor. 7:10). Ac wrth drafod atgyfodiad y meirw, meddai, 'Hyn yr ydym yn ei ddweud wrthych ar air yr Arglwydd: ni fynnwn ni ... ragflaenu dim ar y rhai sydd wedi huno' (1 Thes. 4:15).

Mae ei brif bwyslais ar groes ac atgyfodiad yr Arglwydd Iesu: 'Crist Iesu yw'r un a fu farw, yn hytrach a gyfodwyd ... yr un sydd yn ymbil drosom' (Rhuf. 8:34). Tra bo'r efengylau yn adrodd hanes croeshoeliad ac atgyfodiad Iesu, ac yn gwneud hynny gyda manylder, Paul yw'r un sy'n mynd y tu hwnt i'r digwyddiadau ac yn ceisio eu dehongli. Iesu yw'r athro sy'n cyflwyno ei neges i'w ddilynwyr. Paul yw'r diwinydd sy'n canoli ar Iesu ac yn plymio i ddirgelion ei berson a'i waith. Y mae'n gwneud hyn er mwyn deall ac esbonio'r hyn sydd wedi digwydd yn ei fywyd a'i brofiad ei hun, yn enwedig ar ffordd Damascus. Ond hefyd, fel cenhadwr, y mae'n ceisio gwneud ei neges yn ddealladwy a pherthnasol i'w wrandawyr, yn enwedig i Iddewon.

Themâu ei ddiwinyddiaeth

Nid newid neges 'seml' Iesu a gosod cyfundrefn athrawiaethol gymhleth yn ei lle a wnaeth Paul, ond adeiladu ar sylfeini Efengyl Iesu a threiddio i ddirgelwch ei berson a'i waith. Y mae nifer o esbonwyr wedi awgrymu i Paul ddatblygu neges gynnar yr Eglwys – a elwir y *kerygma*. Ym mhregethu ac addoliad cynnar yr Eglwys, gellir olrhain rhai themâu cyffredin. Gellir eu crynhoi fel a ganlyn. Yn gyntaf, cyflawnwyd proffwydoliaethau'r Hen Destament. Yn ail, daeth y Meseia i'r byd yng ngenedigaeth Iesu o Nasareth. Yn drydydd, fe'i croeshoeliwyd a'i gladdu. Yn bedwerydd, dyrchafwyd ef i ddeheulaw Duw. Yn bumed, daeth tywalltiad o'r Ysbryd Glân. Yn chweched, bydd Iesu'n dychwelyd mewn barn a gogoniant. Yn seithfed, rhaid felly edifarhau ac ymuno â chymdeithas ei bobl trwy fedydd.

Yr union themâu hyn oedd cynnwys y *kerygma*, a hwy hefyd yw prif bynciau dysgeidiaeth Paul. Fel Iddew a oedd wedi ei drwytho yn yr Ysgrythurau, daeth i weld fod Iesu'n cyflawni'r proffwydoliaethau, ac arweiniodd hyn at gwestiwn statws y Gyfraith a lle Israel ym mhwrpas Duw. Un o ganlyniadau cyntaf ei dröedigaeth ar ffordd Damascus oedd iddo adnabod Iesu fel y Meseia, gyda'r canlyniad i berson Crist ddod yn ganolbwynt ei holl feddwl ac iddo'i weld fel Arglwydd, Gwaredwr a Mab Duw. O adnabod Iesu'r Meseia daeth ystyr y groes yn bwnc o'r pwys mwyaf iddo – roedd hyn yn dramgwydd i'r Iddewon ac yn ffolineb i'r Groegiaid, ond i'r credinwyr yn ddigwyddiad achubol. A chan mai wrth droed y groes yr oedd credinwyr yn profi maddeuant pechodau a chymod â Duw, aeth Paul ati i ymchwilio i ddirgelwch cyfiawnhad trwy ffydd, mewn gwrthgyferbyniad i'r gred Iddewig mai wrth ufuddhau i ofynion y Gyfraith yr oedd canfod perthynas â Duw. A thema arall a ddenodd ei sylw oedd ystyr ac oblygiadau atgyfodiad Crist, nid yn unig i unigolion ond i'r holl greadigaeth.

Dywed Paul ei fod wedi derbyn hanfod yr Efengyl oddi wrth eraill: 'Oherwydd, yn y lle cyntaf, traddodais i chwi yr hyn a dderbyniais: i Grist farw dros ein pechodau ni, yn ôl yr Ysgrythurau' (1 Cor. 15:3). Gwelai hefyd mai ei gyfrifoldeb ef oedd traddodi'r genadwri i eraill. Trwy ei lythyrau, traddododd ei ddehongliad o Efengyl Crist i aelodau ei eglwysi, ond trwyddynt hefyd fe'u traddododd i ninnau. Ond fel un a gredai fod diwedd y byd yn agos, ni allai Paul fod wedi dychmygu y byddai ei lythyrau at ei eglwysi yn dod yn ddogfennau a fyddai'n dylanwadu ar fywyd a meddwl Cristnogion am ddwy fil o flynyddoedd.

Byddai'n rhyfeddu o ddeall fod ei weithiau yn faes astudiaeth a thrafodaeth mewn seiadau a grwpiau trafod ac ysgolion Sul yng Nghymru yn yr unfed ganrif ar hugain!

Un peth sy'n rhoi gwefr wrth ddarllen llythyrau Paul yw cofio nad ffrwyth damcaniaethu diwinyddol, ymenyddol yn unig mohonynt, ond ffrwyth ei brofiad ysbrydol, personol. Cychwyn ei fywyd ysbrydol oedd cyfarfyddiad â'r Crist byw. Bu'n rhodio yn ei gwmni weddill ei ddyddiau, gan brofi rhin gyfriniol perthynas agos â'i Arglwydd, nes y gallai sôn am y bywyd Cristnogol fel bod 'yng Nghrist'.

Adroddir stori am athro Ysgol Sul a ofynnodd i'w ddosbarth beth oedd ystyr y teitl *Apostol* Paul. Ateb un hen frawd oedd, 'Postol Order ydi papur â stamp y brenin arno. Postol Paul ydi dyn â stamp Iesu Grist arno!' O dreulio amser yn ei gwmni, buan y gwelwn y stamp Crist-debyg ar ei fywyd a'i feddwl, ac fe all rhywfaint o'r stamp lynu wrthym ninnau o ganlyniad.

1. Iddew o Darsus yn Cilicia

Actau 22:1–5, 22–29; Philipiaid 3:4b–9

Ganed yr Apostol Paul ymhlith y *Diaspora*, sef yr Iddewon hynny oedd ar wasgar ar draws yr Ymerodraeth Rufeinig ac oddi allan i diriogaeth Palestina. Yno hefyd y treuliodd ei flynyddoedd cynnar. Ar yr un pryd, hawliai ei fod yn Iddew o ran ei fagwraeth, ei addysg a'i grefydd. Roedd Paul, felly, yn perthyn i ddau fyd ac yn gynnyrch dau ddiwylliant. Wedi ei fagu mewn dinas yn Cilicia, oddi allan i Balestina, roedd yn ymhyfrydu yn y ffaith ei fod yn ddinesydd Rhufeinig. Ond wedi ei fagu o fewn teulu Iddewig a'i drwytho yn nysgeidiaeth ac arferion ei ffydd, ymhyfrydai hefyd yn ei dras a'i grefydd fel Iddew. Deuai'r ddau ddiwylliant – y Rhufeinig a'r Iddewig – i ddylanwadu'n drwm arno.

Y Dinesydd Rhufeinig

Wedi ei arestio yn Jerwsalem ar amheuaeth o godi terfysg, meddai Paul wrth gapten y pencadlys, 'Iddew wyf fi, o Darsus yn Cilicia, dinesydd o ddinas nid di-nod' (Act. 21:39). Yn wir, roedd Tarsus yn un o ddinasoedd pwysicaf Asia Leiaf. Amcangyfrifwyd fod ei phoblogaeth bron yn hanner miliwn. Wedi ei lleoli ar lan yr afon Cydnus, ddeng milltir i'r gogledd o arfordir Twrci (Asia Leiaf bryd hynny), safai ar briffordd bwysig a gysylltai Asia Leiaf â Syria a Phalestina ac a arweiniai tua'r gogledd i Fynyddoedd Taurus. Tarsus oedd dinas bwysicaf Cilicia, talaith a sefydlwyd gan Pompey yn 67 C.C. Ymwelodd Iwl Cesar â hi yn 47 C.C. ac yn 41 C.C. treuliodd Marc Anthony amser yn Nharsus, gan drefnu i gyfarfod yno â Cleopatra, brenhines yr Aifft; a bu'r ddau'n hwylio i fyny afon Cydnus.

Ystyriwyd Tarsus yn ganolfan addysgol o bwys. Roedd yn ymfalchïo yn ei phrifysgol; a thybia rhai i Paul fod yn fyfyriwr ynddi cyn symud i barhau ei addysg yn Jerwsalem. Roedd yn sicr yn hyddysg yn niwylliant a syniadau'r byd Groegaidd-rufeinig. Prif ddiwydiant Tarsus oedd cynhyrchu cilicium, sef deunydd a luniwyd o flew gafr ac a ddefnyddiwyd i wneud pebyll. Disgrifir Paul, ynghyd â'i gyfeillion Acwila a Priscila o Gorinth, fel 'gwneuthurwyr pebyll' o ran eu crefft (Act. 18:3), er y gallai'r term olygu 'gweithwyr lledr'.

Yn ôl ei gyffes ei hun, cafodd Paul ei eni'n ddinesydd Rhufeinig (Act. 22:28), sy'n golygu fod ei dad, ac o bosib ei daid, yn ddinasyddion Rhufeinig hefyd. Gallai dyn ennill dinasyddiaeth Rufeinig mewn sawl ffordd: trwy enedigaeth (sef fod ei dad yn ddinesydd o'i flaen); trwy gwblhau gyrfa filwrol; trwy wobr am wasanaeth i'r Ymerodraeth, neu trwy daliad ariannol. Ond ar ben hynny, roedd rhaid i ddinesydd fod yn berchen eiddo gwerth pum can drachmae. Rhaid felly fod tad neu daid Paul wedi ei anrhydeddu am ei wasanaeth o ddarparu pebyll a defnyddiau lledr i'r fyddin Rufeinig, ond rhaid hefyd eu bod yn deulu cymharol gyfoethog.

Manteisiodd Paul ar ei statws fel dinesydd ar dri achlysur. Yn gyntaf, yn Philipi, dinas ym Macedonia, lle cafodd ef a Silas eu carcharu a'u fflangellu cyn i Paul hysbysu'r ynadon eu bod hwy ill dau yn ddinasyddion Rhufeinig (Act. 16:35–40). Yn ail, yn Jerwsalem, ar ddiwedd ei drydedd daith genhadol, pan gafodd ei garcharu ar amheuaeth o fod yn derfysgwr a'i ddedfrydu i'w fflangellu. Hysbysodd Paul gapten y pencadlys ei fod yn ddinesydd Rhufeinig. Y canlyniad oedd iddo gael ei ryddhau, ac iddo felly osgoi'r gwarth a'r anfri o gael ei drin fel troseddwr. Yn drydydd, yng Nghesarea ddwy flynedd yn ddiweddarach, wrth sefyll gerbron y Rhaglaw Ffestus, apeliodd Paul at Gesar, gan osgoi felly fwriad y Rhaglaw i'w anfon yn ôl i Jerwsalem i sefyll ei brawf gerbron yr awdurdodau Iddewig (Act. 25:10–12). Dinasyddion Rhufeinig yn unig oedd â'r hawl i apelio'n uniongyrchol i'r Ymerawdwr ei hun. Seiliwyd yr hawl i apelio ar ddeddf a luniwyd gan yr Ymerawdwr Awgwstus yn 23 C.C. – roedd y ddeddf honno'n sicrhau na fyddai unrhyw ddinesydd Rhufeinig yn cael ei gosbi na'i boenydio na'i ddienyddio heb i'w achos gael ei ystyried gan lys cyhoeddus, swyddogol, ac yn sicrhau hefyd na allai neb ei atal rhag mynd i Rufain i wneud ei apêl.

Gwyddai Paul am yr hawliau hyn, a gwnaeth ddefnydd llawn ohonynt. O ganlyniad, llwyddodd i osgoi rhai sefyllfaoedd peryglus a'i arbed ei hun rhag camdriniaeth a dienyddiad ar fwy nag un achlysur. Ar ben hynny, roedd ei ddinasyddiaeth yn rhoi mesur o urddas i'w waith fel cenhadwr ac yn gogwyddo swyddogion Rhufeinig, os nad yr awdurdodau Iddewig, i roi gwrandawiad i'w genadwri. Ond yn fwy na dim, credai Paul yn gryf yng nghyfraith a threfn yr Ymerodraeth, ac anogai'r credinwyr cynnar i barchu'r awdurdodau gwladol ac i weddïo 'dros frenhinoedd, a phawb sydd mewn awdurdod, inni gael byw ein bywyd yn dawel a heddychlon, yn llawn duwioldeb a gwedduster' (1 Tim. 2:2).

Yn Hebrëwr o dras Hebrewyr

Yn Cyprus, yn ystod y daith genhadol gyntaf, cyfeirir at Paul fel 'Saul (a elwir hefyd yn Paul)' (Act. 13:9). Tybir yn aml iddo newid ei enw o'r *Saul* Iddewig i'r *Paul* Groegaidd o ganlyniad i'w dröedigaeth, ond nid felly y bu. O'i enedigaeth, rhoddwyd iddo ddau enw. Roedd yn orfodol i ddinesydd Rhufeinig fod ag enw Rhufeinig/Lladinaidd. Rhoddwyd i Paul yr enw Lladin *Paullus,* sy'n ymddangos yn y Testament Newydd yn ei ffurf Roegaidd *Paulos.* Roedd yn arferol hefyd i ddwyn enw teuluol. Gan fod Paul o lwyth Benjamin, roedd yn gwbl addas iddo gael ei enwi ar ôl Saul, brenin cyntaf Israel, yntau hefyd o lwyth Benjamin. Nid ffurf Rufeinig ar Saul yw Paul. Y maent yn ddau enw cwbl wahanol, er eu bod yn swnio'n debyg. Roedd Paul yn arddel y ddau enw. Ymysg cenedl-ddynion byddai'n cael ei adnabod fel *Paul,* ond ymysg ei gyd-Iddewon fel *Saul.* Gan iddo ysgrifennu ei lythyrau yn bennaf at gredinwyr o gefndir Groegaidd/Rhufeinig, defnyddiai'r enw Paul.

Pwysicach o lawer na'i ddinasyddiaeth na'i enw Rhufeinig oedd ei gefndir a'i fagwraeth Iddewig. Dywed ddwywaith ei fod o lwyth Benjamin (Rhuf 11:1; Phil. 3:5) – llwyth bychan â'i diriogaeth yn cynnwys dinas Jerwsalem, ac yn ymestyn at ffin ogleddol llwyth Jwda. Yn dilyn marwolaeth Solomon, pan gefnodd y deg llwyth gogleddol a throi at addoli eilunod, y ddau lwyth a lynodd yn ffyddlon wrth Dduw oedd llwythau Benjamin a Jwda (1 Bren. 12). A chan mai o lwyth Benjamin yr hanai Saul, brenin cyntaf Israel, roedd gan Paul reswm i ymfalchïo yn ei etifeddiaeth.

Wrth amddiffyn ei wreiddiau Iddewig a'i ffyddlondeb i draddodiadau'r tadau yn wyneb ei feirniaid yng Nghorinth, dywed Paul, 'Ai Hebreaid ydynt? Minnau hefyd. Ai Israeliaid ydynt? Minnau hefyd. Ai disgynyddion Abraham ydynt? Minnau hefyd' (2 Cor. 11:22–23). Yr un modd, dywed wrth y Philipiaid ei fod 'wedi enwaedu arnaf yr wythfed dydd, o hil Israel, o lwyth Benjamin, yn Hebrëwr o dras Hebrewyr; yn ôl y Gyfraith, yn Pharisead' (Phil. 3:5).

Ystyr y term *Hebrëwr* yn y cyswllt hwn yw un sy'n glynu wrth y diwylliant Hebreig traddodiadol heb ildio i ddylanwadau ac arferion paganaidd Helenistaidd. Byddai Hebrëwr go iawn yn mynychu'r synagog, yn siarad Aramaeg yn hytrach na Groeg gyda'i gyd-Iddewon, ac yn ceisio gwarchod ei grefydd a'i ffordd o fyw rhag cael eu glastwreiddio gan y diwylliant Groegaidd-rufeinig o'i gwmpas. Yn 1898 darganfuwyd cofeb yng Nghorinth oedd yn dyddio o'r ail ganrif, ac arni'r geiriau 'Synagog yr Hebreaid'.

Yn wahanol i'r Hebreaid ffyddlon, roedd llawer iawn ymhlith y *Diaspora* Iddewig, a rhai yn wir o fewn Syria-Palestina, a ddaethai'n drwm dan ddylanwad y diwylliant Groegaidd ac a alwyd yn 'Helenistiaid'. Iddewon oedd y rhain a oedd wedi colli'r iaith Hebraeg ac yn siarad Groeg. Yn Act. 6:1 cyfeirir at gŵyn o fewn yr eglwys gan 'yr Iddewon Groeg eu hiaith' a'r 'rhai Hebraeg'. Achos y gynnen oedd bod 'eu gweddwon hwy yn cael eu hesgeuluso yn y ddarpariaeth feunyddiol'. Ac mae Ioan yn cyfeirio at Iddewon Helenistaidd a ddeuai i fyny i Jerwsalem ar gyfer Gŵyl y Pasg, gan eu disgrifio fel 'rhyw Roegiaid' (In. 12:20).

Dylid nodi mai mewn Aramaeg - 'iaith yr Iddewon' - y llefarodd Paul pan gafodd gyfle i'w amddiffyn ei hun gerbron tyrfa yn y deml yn Jerwsalem (Act. 21:40; 22:2). Ac mewn Aramaeg y llefarodd y llais ar ffordd Damascus (Act. 26:14). Er ei fod yn byw mewn dinas fawr Rufeinig, mae'n bur amlwg mai Aramaeg oedd mamiaith Paul, sef yr iaith a ddefnyddid gan y mwyafrif o bobl Palestina yng nghyfnod y

Testament Newydd. Gwyddom ei fod yn mynychu'r synagog yn gyson (Act. 17:2), a gellir tybio ei fod, fel 'Hebrëwr o dras Hebrewyr', yn mynychu synagog Aramaeg yn Nharsus.

Mae hynny'n golygu y byddai wedi ei drwytho yn addysg ac arferion y synagog ers yn blentyn. Yn ei flynyddoedd cynnar, byddai wedi dysgu adrodd y *Shema* (Deut. 6:4–9). O bump oed ymlaen, byddai wedi dechrau dysgu rhannau o'r *Hallel,* sef Salmau 113–118 a adroddwyd yn nathliadau Gŵyl y Pasg. Erbyn ei fod yn chwech oed, byddai'n mynychu ysgol y synagog er mwyn dysgu darllen ac ysgrifennu. Yn ddeg oed, byddai'n dechrau dysgu ar ei gof adrannau helaeth o 'draddodiadau'r hynafiaid', sef y dehongliad llafar o'r Gyfraith a elwid y *Mishnah.* Yn ddeuddeg oed neu'n dair-ar-ddeg, byddai wedi mynd trwy ddefod *bar mitzvah,* er mwyn arwyddo ei fod bellach yn oedolyn (neu'n 'fab y Gyfraith') ac nid yn blentyn mwyach. Felly roedd Iddewiaeth Paul yn fwy na mater o fynychu'r synagog a siarad Aramaeg; roedd ei fywyd cyfan wedi'i drwytho yn nysgeidiaeth, addoliad ac ymddygiad Iddewiaeth ei gyfnod, a chyfeiriai ato'i hun fel Pharisead.

Pharisead a mab i Pharisead

Deirgwaith yn y Testament Newydd mae Paul yn ei ddisgrifio'i hun fel Pharisead. Gerbron Agripa dywed, 'yn ôl sect fwyaf caeth ein crefydd y bûm i'n byw, yn Pharisead' (Act. 26:5). Wrth egluro'i agwedd at y Gyfraith, dywed wrth y Philipiaid ei fod 'yn ôl y Gyfraith, yn Pharisead' (Phil. 3:5). A cherbron y Sanhedrin yn Jerwsalem, meddai, 'Frodyr, Pharisead wyf fi, a mab i Pharisead' (Act. 23:6); *'wyf* fi', yn y modd presennol - yn datgan ei fod yn parhau'n Pharisead er iddo erbyn hynny fod ar ei drydedd daith genhadol i blith y cenedl-ddynion!

O'r prif sectau Iddewig – y Saduceaid, yr Eseniaid a'r Phariseaid – y Phariseaid oedd y mwyaf o ran nifer a dylanwad, a'r mwyaf caeth a disgybledig yn eu dehongliad o'r Torah (y Gyfraith). Yr oedd i'r Gyfraith ddwy wedd, neu ddau fynegiant, sef yr ysgrifenedig a'r llafar. Dehongliad o'r Gyfraith ysgrifenedig oedd y Gyfraith lafar, neu'r *Mishnah,* esboniad llafar yn cynnwys miloedd o fân reolau a defodau a drosglwyddwyd o genhedlaeth i genhedlaeth. Gwaith y Phariseaid

19

oedd diogelu, dehongli a dysgu'r Mishnah. Dros y blynyddoedd, ychwanegwyd at y Mishnah wrth i rabiniaid addasu'r Gyfraith i wahanol gyfnodau ac amgylchiadau, yn enwedig yn dilyn dinistr teml Jerwsalem yn 70 O.C. Erbyn dyddiau Paul, roedd rheolau a chyfarwyddiadau'r Mishnah mor niferus fel y ceisiodd rhai eu casglu a'u croniclo, ond ni lwyddwyd i gwblhau'r gwaith tan tua'r flwyddyn 200 O.C.

Er i Paul hawlio iddo fyw 'yn ôl sect fwyaf caeth' ei grefydd (Act. 26:5), ac iddo fel crefyddwr Iddewig fod gymaint mwy ei sêl dros draddodiadau ei hynafiaid (Gal. 1:14), dywed ei fod wedi derbyn ei addysg 'wrth draed Gamaliel' (Act. 22:3), athro llawer mwy goddefgar na rhai o athrawon Phariseaidd y cyfnod. Gwelir hynny yn agwedd Gamaliel tuag at y Cristnogion cynnar. Meddai wrth ei gyd-Sanhedrin, wrth iddynt ystyried sut orau i ddelio â Phedr a'r apostolion eraill, 'ymogelwch rhag y dynion hyn; gadewch lonydd iddynt. Oherwydd os o ddynion y mae'r bwriad hwn neu'r weithred hon, fe'i dymchwelir; ond os o Dduw y mae, ni fyddwch yn abl i'w ddymchwelyd. Fe all y ceir chwi yn ymladd yn erbyn Duw' (Act. 5:38–39).

Cysylltir enw Gamaliel â'r rabi enwog Hillel, un o gyfoedion Iesu; ac awgrymwyd gan rai eu bod yn perthyn trwy waed, a chan eraill fod Gamaliel yn olynydd i Hillel fel athro'i ysgol. Addysgwyd Hillel ym Mabilon. Roedd yntau, fel Paul, yn un o Iddewon y *Diaspora*. O'i brofiad yn byw fel Iddew ymhlith cenedl-ddynion ym Mabilon, gwelai Hillel fod rhaid wrth ystwythder wrth ddehongli gofynion y Gyfraith. Roedd yn amhosibl disgwyl i Iddewon y *Diaspora* gadw holl fân ofynion y Mishnah gan fod eu hamgylchiadau hwy'n gwbl wahanol i amgylchiadau Iddewon Jerwsalem. Un o gyfoedion Hillel oedd y rabi Shammai, Iddew Palestinaidd a goleddai safbwynt llawer mwy caeth a cheidwadol at y Gyfraith. Yr oedd cryn gystadleuaeth rhwng ysgol Hillel ac ysgol Shammai yn Jerwsalem yng nghyfnod Paul a Gamaliel. Safai Gamaliel yn nhraddodiad eang, agored Hillel. Er i Paul fynnu iddo fod yn selog dros draddodiadau ei hynafiaid, byddai dylanwad Gamaliel wedi ei wneud yn fwy agored a goddefgar na phetai wedi dod o dan ddylanwad cyfyng ysgol Shammai. Yr oedd lle i ras yn ogystal â chyfraith ym meddwl Gamaliel; pwnc a fyddai'n cael lle amlwg ym meddwl a dysgeidiaeth Paul, y cenhadwr Cristnogol.

Bu cryn drafod ymhlith ysgolheigion ai awyrgylch Rhufeinig/, Groegaidd Tarsus fu'r dylanwad cryfaf ar Paul, neu ynteu ei fagwraeth Iddewig, rabinaidd. Yn ôl rhai esbonwyr, yr oedd Paul yn un o Iddewon y *Diaspora*, wedi ei drwytho yn y diwylliant Helenistaidd, yn gyfarwydd ag athroniaeth y Groegiaid ac â syniadau crefyddau cyfriniol y cyfnod. Yn eu barn hwy, gwelir elfennau yn ei ddiwinyddiaeth sy'n ddieithr iawn i Iddewiaeth rabinaidd y ganrif gyntaf, ac Iddewiaeth a lygrwyd gan Helenistiaeth y *Diaspora* oedd Iddewiaeth Paul. Dadleuodd eraill yn gryf fod Paul yn Iddew o'r iawn ryw, a'i fod wedi ei fagu yn y synagog, yn hyddysg yn yr Aramaeg ac wedi ei drwytho yn y traddodiad rabinaidd.

Un a wnaeth gyfraniad pwysig yn ei ddydd i'r drafodaeth o blaid cefndir Iddewig a rabinaidd Paul oedd yr ysgolhaig o Gymro o Brifysgol Duke, U.D.A, W.D. Davies (yn ei gyfrol arloesol *Paul and Rabbinic Judaism*). Gwelai ef wreiddiau Iddewig ym mhrif themâu diwinyddiaeth Paul, yn enwedig ei ddysgeidiaeth am y Gyfraith, am Iesu fel yr ail Adda, am yr Eglwys fel yr Israel newydd, am ystyr aberth Crist ac am yr Ailddyfodiad.

Y tebygrwydd yw y bu llawer o groesffrwythloni rhwng y naill ddiwylliant a'r llall, ac i'r ddau fel ei gilydd ddylanwadu ar feddwl a chymeriad yr Apostol Paul. Camgymeriad yw ceisio gwahanu'r 'Iddewig' oddi wrth y 'Groegaidd', yn enwedig ym magwraeth a datblygiad Iddew o'r *Diaspora* a oedd yn byw mewn dinas Roegaidd-Rufeinig. Camgymeriad mwy fyth yw ystyried y dylanwad Groegaidd yn 'ddrwg' a'r dylanwad Iddewig yn 'dda'. O flaen popeth arall, roedd Paul yn Iddew, ac Iddew o iawn ryw. Ond, wedi ei eni a'i fagu mewn amgylchfyd Helenistaidd, roedd yn gyfarwydd â meddwl a diwylliant y byd ehangach o'i gwmpas. A dichon y byddai, ymhell cyn ei dröedigaeth, wedi ystyried y cwestiwn a ofynnai yn ei Lythyr at y Rhufeiniaid, 'Ai Duw'r Iddewon yn unig yw Duw? Onid yw'n Dduw'r Cenhedloedd hefyd?' (Rhuf. 3:29).

Cwestiynau i'w trafod:

1. Beth yn eich tyb chi oedd y manteision i Paul o fod yn ddinesydd Rhufeinig?

2. Sut oedd cefndir Iddewig a Groegaidd Paul wedi dylanwadu arno fel person?

3. A fuasech yn disgrifio Paul, y Pharisead ifanc, fel eithafwr crefyddol?

2. Tröedigaeth a Galwad

Actau 9:1–19a; Galatiaid 1:11–17

Pa mor eangfrydig bynnag oedd Gamaliel yn ei agwedd at y credinwyr Cristnogol cynnar, prin fod ei ddylanwad wedi tymheru dim ar gynddaredd y Saul ifanc at ddilynwyr Iesu. Yn hanes merthyrdod Steffan, cyfeirir ato fel 'dyn ifanc o'r enw Saul' oedd yn cydsynio â llabyddio Steffan (Act. 7:58; 8:1). Ond nid tyst diduedd na wnâi ddim ond gwylio'r digwyddiad oedd Saul. Â'r hanes ymlaen i ddweud ei fod erbyn hynny'n cymryd rhan amlwg yn yr erlid creulon ar y credinwyr. 'Anrheithio'r eglwys yr oedd Saul: mynd i mewn i dŷ ar ôl tŷ, a llusgo allan wŷr a gwragedd, a'u traddodi i garchar' (Act. 8:3). Yn ddiweddarach, wrth adrodd ei hanes gerbron Agripa, mae'n rhoi disgrifiad trawiadol o'i atgasedd o ddilynwyr Iesu ac o ffyrnigrwydd ei erledigaeth ohonynt: 'Ar awdurdod y prif offeiriaid, caeais lawer o'r saint mewn carcharau, a phan fyddent yn cael eu lladd, rhoddais fy mhleidlais yn eu herbyn; a thrwy'r holl synagogau mi geisiais lawer gwaith, trwy gosb, eu gorfodi i gablu. Yr oeddwn yn enbyd o ffyrnig yn eu herbyn, ac yn eu herlid hyd ddinasoedd estron hyd yn oed' (Act. 26:10b-11). Dengys y cyfeiriad ato'n rhoi ei bleidlais 'yn eu herbyn' fod Saul erbyn hynny yn rabi ac yn aelod o'r Sanhedrin.

Wrth agosáu at Ddamascus

Y digwyddiad pwysicaf a'r mwyaf tyngedfennol ym mywyd a gweinidogaeth Paul oedd ei dröedigaeth ddramatig ar ffordd Damascus a'i gomisiwn i bregethu'r Efengyl i'r Cenedl-ddynion. Rhoddodd y digwyddiad hwn bwrpas newydd i'w fywyd, cyfeiriad newydd i'w waith a'i weinidogaeth, a ffocws newydd i'w ffydd. Dengys y ffaith fod Luc wedi cynnwys tair fersiwn o'r hanes yn Llyfr yr Actau pa mor allweddol bwysig oedd y digwyddiad i Paul ei hun ac i ddyfodol yr Eglwys a'i chenhadaeth. Ceir disgrifiad Luc ei hun o'r hyn a ddigwyddodd (Act. 9:9–19) ynghyd â dau ddisgrifiad o enau Paul (Act. 22:6–16; 26:12–

23

18). Yn ei Lythyr at y Galatiaid, mae Paul yn ychwanegu rhai manylion eraill perthnasol i'r hanes (Gal. 1:13–17).

Mor ffyrnig oedd ei wrthwynebiad i 'bobl y Ffordd' (Act. 9:3), sef enw cyffredin ar y Cristnogion cynnar, nes iddo fynd ei hunan at yr archoffeiriad i ofyn am lythyrau at y synagogau yn Namascus a fyddai'n ei awdurdodi i ddal gwŷr a gwragedd a gawsai eu hudo gan y syniadau cableddus newydd, a'u dwyn yn gaeth i Jerwsalem. Er mwyn tanlinellu effaith ac arwyddocâd ei dröedigaeth, gosodir pwys ym mhob adroddiad ar ymddygiad didostur Saul wrth anrheithio'r Eglwys yn ffyrnig.

Ar un olwg, roedd yr hyn a ddigwyddodd ar ffordd Damascus yn ymddangos yn rhyfeddol o sydyn ac annisgwyl. Mae rhai wedi awgrymu fod eglurhad seicolegol i'r digwyddiad, sef fod gwylio merthyrdod Steffan wedi aflonyddu ar Saul ac wedi plannu hadau ansicrwydd yn ei feddwl. Yn ôl Awstin Sant, clywed gweddi Steffan a ddylanwadodd fwyaf ar Saul. 'Oni bai i Steffan weddïo fel y gwnaeth,' meddai, 'byddai'r eglwys heddiw heb Paul.' Y canlyniad oedd iddo ymateb yn ffyrnicach i'r ffordd newydd hon. Brathwyd ei gydwybod. Poenwyd ef gan ymosodiad Steffan ar y deml a'r ddeddf. Awgrymir gan y rhai sy'n arddel y ddamcaniaeth hon fod sêl anghyffredin Saul yn nodweddiadol o hunanamddiffyniad dyn sy'n teimlo fod ei fyd a'i grefydd dan ymosodiad. Rhaid cofio mai damcaniaeth yn unig yw hon ac nad oes tystiolaeth, naill ai yn Llyfr yr Actau na'r Epistolau, i'w chadarnhau. Wedi dweud hynny, mae rhesymeg yn y ddamcaniaeth.

Adlewyrchir anniddigrwydd Saul, a'i frys i ymosod ar gredinwyr Damascus, yn y ffaith ei fod ef a'i gwmni yn teithio ganol dydd (Act. 22:6). Fel arfer, byddai teithwyr yn gorffwys dros yr awr honno, ond nid oedd Saul am oedi o gwbl. Yn sydyn fflachiodd goleuni o'u cwmpas, a thrawyd ef i'r ddaear. Clywodd lais yn galw arno yn 'iaith yr Iddewon', hynny yw, yn Aramaeg: 'Saul, Saul, pam yr wyt yn fy erlid i?' (Act. 9:4). Pan ofynnodd Saul, 'Pwy wyt ti, Arglwydd?' cafodd yr ateb, 'Iesu wyf fi, yr hwn yr wyt ti yn ei erlid' (Act. 9:5). Gyda'r geiriau hyn daeth y sylweddoliad fod erlid y credinwyr yn gyfystyr ag ymosod ar Iesu ei hun. Y profiad hwn ar ffordd Damascus a arweiniodd maes o law at bwyslais Paul yn ei epistolau ar yr Eglwys fel corff Crist, a'i ddysgeidiaeth am Grist y Pen a'r aelodau unigol mewn perthynas ag ef o fewn y corff.

Gyda'r llais o'r nef daeth goleuni: 'yn sydyn fflachiodd o'i amgylch oleuni o'r nef' (Act. 9:3). Mae symbolaeth y disgrifiad yn glir, sef mai goleuni datguddiad a lewyrchodd o'i amgylch. Nid llais dynol a glywodd ac nid ffrwyth dychymyg oedd y goleuni, ond datguddiad nefol. Yn ei ail Lythyr at y Corinthiaid, mae'n pwysleisio nad yw'n pregethu ei syniadau ei hun, ond Efengyl gogoniant Crist a ddaeth iddo oddi wrth Dduw: 'Oherwydd y Duw a ddywedodd, "Llewyrched goleuni o'r tywyllwch", a lewyrchodd yn ein calonnau i roi i ni oleuni'r wybodaeth am ogoniant Duw yn wyneb Iesu Grist' (2 Cor. 4:6).

Gorchmynnwyd iddo godi a mynd i mewn i'r ddinas, a dywedwyd y câi wybod yno beth oedd rhaid iddo'i wneud. Yn Act. 26:18 dywed iddo dderbyn ei gomiwn i bregethu yn y fan a'r lle. Y peth pwysig yw ei fod wedi derbyn comisiwn i bregethu'r Efengyl i'r Cenhedloedd. Arweiniwyd ef i mewn i'r ddinas, ac mae'r disgrifiad yn adlewyrchu eironi'r sefyllfa. Cychwynnodd ar ei daith fel Pharisead balch 'yn chwythu bygythion angheuol yn erbyn disgyblion yr Arglwydd' (Act. 9:1); a chyrhaeddodd Ddamascus yn ddall a diymadferth, gyda rhywun yn ei arwain gerfydd ei law.

Mae llawer wedi ceisio dadansoddi ac egluro tröedigaeth Saul. Y peth arwyddocaol yw nad profiad teimladol yn unig mohono, ond yn hytrach newid chwyldroadol yn ei gymeriad a'i gred. Ar sail ei brofiad, daeth i gredu'r hyn na allai ei gredu cynt, sef bod yr Iesu croeshoeliedig wedi atgyfodi a'i fod yn Feseia, yn Arglwydd ac yn Ben. Yr Iesu hwn, a welsai Saul ar ei daith i Ddamascus, a'i galwodd i fod yn dyst iddo ymhlith y Cenhedloedd ac a'i gwnaeth yn apostol. Meddai, 'Onid wyf yn apostol? Onid wyf wedi gweld Iesu, ein Harglwydd?' (1 Cor. 9:1).

Yn ei brofiad ar ffordd Damascus argraffwyd tri pheth ar feddwl Saul. Yn gyntaf, sylweddolodd fod Iesu'n fyw, ei fod wedi ei atgyfodi oddi wrth y meirw gan Dduw a'i ddyrchafu yn Arglwydd. Yn ail, gwelodd fod yr Iesu byw yn ei uniaethu ei hun â'i ddilynwyr – yr union bobl y bu ef yn eu herlid – ac mai hwy bellach yw corff Crist yn y byd. Yn drydydd, derbyniodd gomisiwn i wasanaethu Iesu fel cenhadwr i'r Cenhedloedd. Fel yn y disgrifiadau o alwadau proffwydi'r Hen Destament, galwyd Saul yntau i'r gwaith o fod yn was ac yn genhadwr i'w Arglwydd. Er na fyddai'n dechrau ei waith o ddifrif am rai blynyddoedd wedi'r profiad ar ffordd Damascus, roedd rhaid iddo dreulio amser yn ystyried arwyddocâd yr hyn a ddigwyddodd iddo.

Llestr dewis i Dduw

Un o ddisgyblion Iesu yn Namascus oedd Ananias. Mewn gweledigaeth cafodd hwnnw gyfarwyddyd gan Dduw i fynd i dŷ un o'r enw Jwdas ar Stryd Union i holi am 'ddyn o Darsus o'r enw Saul' (Act. 9:11). Ychydig iawn a wyddom am yr Ananias hwn. Ystyr ei enw oedd 'Jehofa sydd yn bendithio'. Dywed Paul ei hun amdano ei fod yn 'ŵr duwiol yn ôl y Gyfraith, a gair da iddo gan yr holl Iddewon oedd yn byw yno' (Act. 22:12). Ni wyddom beth oedd ei waith na'i safle yn yr eglwys. Efallai iddo fod yn un o'r ffoaduriaid o Jerwsalem, ond yr oedd wedi bod ddigon hir yn Namascus ac yn ddigon ffyddlon i'r synagog nes bod iddo air da ymysg yr Iddewon yno. Brithir hanes yr Eglwys gan ddynion a gwragedd tebyg iddo: pobl na wyddom fawr ddim amdanynt, ac eto na fyddai tystiolaeth yr Eglwys hebddynt wedi ymledu fel y gwnaeth.

Galwyd Ananias gan Dduw i'r gwaith pwysig o ymgeleddu Saul a'i helpu i ddod ato'i hun. Gallwn ddychmygu Saul yn dod i mewn i Damascus yn ŵr toredig, wedi colli ei olwg, a phob mymryn o falchder wedi ei dynnu ohono. Ond meddai Duw amdano, 'llestr dewis i mi yw hwn, i ddwyn fy enw gerbron y Cenhedloedd a'u brenhinoedd, a cherbron plant Israel' (Act. 9:15). Darlun a gysylltir â chrochenwaith yw'r llestr. Ceir nifer o gyfeiriadau yn y Testament Newydd at Dduw yn gweithredu fel crochenydd, yn llunio dyn ar gyfer gwaith neu alwad arbennig. Ac yn wir, yr oedd cymwysterau Saul yn ddelfrydol ar gyfer cyflawni'r comisiwn hwn. Fel un a fagwyd yn Nharsus, roedd yn gwbl gyfarwydd â diwylliant y Groegiaid. Siaradai Roeg yn rhugl, a symudai'n rhwydd ymhlith Cenedl-ddynion. Fel dinesydd Rhufeinig, roedd ganddo rwydd hynt i deithio'n rhydd a di-rwystr, ynghyd â'r hawl i apelio i'r llysoedd Rhufeinig, hyd yn oed llys yr Ymerawdwr ei hun. Fel Iddew dysgedig a Pharisead, roedd ganddo'r wybodaeth a'r awdurdod i ddysgu ei gyd-Iddewon. Manteisiodd ar ei statws fel rabi i bregethu yn y synagogau Iddewig ym mhrif ddinasoedd yr Ymerodraeth. Yn ogystal â'i gefnder Groegaidd a'i etifeddiaeth Iddewig, roedd ei ymroddiad llwyr i'w alwad i fod yn dyst i'r Cenhedloedd yn ei wneud ym mhob ffordd yn 'llestr dewis'.

Wedi i Ananias gyrraedd y tŷ, rhoddodd ei ddwylo ar Saul a dweud, 'Y brawd Saul, yr Arglwydd sydd wedi fy anfon – sef Iesu, yr un a ymddangosodd iti ar dy ffordd yma' (Act. 9:17). Mae'r cyfarchiad 'y brawd Saul' gan Ananias yn arwyddocaol ac yn dangos fod Saul wedi cael ei dderbyn i frawdoliaeth yr Eglwys. Roedd y weithred hon yn gymaint rhan o'i dröedigaeth â'r goleuni a'r llais a glywsai ac a welsai ar y ffordd. Profodd faddeuant am ei holl greulonderau yn y gorffennol, a daeth yn aelod o'r union gymdeithas y ceisiodd gynt ei dinistrio. I ddangos fod Saul yn gweld y byd mewn goleuni newydd syrthiodd rhywbeth fel cen oddi ar ei lygaid. Gwelai ei ffydd Iddewig, ei alwad i fod yn genhadwr, y gymdeithas o ddilynwyr Iesu, ac Iesu ei hun mewn goleuni hollol newydd. A daeth iddo hefyd brofiad newydd a rhyfeddol – cafodd ei lenwi â'r Ysbryd Glân. Bedyddiwyd ef, ac fel arwydd o'i adferiad llwyr cymerodd luniaeth. Er bod rhai esbonwyr yn awgrymu fod y digwyddiadau hyn yn cyfeirio at sacramentau Bedydd a'r Ewcharist, mae'n fwy tebygol mai gweithred gyffredin o dderbyn lluniaeth ar ôl tri diwrnod heb fwyd oedd hon.

Ei Bregethu ymhlith y Cenhedloedd

Er mor sylfaenol bwysig i fywyd a chenhadaeth Paul oedd y weledigaeth a gafodd ar ffordd Damascus, roedd yr alwad a gafodd i fod yn dyst i Iesu Grist ymysg y Cenhedloedd a'i gyd-Iddewon cyn bwysiced. Yn aml iawn yn y Beibl, mae profiadau ysbrydol ysgytiol yn arwain at alwadau i waith. Cafodd Eseia weledigaeth ryfeddol o ogoniant Duw yn y deml, ond wedi'r weledigaeth daeth yr alwad: 'Yna clywais yr Arglwydd yn dweud, "Pwy a anfonaf? Pwy a â drosom ni?" Atebais innau, "Dyma fi, anfon fi" (Es. 6:8). Yn dilyn y weledigaeth a gafodd ymysg y caethgludion wrth afon Chebar, clywodd Eseciel lais yn ei alw i waith: 'Fab dyn, yr wyf yn dy anfon at blant Israel, at y genedl o wrthryfelwyr sydd wedi gwrthryfela yn fy erbyn' (Esec. 2:4). Ac yn dilyn dwy weledigaeth a gafodd Jeremeia, daeth llais Duw yn gorchymyn, 'Torcha dithau dy wisg; cod a llefara wrthynt bob peth a orchmynnaf i ti' (Jer. 1:17).

Yr oedd Paul yntau'n gwbl argyhoeddedig ei fod wedi derbyn gweledigaeth oddi wrth Dduw er mwyn ei alw a'i gymhwyso i'r gwaith o bregethu ymhlith y Cenhedloedd. Mewn ateb i rai o'i feirniaid yn eglwysi Galatia, a oedd yn lledaenu'r syniad mai o ganlyniad i anogaeth dynion yr oedd wedi cymryd arno'i hun y gwaith o genhadu, datganodd Paul, 'Ond dyma Dduw, a'm neilltuodd o groth fy mam ac a'm galwodd trwy ei ras, yn dewis datguddio ei Fab ynof fi, er mwyn i mi ei bregethu ymhlith y Cenhedloedd' (Gal. 1:15–16). Gyda'r tri gair, *neilltuo, galw* a *dewis,* mae Paul yn mynegi ei argyhoeddiad sicr mai oddi wrth Dduw, ac nid oddi wrth ddyn nac unrhyw sefydliad dynol chwaith, y cafodd ei alwad i fod yn apostol ac yn genhadwr.

Ceir dau ymadrodd diddorol yn Llyfr yr Actau a Llythyr Paul at y Galatiaid sy'n pwysleisio tarddiad dwyfol ei alwad. Yn Galatiaid, dywed fod Duw wedi ei neilltuo 'o groth fy mam' (Gal. 1:15). Yn ôl Awstin Sant a John Calvin yn ddiweddarach, golygai hynny fod Paul wedi ei ragarfaethu cyn ei eni, ac na allai byth wrthod galwad Duw. Defnyddir yr ymadrodd sawl tro yn yr Hen Destament (Salm.22:9–10 a 71:6; Barn. 16:17; Es. 49:1–6). Yn Eseia, mae'r pwyslais ar waith a chenhadaeth yn hytrach nag etholedigaeth bersonol i ryw fath o statws: 'i adfer Jacob iddo a chasglu Israel ato' (Es. 49: 5). O edrych ar yr ymadrodd yn ei gyd-destun, mae'n glir mai cyfeirio y mae Paul, nid at ei dröedigaeth yn bennaf, ond at ei alwad 'i bregethu ymhlith y Cenhedloedd' (Gal. 1:16).

Yn ei amddiffyniad gerbron y Brenin Agripa, dywed Paul yn gwbl eglur mai holl ddiben ei weledigaeth ar ffordd Damascus oedd ei alw a'i gymhwyso i fod yn dyst i'r Cenhedloedd: 'oherwydd i hyn yr wyf wedi ymddangos i ti, sef i'th benodi di yn was imi, ac yn dyst o'r hyn yr wyt wedi ei weld, ac a weli eto, ohonof fi' (Act. 26:16). O'r hanesion a adroddir yn Actau a Galatiaid, mae'n amlwg mai ar ei alwad i fod yn genhadwr i'r Cenhedloedd y rhoddai Paul y pwyslais mwyaf. Gwelai ei hun yn llinach proffwydi'r Hen Destament, gyda'r un genhadaeth fawr wedi ei throsglwyddo iddo, sef arwain y Cenhedloedd i'r bywyd newydd yn Iesu Grist. Fel y dywed wrth Agripa, 'i agor eu llygaid, a'u tro o dywyllwch i oleuni, o awdurdod Satan at Dduw' (Act. 26:18).

Ymadrodd diddorol arall yn nisgrifiad Paul o'i dröedigaeth ger bron Agripa yw geiriau Iesu wrtho, 'Y mae'n galed iti wingo yn erbyn y symbylau' (Act. 26:14). Yn ôl yr esbonwyr, roedd hon yn ddihareb ddigon cyffredin yn y Lladin a'r Roeg, ond nid yn yr Aramaeg. Wrth deithio yma a thraw o amgylch y wlad, byddai Paul yn gweld ambell anifail yn tynnu'r aradr, ac yn sylwi fel y byddai'r anifail ar adegau yn anesmwytho ac yn ceisio ymryddhau o'r iau ond wrth wneud hynny yn cicio yn erbyn pigiadau miniog a fyddai'n ei yrru yn ei flaen. Roedd hynny'n ddarlun o Paul ei hun cyn ei dröedigaeth ac wedyn. Roedd gweld Steffan yn cael ei labyddio, clywed ei weddi dros ei lofruddwyr, sylwi ar ymddygiad gwrol y Cristnogion yn wyneb erledigaeth, a'r hyn a wyddai am fywyd a dysgeidiaeth Iesu o Nasareth – roedd y cyfan yn dwysbigo'i gydwybod. Neges y ddihareb yw mai ofer yw brwydro yn erbyn yr anochel. Yn achos Paul, gallai hynny gyfeirio at y dyfodol a golygu na fyddai modd yn y byd iddo anwybyddu'r alwad nac ychwaith geisio osgoi'r dasg enfawr a osodwyd o'i flaen. Roedd gan Dduw bwrpas arbennig ar ei gyfer, a ffolineb fyddai iddo geisio gwrthsefyll atyniad y Crist atgyfodedig a oedd wedi ei ddatguddio'i hun iddo a'i hawlio i waith ei deyrnas.

Cwestiynau i'w trafod

1. Pa wahaniaethau a wnaed i fywyd a meddwl Paul o ganlyniad i'w brofiad ar ffordd Damascus?

2. Beth fu effaith gwylio merthyrdod Steffan ar agwedd ac ymddygiad Paul?

3. Beth a olygai Paul wrth ddweud fod Duw 'wedi ei neilltuo o groth ei fam'?

3. Encilio a Pharatoi

Actau 9:19b–31; 26:19–23

Yn dilyn trawma ei dröedigaeth treuliodd Paul rai dyddiau o dawelwch, fel y gellid disgwyl, yng nghwmni disgyblion yn Namascus. Mae'n bur debyg mai Iddewon o Jerwsalem oedd y rhain a ffodd oherwydd yr erledigaeth yno wedi iddynt ddod yn Gristnogion, a bod yn eu mysg hefyd ddychweledigion o blith Iddewon Damascus. Hwy oedd yr union bobl yr aethai Paul allan i'w dal a'u carcharu. Aeth i'r synagog, lle bu disgwyl mawr amdano, â'r Iddewon uniongred yn eiddgar i'w gynorthwyo yn ei waith o erlid y Cristnogion. Yn lle hynny, ac er siom a dychryn i bobl y synagog, aeth Paul ati i gyhoeddi ei fod wedi ei argyhoeddi mai Iesu oedd Mab Duw, y Meseia. 'Bu gyda'r disgyblion oedd yn Namascus am rai dyddiau, ac ar unwaith dechreuodd bregethu Iesu yn y synagogau, a chyhoeddi mai Mab Duw oedd ef' (Act. 9:19–20).

Dyma'r wyrth fwyaf a gofnodwyd yn Llyfr yr Actau – yr erlidiwr ffyrnig yn cael ei droi yn efengylydd brwd; gelyn y ffydd yn troi yn genhadwr. Gwelwyd gwyrthiau eraill: iacháu cleifion, llefaru â thafodau, peri i gloffion rodio. Roedd y gwyrthiau hynny'n peri syndod. Ond y syndod mwyaf oedd gweld y fath newid syfrdanol yn y gŵr hwn a fu'n peri dychryn ymhlith dilynwyr Crist, yn enwedig Cristnogion Iddewig. Cyfeiriwyd egni a galluoedd meddyliol yr Iddew teyrngar, talentog hwn i sianelau cwbl newydd. Lle cynt y cyhoeddodd farn a melltith ar bob Cristion, yr oedd yn awr yn sefyll gyda hwy i gyhoeddi Crist a'i atgyfodiad. Yn ddiweddarach, byddai'n datgan yn ei Lythyr at y Rhufeiniaid, 'Nid oes arnaf gywilydd o'r Efengyl, oherwydd gallu Duw yw hi ar waith er iachawdwriaeth i bob un sy'n credu' (Rhuf. 1:16). A gydol ei weinidogaeth, byddai'n arddangos yr un hyder a'r un gwroldeb wrth gyflwyno ei dystiolaeth ymhlith Iddewon a Chenedl-ddynion fel ei gilydd.

Yn fuan, troes syndod yr Iddewon, ei hen gyfeillion, yn gasineb ac yn wrthwynebiad ffyrnig. A'r un pryd hefyd, roedd y Cristnogion yn ei ddrwgdybio. Onid hwn oedd yr un a fu'n achosi'r fath ddifrod i'r Eglwys, a fu'n gyfrifol am garcharu a lladd cymaint o'u cyd–gredinwyr? A ellid mewn gwirionedd ymddiried yn y fath ddyn?

Encilio i Arabia

Yn ei Lythyr at y Galatiaid, dywed Paul ei fod wedi dechrau pregethu ymhlith y Cenhedloedd yn Namascus ac iddo 'ar unwaith', heb ymgynghori â neb, fynd i ffwrdd i Arabia. Yna, wedi tair blynedd, aeth i fyny i Jerwsalem i gyfarfod â Phedr (Gal. 1:16–18). Mae'n bur debyg mai ardal heb fod ymhell o Ddamascus oedd Arabia – teyrnas y brenin Aretus IV. Yn ei eiriau ei hun, dywed Paul ei fod wedi mynd i ffwrdd i Arabia 'ac yna dychwelyd i Ddamascus' (Gal. 1:17). Gallai hynny olygu fod Arabia'n ddigon agos iddo fedru ymweld yn achlysurol â'i gyfeillion yn Namascus.

Wedi'r profiad ysgytiol a gafodd ar ffordd Damascus, a'r newid sylfaenol yr esgorodd y profiad hwnnw arno, roedd yn gwbl naturiol i Paul deimlo'r angen i encilio er mwyn ystyried holl ymhlygiadau ei ddarganfyddiad newydd. Sut ddylai'n awr ymagweddu at Iddewiaeth? A oedd ei brofiad o Iesu yn ei wneud yn llai o Iddew? Os oedd wedi ei alw gan Dduw i fod yn dyst i'r Cenhedloedd, sut fyddai ei frodyr Iddewig Cristnogol, fel Ananias, yn ymateb i'r syniad o dderbyn Cenedl-ddynion i mewn i'r Eglwys? Gan nad oedd eto wedi cysylltu â'r eglwys yn Jerwsalem, sut dderbyniad a gâi gan y credinwyr yno, a hwythau'n cofio amdano fel erlidiwr ffyrnig?

Yn bwysicach na dim, os oedd wedi ei ddewis i fynd â'r Efengyl i'r Cenhedloedd yn ogystal ag i'w gyd-Iddewon, beth fyddai cynnwys yr Efengyl honno? A phe bai eglwysi newydd yn codi o ganlyniad i'w waith, sut y dylid trefnu ac arwain yr eglwysi hynny? A beth fyddai perthynas yr eglwysi hynny â'r synagogau Iddewig? Yr oedd gweledigaeth Paul o'r Crist byw wedi troi ei fyd wyneb i waered, a'i orfodi i ail-feddwl holl gynnwys a chyfeiriad ei fywyd.

Roedd rhaid i Paul wynebu dau gwestiwn sylfaenol. Yn gyntaf, a oedd bellach yn Iddew? Ac yn ail, pa bryd y dylai ddechrau pregethu i'r Cenedl-ddynion? Mewn ateb i'r cwestiwn cyntaf, roedd newid sylfaenol yn ei agwedd at Iddewiaeth yn anorfod. Rhoddodd y gorau ar unwaith i erlid disgyblion Iesu. Ymatebodd i anogaeth Ananias, 'Tyrd i gael dy fedyddio a chael golchi ymaith dy bechodau' (Act. 22:16). Daeth yn ddisgybl eiddgar i Iesu; cymaint felly nes iddo ddatgan, 'nid myfi sy'n byw, ond Crist sy'n byw ynof fi' (Gal. 2:20).

Ac eto mae nifer o esbonwyr wedi dadlau na pheidiodd Paul â bod yn Iddew, ac na chefnodd ar ei grefydd Iddewig. Doedd ei dröedigaeth ddim yn golygu cefnu ar ei hen grefydd a choleddu crefydd newydd. I'r gwrthwyneb, parhaodd Paul yn Iddew, ond yn Iddew Cristnogol.

Ar y dechrau ni welai unrhyw anghysondeb rhwng ei Iddewiaeth a'i gred yn Iesu fel y Meseia. Mae ganddo nifer o gyfeiriadau at ei grefydd Iddewig ar ôl ei dröedigaeth. Mae'n dal i'w ystyried ei hun yn Pharisead (Act. 23:6), yn Iddew (Act. 21:39), ac yn un o gyfryngau Duw i estyn i'r Cenhedloedd yr addewid a wnaed i Abraham (Rhuf. 9 – 11). Mynychai synagogau Iddewig yn gyson. Oherwydd ei awydd i gael cwmni a chymorth y Timotheus ifanc ar ei daith, mynnodd ei fod yn gyntaf yn ei enwaedu, er bod ei dad yn Roegwr a'i fam 'yn wraig grediniol o Iddewes'. A'r rheswm dros hynny yw, 'o achos yr Iddewon oedd yn y lleoedd hynny' (Act. 16:1–3).

Yn Actau 21 y ceir y dystiolaeth gliriaf oll i ymwybyddiaeth Paul o'i Iddewiaeth. Ar ddiwedd ei drydedd daith genhadol ymhlith y Cenhedloedd, cytunodd â chais arweinwyr Iddewig Cristnogol yn Jerwsalem i gymryd llw i brofi ei fod 'yn dilyn ac yn cadw'r Gyfraith' (Act. 21:24) ac nad oedd yn dysgu Iddewon oedd yn byw ymhlith y Cenhedloedd i gefnu ar y Gyfraith ac i beidio ag enwaedu eu plant.

Arwydd arall o awydd Paul i lynu wrth ei Iddewiaeth oedd ei barodrwydd i ddioddef cael ei fflangellu yn y synagog: 'Pumwaith y cefais ar law'r Iddewon y deugain llach ond un' (2 Cor. 11:24). Roedd Iesu wedi rhagweld y byddai ei ddisgyblion yn derbyn triniaeth o'r fath ac wedi eu rhybuddio y byddai'r Iddewon yn eu fflangellu 'yn eu synagogau' (Mth. 10:17). Pe bai Paul wedi cefnu'n llwyr ar Iddewiaeth ni fyddai wedi ildio i gosb o'r fath. Pan yw'n cyfeirio at ddwyn nodau Crist ar ei gorff (Gal. 6:17), dywed nad yw enwaediad yn cyfrif dim, na dienwaediad, ond ymlyniad wrth Iesu Grist, a bod clwyfau ei ddioddefiadau ef yn arwydd o hynny ac felly'n fath o ail enwaediad. Mae'n amlwg, felly, fod Paul yn parhau i'w ystyried ei hun yn Iddew, ond ei fod yr un pryd yn Iddew oedd wedi canfod bywyd newydd trwy dderbyn Iesu fel Meseia a Gwaredwr.

Goleuni i'r Cenhedloedd

Yr ail gwestiwn mawr a wynebai Paul yn Arabia oedd *pa bryd* ac *ymhle* y dylai ddechrau pregethu i'r Cenedl-ddynion. Yr oedd yn gwbl sicr o'i alwad, ond roedd ei gomisiwn yn cynnwys cenhadaeth ymysg yr Iddewon yn ogystal â'r Cenedl-ddynion. 'Dos di; llestr dewis i mi yw hwn,' meddai Duw wrth Ananias, 'i ddwyn fy enw gerbron y Cenhedloedd a'u brenhinoedd, a cherbron plant Israel' (Act. 9:15). Os bu Paul yn pregethu yn Arabia, nid oes unrhyw dystiolaeth ei fod wedi gwneud hynny ymhlith Cenedl-ddynion. A ddylai efengylu ymhlith ei gyd-Iddewon yn gyntaf? Yn ystod ei weinidogaeth, roedd Iesu wedi gorchymyn i'w ddeuddeg disgybl fynd i gyhoeddi newyddion da'r deyrnas i'r Iddewon: 'Peidiwch â mynd i gyfeiriad y Cenhedloedd, a pheidiwch â mynd i mewn i un o drefi'r Samariaid. Ewch yn hytrach at ddefaid colledig tŷ Israel' (Mth. 10:5–6). Ar ôl iddo atgyfodi yr ehangodd Iesu ei gomisiwn i gynnwys y Cenedl-ddynion: 'Ewch, gan hynny, a gwnewch ddisgyblion o'r holl genhedloedd, gan eu bedyddio hwy yn enw'r Tad a'r Mab a'r Ysbryd Glân' (Mth. 28:19).

Ond aeth amser heibio cyn i Simon Pedr, fel Paul, dderbyn gweledigaeth a'i symbylodd i ddechrau pregethu ymhlith y Cenedl-ddynion, ac ennill Cornelius a'i deulu i'r ffydd – y dychweledigion cyntaf o blith y Cenhedloedd (Act. 11:18).

Wedi iddo ddychwelyd o Arabia, treuliodd Paul rai dyddiau yn Namascus. Ni cheir unrhyw gyfeiriad ato'n pregethu i Genedl-ddynion, ond y mae 'ar unwaith' yn pregethu Iesu yn y synagogau, 'a chyhoeddi mai Mab Duw oedd ef' (Act. 9:20). Achosodd ei bresenoldeb a'i bregethu ddicter ymhlith yr Iddewon. Y dirgelwch iddynt hwy oedd, bod dyn a fu'n Iddew mor danbaid ac yn erlidiwr mor ffyrnig o'r Cristnogion wedi newid mor llwyr fel ei fod bellach yn eu cefnogi, ac fel hwythau yn datgan mai Iesu oedd y Meseia. Fel y cynyddai gwrthwynebiad yr Iddewon, cynyddai hyder Paul, ac yr oedd 'yn ymrymuso fwyfwy, ac yn drysu'r Iddewon oedd yn byw yn Namascus wrth brofi mai Iesu oedd y Meseia' (Act. 9:22).

Cynllwyniodd yr Iddewon i'w ladd, a dywed Paul fod llywodraethwr y ddinas, 'oedd dan y Brenin Aretas' (2 Cor. 11:32), yn gwylio muriau'r ddinas rhag iddo ddianc. Yn Namascus, roedd ganddo ddau elyn – yr Iddewon yn synagogau'r ddinas a swyddogion y brenin a oedd yn ei amau o fod yn derfysgwr. Roedd hynny'n gwbl ddealladwy. Onid oedd yr awdurdodau Iddewig a'r Rhufeiniaid yn euog o ddienyddio Iesu? Ond roedd gan Paul gyfeillion hefyd, o bosibl rhai a ddaethai i gredu trwy ei bregethu ef. Gyda'u cymorth hwy, cafodd ddihangfa trwy gael ei ollwng dros fur y ddinas mewn basged (Act. 9:25).

Penderfynodd Paul fod yr amser wedi dod iddo fynd o Ddamascus i Jerwsalem. Yno, wedi'r cyfan, yr oedd prif arweinwyr yr Eglwys ifanc; ac yr oedd yn awyddus i ymuno â hwy a dangos y newid mawr a ddigwyddodd iddo. Nid yw adroddiad Paul yn Galatiaid yn dilyn yr un patrwm yn union ag adroddiad Luc yn yr Actau. Yn ei Lythyr at y Galatiaid, dywed mai ar ôl tair blynedd yr aeth i Jerwsalem i gyfarfod â Cheffas, a'i fod wedi aros yno am bythefnos heb weld neb arall o'r apostolion ar wahân i 'Iago, brawd yr Arglwydd' (Gal. 1:19). Yna aeth i diriogaethau Syria a Chicilia. Nid yw'r anghysondebau yn yr adroddiadau hyn fawr mwy na dwy fersiwn o'r un hanes, gyda'r naill a'r llall yn rhoi sylw i wahanol agweddau o'r digwyddiadau. Olrhain hanes twf yr Eglwys oedd bwriad Luc, ac felly nid oedd enciliad Paul i Arabia yn bwysig iddo. Ond i Paul, yr oedd cael llonyddwch yn anialwch Arabia o'r pwys mwyaf. Fel y proffwydi, ac fel Iesu ei hun ar ôl ei fedydd, roedd arno angen amser a thawelwch i gael trefn ar ei feddwl ac i ystyried oblygiadau'r newid mawr oedd wedi digwydd iddo.

Er mwyn deall meddwl Paul yn ystod y cyfnod cythryblus hwn, rhaid dilyn ei fersiwn ef o'i symudiadau. Yn gyntaf, 'euthum i ffwrdd i Arabia' (Gal. 1:17); yn ail, 'dychwelais i Ddamascus (Gal. 1:17), ac yn drydydd, 'Wedyn, ar ôl tair blynedd, mi euthum i fyny i Jerwsalem' (Gal. 1:18).

Dychwelyd i Jerwsalem

Amcangyfrifir mai yn y flwyddyn 37 O.C., dair blynedd wedi ei dröedigaeth, y dychwelodd Paul i Jerwsalem. Wedi cyrraedd yno, ceisiodd ymuno â'r disgyblion, ond yr oeddent hwy wrth reswm yn ddrwgdybus ohono oherwydd ei hanes fel erlidiwr creulon. Roeddynt yn amau, tybed a oedd wedi dychwelyd fel ysbïwr, fel blaidd mewn croen dafad. 'Yr oedd ar bawb ei ofn, am nad oeddent yn credu ei fod yn ddisgybl' (Act. 9:26). Yr un modd, roedd ei hen gyfeillion rabinaidd hefyd wedi troi yn ei erbyn, gan ei ystyried yn wrthgiliwr ac yn fradwr.

Prif amcan Paul oedd ceisio mynediad i gymdeithas yr Eglwys. Yr oedd yna un wrth law i'w helpu – un oedd wedi ennill ymddiriedaeth y credinwyr, sef Barnabas. Os oedd angen cyfaill ar Paul erioed, roedd ei eisiau yn awr. Gallai ei gyfarfyddiad â'r disgyblion fod yn gwbl dyngedfennol. Byddai naill ai'n cael ei dderbyn, neu byddai'n rhaid iddo bregethu a chenhadu ar y tu allan, heb fendith swyddogol yr Eglwys. Ond daethai Paul i ddeall pa mor bwysig oedd iddo ddod yn rhan o'r gymdeithas o gredinwyr. Yn ddiweddarach, byddai'n atgoffa'r eglwysi a'u haelodau eu bod yn rhan o gorff Crist, o gymdeithas yr Ysbryd Glân ac o'r Israel newydd. Pa mor ddrwgdybus bynnag oedd y credinwyr ohono, roedd Paul wedi ei argyhoeddi, yn ystod ei encil yn Arabia fwy na thebyg, fod tröedigaeth at Iesu'n golygu hefyd 'dröedigaeth' at ei Eglwys. Ni fyddai'n cytuno am eiliad â'r bobl hynny yn ein hoes ni sy'n hawlio y gellir bod yn Gristion heb berthyn i'r Eglwys a heb fynychu lle o addoliad.

Barnabas fu'n gyfrwng i argyhoeddi'r apostolion amdano. Yr 'apostolion' yn y cyswllt hwn, yn ôl Galatiaid, oedd Pedr ac Iago, brawd Iesu (Gal. 1:18–19). Fe'u hargyhoeddwyd hwy gan stori Paul, a derbyniwyd ef i'w plith. Yr oedd i Barnabas, fel i Ananias yn Namascus, ac fel i Paul ei hun, ei le ym mwriad Duw. Gyda'i galon garedig a'i gred yn niffuantrwydd Paul, ochrodd ag ef a'i gefnogi yn ei gais i gael ymuno â'r cwmni o gredinwyr. Mae'r bobl sy'n gwahodd eraill i ddod gyda hwy i le o addoliad yn cyflawni tasg hanfodol bwysig ym mywyd yr Eglwys heddiw.

Treuliodd Paul bythefnos yn Jerwsalem. Wedi iddo gael ei dderbyn gan y disgyblion, aeth ati ar unwaith 'gan lefaru'n hy yn enw'r Arglwydd' (Act. 9: 28). Y rhai y bu'n siarad ac yn dadlau â hwy yn bennaf oedd yr 'Iddewon Groeg eu hiaith', sef yr Iddewon oedd ar wasgar ac a ddaethai dan ddylanwad y diwylliant Groegaidd – yr Helenistiaid. Groeg, yn hytrach nag Aramaeg, oedd eu hiaith gyntaf. Ond roeddent yn Iddewon digon brwd i wrthwynebu pregethu Paul, yn gymaint felly nes eu bod 'yn ceisio ei ladd ef' (Act. 9:29). Penderfynodd yr apostolion ei hebrwng i Gesarea a'i roi ar long i'w gartref yn Nharsus. Bu yno am rai blynyddoedd cyn inni glywed mwy am ei hanes, ond gallwn dybio iddo bregethu'n gyson i Iddewon a Chenedl-ddynion fel ei gilydd.

Wrth adrodd ei hanes wrth y Brenin Agripa, dywed Paul ei fod wedi cyhoeddi'r Efengyl 'i drigolion Damascus yn gyntaf, ac yn Jerwsalem, a thrwy holl wlad Jwdea, ac i'r Cenhedloedd' (Act. 26:20). Mae'r tri lle y cyfeiria atynt yn fwy na llecynnau ar fap; maent hefyd yn cynrychioli'r prif gamau yn ei dröedigaeth. Mae tröedigaeth Gristnogol lawn yn cynnwys mwy na phrofiad ysbrydol, ysgytiol; mae iddi gamau pendant mewn proses o droi meddwl a bywyd i gyfeiriad gwahanol. Cynrychiolir y camau hynny gan y tri lle – Damascus, Jerwsalem, Jwdea a'r holl genhedloedd.

Mae *Damascus* yn cynrychioli tröedigaeth at Iesu Grist. Hwn yw'r cam cyntaf yn y broses o ddod yn Gristion. Yr hyn a ddigwyddodd ar ffordd Damascus oedd bod Paul wedi dod wyneb yn wyneb â'r Crist byw. Gwelodd oleuni llachar, yn arwydd mai trwy Iesu y mae goleuni gogoniant Duw yn ein cyrraedd. Mae *Jerwsalem* yn cynrychioli tröedigaeth at yr Eglwys. Yno y cafodd Paul fynediad i gymdeithas y disgyblion, er mai digon llugoer oedd y derbyniad a gafodd ar y dechrau. Mae gweld yr Eglwys fel cyfrwng gras a gwirionedd Duw yn y byd, ac ymdaflu i'w bywyd a'i haddoliad a'i chymdeithas yn gam holl bwysig ar y bererindod Gristnogol. Yna, *Jwdea a'r holl genhedloedd.* Cafodd Paul dröedigaeth yn ei agwedd at y byd. I bob Iddew uniongred, pobl aflan, wrthodedig oedd Cenedl-ddynion. Ond o dderbyn Iesu Grist yn Feseia a Gwaredwr, gwelai Paul y byd fel gwrthrych cariad Duw. Gwelodd fod Duw wedi gweithredu yn Iesu Grist er mwyn cymodi'r byd ag ef ei hun. Yr elfen hon yn ei dröedigaeth a'i hanfonodd allan i'w deithiau, i gyhoeddi'r Efengyl i'r Cenhedloedd.

Cwestiynau i'w trafod

1. Pa newidiadau yn ei ffydd a'i fywyd y bu'n rhaid i Paul ddygymod â hwy yn anialwch Arabia yn dilyn ei dröedigaeth?

2. Yn hanes tröedigaeth Paul, ceir cyfeiriadau at dri dyn, Steffan, Ananias a Barnabas. Beth oedd cyfraniad y tri i'w bererindod Gristnogol gynnar?

3. Pam oedd Paul mor awyddus i gael ei dderbyn gan yr eglwys yn Jerwsalem?

4. Y Daith Genhadol Gyntaf

Actau 13: 1–5; 13–43

Ar sail cyngor y disgyblion yn Jerwsalem aeth Paul adref i ddiogelwch Tarsus, ac yno y bu am saith mlynedd. Gan na wyddom ddim am ei weithgareddau yn Nharsus, disgrifir y cyfnod gan esbonwyr fel 'y blynyddoedd tawel'. Yn y cyfamser, cafodd Pedr weledigaeth yn Joppa a'i symbylodd i fedyddio'r canwriad Rhufeinig, Cornelius a'i deulu, y Cenedl-ddynion cyntaf i'w derbyn i'r Eglwys. Pan glywodd yr eglwys yn Jerwsalem am hyn, galwyd Pedr i gyfrif am gymryd cam mor herfeiddiol. Ond wedi iddo adrodd am y weledigaeth drawiadol a gafodd ac ymateb Cornelius i'r Efengyl, ac am yr Ysbryd Glân yn disgyn arnynt i gyd yn ddiwahân, llwyddodd i argyhoeddi'r apostolion fod Duw wedi rhoi'r un rhodd i Genedl-ddynion dienwaededig ag a roddodd i Iddewon. 'Ac wedi iddynt glywed hyn, fe dawsant, a gogoneddu Duw gan ddweud, "Felly rhoddodd Duw i'r Cenhedloedd hefyd yr edifeirwch a rydd fywyd"' (Act. 11:18).

Os oedd Paul wedi cael ar ddeall fod arweinwyr yr eglwys yn Jerwsalem wedi rhoi sêl eu bendith ar genhadu ymhlith y Cenhedloedd, mae'n bosibl ei fod wedi dechrau pregethu i'r Cenedl-ddynion yn ogystal â'r Iddewon yn Nharsus a Cilicia. Gwyddom un peth i sicrwydd, sef fod nifer fawr o Iddewon a Chenedl-ddynion yn ninas Antiochia wedi dod i gredu o ganlyniad i waith cenhadol Iddewon a oedd wedi ffoi yno o Jerwsalem i osgoi erledigaeth: 'Yr oedd llaw'r Arglwydd gyda hwy, a mawr oedd y nifer a ddaeth i gredu a throi at yr Arglwydd' (Act. 11:21). Ond yr oedd y llwyddiant hwn yn codi cwestiynau i selogion eglwys Jerwsalem. Beth ddylid ei wneud â'r holl gredinwyr newydd hyn? A oeddent yn deilwng i'w galw yn ddilynwyr yr Arglwydd? Penderfyniad arweinwyr yr eglwys oedd anfon Barnabas i Antiochia i arolygu'r sefyllfa. Ni ellid fod wedi dewis neb gwell. Roedd Barnabas yn un o wŷr bonheddig naturiol Duw. Gwelodd ar unwaith fod Ysbryd Duw ar waith ac anogodd y credinwyr newydd i lynu wrth yr Arglwydd 'o wir fwriad calon' (Act. 11:23).

O Antiochia i Gyprus

Fel y cynyddai eglwys Antiochia, teimlai Barnabas fod arno angen cymorth. A phwy well na gŵr o gefndir a gallu Paul? Aeth Barnabas i Darsus i chwilio amdano, a llwyddodd i'w ddenu i Antiochia. Bu Paul yn gweithio yno ochr yn ochr â Barnabas am flwyddyn gyfan, a gwelwyd cynnydd mawr yn yr eglwys, o ran nifer a dylanwad, yn gymaint felly nes y rhoddwyd enw newydd i'r credinwyr – 'Cristionogion' (Act. 11:26). Pobl oeddent a soniai'n ddi-baid am Iesu Grist, gan hawlio iddo eu hachub a rhoi bywyd newydd iddynt, a dangos cariad anghyffredin tuag at ei gilydd, ac adlewyrchu bywyd Crist yn eu bywydau eu hunain. Pobl oeddent oedd yn amlwg wedi eu meddiannu gan yr Ysbryd Glân.

Yr Ysbryd Glân a blannodd yng nghalonnau arweinwyr eglwys Antiochia yr argyhoeddiad ei bod yn bryd iddynt dorri tir newydd yn eu cenhadaeth i'r Cenhedloedd ac y dylent neilltuo Barnabas a Paul i'r gwaith. Gyda hynny, agorwyd pennod newydd yn hanes yr Eglwys Gristnogol: peidiodd â bod yn genhadaeth i Iddewon yn unig, ac ymledodd allan i'r byd a chynnig newyddion da'r deyrnas i bawb yn ddiwahân.

Cyfarfu'r eglwys i gyd i ollwng y ddau genhadwr i'w hanturiaeth. Gwnaed hynny trwy arddodi dwylo arnynt, ymprydio a gweddïo. Nid gweithred o ordeinio oedd hon, ond arwydd o fendith a chymeradwyaeth yr eglwys wrth iddi eu comisiynu ar gyfer ymgyrch genhadol benodol. Hwyliodd y ddau genhadwr o Selewcia, porthladd Antiochia, a chroesi i Gyprus. Pam dewis Cyprus? Un rheswm oedd bod Barnabas yn frodor o'r ynys, a gallwn ddychmygu ei fod yn awyddus i fynd â'r Efengyl i'w bobl ei hun. Rheswm arall oedd bod Cyprus yn gorwedd yn uniongyrchol ar y daith forwrol o Syria i Asia Leiaf, ac o ganlyniad y byddai llawer iawn o deithwyr, yn Iddewon a Chenedl-ddynion, yn mynd a dod yno.

Wedi glanio yn Salamis, porthladd pwysig i'r fasnach gopr, sef prif ddiwydiant Cyprus, aeth Paul a Barnabas ati ar unwaith i bregethu yn y synagogau. Mae'r ffaith fod yno fwy nag un synagog yn awgrymu bod nifer sylweddol o Iddewon yn byw yn y dref. Cyfeirir hefyd at Ioan, a ddisgrifir fel 'cynorthwywr'. Ioan Marc oedd hwn, cefnder i Barnabas, â'i fam Mair yn berchen ar dŷ helaeth yn Jerwsalem a ddefnyddid fel man cyfarfod gan y disgyblion. Cyn diwedd y daith, byddai Ioan Marc yn gadael Paul a Barnabas ac yn dychwelyd i Jerwsalem – rhywbeth a achosodd anghydfod rhwng Paul ac yntau, a rhwng Paul a Barnabas, am gyfnod.

Dywed yr hanes iddynt fynd drwy'r holl ynys hyd Paffos, y brifddinas. Yno cawsant wahoddiad gan y rhaglaw, Sergius Paulus, gŵr deallus, oedd yn awyddus i glywed eu neges.

Llwyddodd Paul i wneud argraff ar y rhaglaw trwy lorio'r gau broffwyd, Elymas Bar-Iesu, dewin yn llys Sergius Paulus, a geisiodd dynnu sylw'r rhaglaw oddi wrth genadwri Paul a Barnabas. Ond canlyniad y cyfarfyddiad hwn oedd i'r rhaglaw ddod i gredu, 'wedi ei synnu'n fawr gan y ddysgeidiaeth am yr Arglwydd' (Act. 13:12). Hwn oedd y Rhufeiniwr cyntaf i ddod i gredu'r Efengyl dan weinidogaeth Paul. Yn y stori hon, cyfeirir at benderfyniad Saul i arddel yr enw Paul yn hytrach na Saul. Awgryma rhai esbonwyr iddo wneud hynny fel math o gwrteisi i'r swyddog Rhufeinig pwysig hwn. Mae'n bosibl mai'r digwyddiad hwn a argyhoeddodd Saul, yr Iddew, ei bod yn bosibl ennill y byd Rhufeinig i Grist. Ond mae'n amlwg hefyd fod Luc wedi dewis adrodd yr hanes er mwyn dangos sut y daeth ofergoeledd i wrthdrawiad â'r Efengyl ac i'r Efengyl ennill y dydd.

Oedfa Fawr yn Antiochia Pisidia

Mae'n bur debyg fod Paul wedi ymdeimlo â'r alwad i symud ymlaen i ranbarth arall o'r ymerodraeth. Gyda'i wroldeb arferol aeth yn ei flaen, gan hwylio o Paffos a chyrraedd Perga yn Pamffilia, yn Asia Leiaf. Aeth y fintai yn ei blaen nes cyrraedd Antiochia Pisidia. Roedd mwy nag un 'Antiochia' o fewn yr ymerodraeth, o deyrnged i'r ymerawdwr Groegaidd, Antiochus Epiffanes. Safai'r ddinas arbennig hon ar dir uchel. Hi oedd prifddinas filwrol Galatia, y rhanbarth Rhufeinig a ymledai o Fôr y Canoldir yn y de i'r Môr Du yn y gogledd. Roedd yn ddinas bwysig, a phe llwyddid i blannu'r Efengyl yno byddai gobaith yr ymledai trwy'r rhanbarth cyfan.

Yn Antiochia, fel yng Nghyprus, dechreuodd Paul genhadu yn y synagog. Wedi'r darlleniadau arferol o'r Gyfraith a'r Proffwydi a'r gweddïau penodedig, gwahoddodd llywodraethwr y synagog y ddau ŵr dieithr, Paul a Barnabas, i ddweud gair. Mae cyfarchiad agoriadol Paul yn arwyddocaol: 'Chwi Israeliaid, a chwi eraill sy'n ofni Duw, gwrandewch' (Act. 13:16). Byddai tri dosbarth o wrandawyr yn y gynulleidfa. Yn gyntaf, Iddewon uniongred, yn hyddysg yn y Gyfraith, yn parchu'r defodau traddodiadol, a nifer ohonynt yn medru'r Hebraeg. Yn ail, proselytiaid, sef Cenedl-ddynion oedd wedi mabwysiadau Iddewiaeth ac wedi cael eu bedyddio a'u henwaedu. Ac yn drydydd, 'rhai yn ofni Duw', sef Cenedl-ddynion oedd â diddordeb mewn Iddewiaeth oherwydd ei chred mewn un Duw a'i dysgeidiaeth foesol uchel, ond nad oeddent yn barod i dderbyn enwaediad na defodau ynglŷn â bwydydd.

Y bregeth sy'n dilyn yw'r unig bregeth o eiddo Paul a gofnodwyd yn Llyfr yr Actau a draddodwyd mewn synagog. Mae'n amlwg fod Luc yn awyddus i roi crynodeb o gynnwys y bregeth, yn esiampl o bregethu Paul ac i ddangos yr effaith a gafodd ar y gynulleidfa. Mae'n ddiddorol hefyd fel mynegiant o feddwl a chred Paul a'i ddull o gyflwyno neges yr Efengyl i Iddewon a Chenedl-ddynion fel ei gilydd. Nid bwriad Luc oedd rhoi'r bregeth gyfan air am air, ond rhoi crynodeb o'r hyn a ddywedodd Paul. Y mae i'r bregeth dair rhan.

Yn gyntaf, *y paratoad yn y gorffennol* (Act. 13:16–25). Dywed Paul fod holl hanes cenedl Israel yn baratoad ar gyfer dyfodiad Crist, a bod yr holl hanes yn cael ei gyflawni yn ei ddyfodiad. Mae gorffennol y genedl ynghlwm wrth weithredoedd achubol Duw. Y weithred achubol gyntaf oedd yr ecsodus o'r Aifft. Nid y bobl a'u rhyddhaodd eu hunain. Duw a'u rhyddhaodd: 'dyrchafodd y bobl pan oeddent yn estroniaid yng ngwlad yr Aifft, ac â braich estynedig fe ddaeth â hwy allan oddi yno'

(Act. 13:17). Ond nid oedd y waredigaeth honno'n ddigon. Bu'n rhaid treulio deugain mlynedd yn yr anialwch. Gwaredigaeth o'r Aifft yn gyntaf, yna gwaredigaeth drachefn o'r anialwch, ac yna buddugoliaeth dros y saith genedl oedd yn nhir Canaan. Cyfeiria wedyn at gyfnod y Barnwyr, at Dduw yn ymateb i gais y bobl gan roi brenin iddynt, sef Saul, fab Cis, o lwyth Benjamin – un o ragflaenwyr Paul ei hun. Yna codwyd Dafydd, a oedd yn ŵr wrth fodd calon Duw. O blith disgynyddion hwn y daeth Duw â gwaredwr i'w bobl, sef Iesu. Prif bwyslais y paratoad hwn oedd mai Duw a weithredodd yn y gorffennol i waredu ei bobl, a Duw sy'n gweithredu wrth anfon Iesu yn waredwr dynion.

Yn ail, *y waredigaeth yn y presennol* (Act. 13:26–37). Pwrpas mawr Duw oedd dwyn iachawdwriaeth i'w bobl. Daeth y pwrpas hwnnw i ben yn Iesu Grist. Y ddolen yn y gadwyn o ddyddiau Abraham hyd at Iesu yw Ioan Fedyddiwr, a ddaeth i gyhoeddi bedydd edifeirwch ac i baratoi calonnau'r bobl ar gyfer dyfodiad Iesu. Bellach, braint Paul a'i gyd-genhadon yw cyhoeddi 'gair yr iachawdwriaeth' (Act. 13: 26), sef y gair am Iesu a'r gair sy'n dwyn iachawdwriaeth Duw i'r byd. Ond gwrthod y gair hwnnw fu hanes pobl Jerwsalem a'u llywodraethwyr. Er iddynt fynychu'r synagog bob Saboth a gwrando ar eiriau'r proffwydi, nid oeddent yn sylweddoli pwy oedd Iesu. Yn hytrach, fe'i condemniwyd; ac er nad oedd unrhyw reswm dros ei roi i farwolaeth, cydsyniodd Pilat i'w groeshoelio. Yn ddiarwybod iddynt hwy, roedd hyn wedi ei ragfynegi yn yr ysgrythurau, ac felly roedd y cyfan yn rhan o fwriad Duw. Er iddo gael ei dynnu oddi ar y pren a'i roi mewn bedd atgyfododd Duw ef, a thros nifer o ddyddiau ymddangosodd yn fyw i'w ddisgyblion, a rhoddwyd iddynt hwy'r gwaith o dystio iddo a chyhoeddi'r newyddion da fod Duw wedi cyflawni'r addewid o iachawdwriaeth a wnaed i'r hynafiaid (Act. 13:32). Aeth Paul ymlaen i ddyfynnu o'r Salmau er mwyn profi nad Dafydd, a fu farw ac a gladdwyd gyda'i dadau, oedd y Meseia, ond Iesu.

Yn drydydd, *yr apêl i'r dyfodol* (Act. 13:38–41). Nid oedd unrhyw bregeth yn orffenedig heb apêl ar ei diwedd. Mae Paul yn apelio ar bobl i weld a derbyn mai trwy Iesu Grist y cânt dderbyn maddeuant pechodau a rhyddhad oddi wrth ofynion Cyfraith Moses. Mae Paul yn gorffen gyda rhybudd i bobl gymryd y neges hon o ddifrif, gan ddyfynnu o broffwydoliaeth Habacuc (1:5). Ceir yma grynodeb o athrawiaeth Paul am gyfiawnhad trwy ffydd, athrawiaeth y byddai'n ei datblygu ymhellach yn ei lythyrau, yn arbennig ei Lythyr at y Rhufeiniaid.

Mae esbonwyr yn gweld tebygrwydd rhwng pregethau Paul a phregethau Pedr (Act. 2:14–42) a Steffan (Act. 7: 1–53), ac yn gweld patrwm a chynnwys cyffredin yn y *kerygma*, sef neges gyhoeddus yr Eglwys Fore. Nid yw hynny'n syndod gan mai rhesymol yw derbyn fod yr apostolion i gyd yn cyhoeddi'r un neges sylfaenol, ond yn eu dull eu hunain.

Cafwyd ymateb brwd gan wrandawyr Paul yn dilyn ei bregeth, ac o ganlyniad yr oedd y synagog yn llawn y Saboth dilynol: 'daeth bron yr holl ddinas ynghyd i glywed gair yr Arglwydd' (Act. 13:44). Ond o weld fel yr oedd neges Paul yn denu'r dyrfa fe lanwyd yr Iddewon ag eiddigedd, ac aethant ati i ddadlau yn ei erbyn ac i'w ddifenwi. Ysgogodd hyn Paul a Barnabas i wneud datganiad holl bwysig: 'I chwi ... yr oedd yn rhaid llefaru gair Duw yn gyntaf. Ond gan eich bod yn ei wrthod, ac yn eich dyfarnu eich hunain yn annheilwng o'r bywyd tragwyddol, dyma ni'n troi at y Cenhedloedd' (Act.13:46). Nid oes amheuaeth nad oedd Paul yn gwbl ddiffuant yn ei obaith y byddai'r Iddewon yn derbyn ei neges ac yn dod i broffesu Crist yn Arglwydd ac yn Feseia; ond gwyddai yn ei galon yr un pryd mai ofer fyddai disgwyl iddynt dderbyn mai un a grogwyd ar groes oedd y Meseia. Ac nid oeddent chwaith yn barod i droi cefn ar Gyfraith Moses, yr elfen bwysicaf yn eu crefydd fel Iddewon.

Gwrthododd yr Iddewon yr alwad; derbyniodd y Cenhedloedd hi. Roedd hwn yn gam tyngedfennol yn natblygiad y genhadaeth Gristnogol. Gyda chymorth rhai o'r dinasyddion pwysig llwyddodd yr Iddewon i anfon y cenhadon o'r ardal, ond nid cyn iddynt lwyddo i sefydlu cymdeithas o Gristionogion, fel y gellir tybio oddi wrth y geiriau, 'llanwyd y disgyblion â llawenydd ac â'r Ysbryd Glân' (Act. 13:52).

I Iconium, Lystra a Derbe

Aeth Paul a Barnabas ymlaen i Iconium, dinas bwysig a hynafol (Konya heddiw). I gyrraedd yno, bu'n rhaid i'r ddau deithio tua naw deg milltir i'r de-ddwyrain o Antiochia.

Byr yw disgrifiad Luc o'u gwaith yno, ond awgryma fod y patrwm yn debyg i'r hyn a ddigwyddodd yn Antiochia – pregethu yn y synagog, a'r Iddewon yn gwrthwynebu ac yn llwyddo i ennill cefnogaeth rhai o'r Cenedl-ddynion. Ond dal ati i 'lefaru'n hy yn yr Arglwydd' (Act. 14:3) a wnaeth yr apostolion, gan ennyn rhyfeddod llawer o'r dinasyddion 'trwy beri gwneud arwyddion a rhyfeddodau' (Act. 14:3). Nid yw Luc yn egluro beth yn union oedd yr arwyddion a'r rhyfeddodau, ond nid oeddent yn ddigon i ffrwyno dicter yr Iddewon a'u harweinwyr a oedd am eu camdrin a'u llabyddio. Ond llwyddodd y ddau i ddianc, gan ffoi i Lystra a Derbe a pharhau eu pregethu yno.

Yn yr ail ganrif, ymddangosodd hanesyn apocryffaidd yn dwyn y teitl, 'Actau Paul a Thecla'. Mae'n amhosibl dweud faint o gynnwys y ddogfen hon sy'n hanesyddol gywir, ond dywedir rhai pethau diddorol ynddi. Er enghraifft, dywedir i Paul letya yn nhŷ gŵr o'r enw Onesphorus, ac iddo dderbyn merch ifanc ddeunaw oed o'r enw Thecla i'r eglwys. Hwyrach mai disgrifiad Onesphorus o Paul sydd fwyaf trawiadol: 'Gŵr byr, yn moeli, yn gam ei liniau, ond urddasol ei gerddediad, trwyn–gam, gyda llygaid disglair yn llawn graslonrwydd, a'i wyneb ar adegau fel wyneb angel'.

Wrth ddisgrifio'r genhadaeth yn Lystra, mae Luc yn canolbwyntio ar un digwyddiad yn unig, sef iacháu gŵr cloff. Effaith hynny oedd peri i'r boblogaeth gredu fod duwiau wedi dod i lawr ar ffurf dynion. Roedd chwedl leol am y duwiau Zeus a Hermes yn ymweld â'r ddinas gan chwilio am lety a chael eu gwrthod gan bawb ar wahân i hen ŵr tlawd o'r enw Philemon a'i wraig Baucis. Canlyniad hyn oedd bod gweddill y trigolion wedi cael eu cosbi'n enbyd a'u boddi. Nid oedd y bobl am wneud yr un camgymeriad eilwaith, ac aethant ati i baratoi offrymau i Paul a Barnabas. Ceisiodd Paul eu perswadio mai dynion meidrol oeddent, ac aeth yn ei flaen i feirniadu eu heilunaddoliaeth ac i alw arnynt i droi at y Duw byw – y Duw sy'n cyfrannu ei fendithion i'r holl ddynoliaeth. Ond ni chafodd ei eiriau unrhyw effaith ar yr Iddewon gelyniaethus. Taflwyd cerrig at Paul, a thrannoeth aeth ef a Barnabas yn eu blaenau i ddinas Derbe. Buont yn cyhoeddi'r newyddion da yn y ddinas honno, gan ennill llawer o ddisgyblion. Dyna'r cyfan a ddywed Luc wrthym am eu hymweliad â Derbe.

Gallent fod wedi teithio ymlaen i'r de-ddwyrain a chyrraedd cartref Paul yn Nharsus. Ond eu bwriad oedd dychwelyd trwy Lystra, Iconium ac Antiochia Pisidia er mwyn annog y credinwyr newydd yn y lleoedd hynny i lynu wrth y Ffydd. Cyn eu gadael, gwnaethant drefniadau i benodi henuriaid ymhob eglwys 'a'u cyflwyno, ar ôl gweddïo ac ymprydio, i'r Arglwydd yr oeddent wedi credu ynddo' (Act. 14:23). Ymlaen â hwy i Pamffylia, Perga ac yna i lawr i Atalia, a hwylio oddi yno yn ôl i Antiochia yn Syria, lle bu dechrau'r daith

Cwestiynau i'w trafod

1. Beth oedd nodweddion eglwys Antiochia a barodd i'w haelodau gael eu henwi'n Gristionogion'?

2. Beth oedd craidd neges Paul yn ei bregeth yn Antiochia Pisida?

3. Pa mor bwysig oedd penodi henuriaid i arwain eglwysi newydd?

5. Agor y Drws i'r Cenhedloedd

Actau 15:1–35

Ar ôl eu taith genhadol gyntaf yr oedd Paul a Barnabas yn gwbl argyhoeddedig mai bwriad Duw oedd i'r newyddion da am Iesu Grist gyrraedd yr holl genhedloedd, ac y dylai'r Eglwys fod yn agored i dderbyn pawb, yn Iddewon a Chenedl-ddynion. Os bu unrhyw amheuaeth yn eu meddyliau wrth gychwyn ar eu taith, roedd y profiad a gawsant wrth bregethu'r Efengyl yng Nghyprus ac Asia Leiaf, ynghyd ag ymateb y Cenedl-ddynion, wedi setlo'r mater yn eu meddyliau.

Meddai Paul wrth Iddewon Antiochia Pisidia oedd yn gwrthod eu neges, 'I chwi ... yr oedd yn rhaid llefaru gair Duw yn gyntaf. Ond gan eich bod yn ei wrthod ... dyma ni'n troi at y Cenhedloedd' (Act. 13:46). Ac wedi iddynt ddychwelyd i Antiochia yn Syria, galwyd yr holl eglwys ynghyd i glywed adroddiad am yr hyn yr oedd Duw wedi ei gyflawni trwyddynt, 'ac fel yr oedd wedi agor drws ffydd i'r Cenhedloedd' (Act. 14:27). Ond roedd llawer o Gristnogion Iddewig yn gwrthwynebu derbyn Cenedl-ddynion i'r Eglwys heb iddynt, yn gyntaf, gydsynio â defodau a thraddodiadau Iddewig, yn enwedig enwaediad. Doedd dim amdani ond cynnal Cyngor o arweinwyr eglwysi Jerwsalem ac Antiochia er mwyn ceisio dod i gytundeb ynghylch y mater.

Dwy Ddirprwyaeth
Ar rai adegau, daw llwyddiant â mwy o broblemau yn ei sgìl nag aflwyddiant. Roedd Paul a Barnabas wedi dychwelyd o'u taith genhadol. Roeddent wedi pregethu i bawb yn ddiwahân, ac yr oedd lluoedd o Genedl-ddynion wedi tyrru i mewn i'r Eglwys. O ganlyniad, roedd Iddewon a Chenedl-ddynion yn cymysgu â'i gilydd o fewn yr un cwmni, yn cydaddoli a chyd-fwyta, ac yn hawlio eu bod bellach yn cael cyfranogi yn addewidion Duw i Israel.

I Iddewon selog, roedd hyn yn codi dau gwestiwn pwysig. Yn gyntaf, a fedrai Cenedl-ddynion ddod i mewn i'r Eglwys heb gael eu henwaedu yn gyntaf? Yn ail, a fedrai Iddewon a ddaethai'n gredinwyr gyd-fwyta â Chenedl-ddynion? Codwyd y cwestiwn cyntaf eisoes pan dderbyniwyd Cornelius a'i deulu i'r Eglwys, a hynny trwy fedydd yn unig, ac nid trwy'r enwaediad. Ond ni setlwyd y cwestiwn hwn yn derfynol. Yn sgil yr adroddiadau am yr holl Genedl-ddynion a dderbyniwyd gan eglwys Antiochia cododd y ddadl eto, yn ffyrnicach fyth y tro hwn.

Cyrhaeddodd dirprwyaeth o Jwdea a Jerwsalem i Antiochia. Ystyriwyd Jerwsalem fel y fam eglwys. Yno roedd ceidwaid y Ffydd. Roedd llawer ohonynt yn perthyn i sect y Phariseaid, ac o ganlyniad yn hynod geidwadol eu hagwedd. Er iddynt ddod i gredu mai Iesu o Nasareth oedd y Meseia, roeddent yn parhau yn Iddewon teyrngar ac yn bendant eu barn mai'r unig ddrws i mewn i'r Ffydd oedd drws Iddewiaeth. Roeddent felly'n credu y dylai credinwyr newydd gael eu henwaedu. Fel Phariseaid, roeddent yn credu yn yr atgyfodiad ac yn disgwyl yn eiddgar am y Meseia. Nid oedd yn anodd iddynt gredu mai Iesu oedd y Meseia hwnnw, ond doedd eu cred ddim yn golygu eu bod wedi cefnu o gwbl ar Iddewiaeth. Ac felly roedd eu cenadwri i Gristnogion Antiochia yn glir a digyfaddawd: 'Os nad enwaedir arnoch yn ôl defod Moses, ni ellir eich achub' (Act. 15:1). Roedd ymhlygiadau ymarferol a pheryglus i'w safbwynt. Nid oedd Iddewon uniongred yn barod i gyd-fwyta â Chenedl-ddynion rhag iddynt fwyta'r hyn a fernid yn aflan gan y Gyfraith. O ganlyniad, nid oeddent yn barod i eistedd gyda Chenedl-ddynion dienwaededig a thorri bara gyda'i gilydd. Yn ei Lythyr at y Galatiaid, mae Paul yn disgrifio'r sefyllfa a ddatblygodd o ganlyniad i ymweliad rhai o Jwdea (Gal. 2:11–14). Dywed fod Pedr, wrth ymweld ag Antiochia, wedi arfer cyd-fwyta â'r Cristnogion cenhedlig ond ei fod, wedi i'r ddirprwyaeth o Jerwsalem gyrraedd yno, wedi dechrau dal yn ôl ac ymbellhau 'am ei fod yn ofni plaid yr enwaediad'.

Buan iawn yr achosodd hyn ymryson a dadlau brwd rhwng yr Iddewon uniongred a Paul a Barnabas. Gwelodd y ddau y byddai ildio i safbwynt dirprwyaeth Jerwsalem yn arwain at danseilio eu gwaith. Byddai'r drws yn cau yn glep yn wyneb y Cenedl-ddynion. A gwaeth na hynny, byddai'n rhaid diarddel y credinwyr newydd o'u plith. Byddai'r sôn am hynny yn ymledu o eglwys i eglwys, a'r llwyddiant a gafwyd yn Galatia yn deilchion. Ni allai'r ddau genhadwr, na'r eglwys a'u danfonodd allan, fodloni ar hynny. Ond gwaeth na hynny, gwelai Paul fod agwedd gul a cheidwadol eglwys Jerwsalem yn groes i hanfod yr Efengyl ei hunan, sef mai trwy ffydd yn unig yr oedd cael mynediad i'r bywyd newydd yn Iesu Grist. Yn nes ymlaen, byddai'n ymdrin yn llawn â'r cwestiwn yn ei Lythyr at y Galatiaid.

Yn y cyfamser, rhaid oedd mynd i Jerwsalem i geisio datrys yr anghydfod. Dewiswyd dirprwyaeth a oedd yn cynnwys Paul a Barnabas 'a rhai eraill o'u plith' (Act. 15:2). Ni wyddom pwy oedd y rhain, ar wahân i Titus y cyfeirir ato yn Gal. 2: 1. Eu bwriad oedd cyfarfod â'r apostolion a'r henuriaid yn Jerwsalem. Ar eu ffordd trwy Phoenicia a Samaria buont yn sôn am dröedigaeth y Cenhedloedd, a daeth y newydd â llawenydd mawr i'r eglwysi. Ond gwahanol iawn oedd ymateb y brodyr yn Jerwsalem. Er bod Paul a Barnabas wedi cael derbyniad cynnes ganddynt, ac er eu bod wedi dechrau dweud sut yr oedd Duw wedi bendithio'u hymdrechion, cododd rhai o blith y Phariseaid ac ailadrodd eu barn, 'Y mae'n rhaid enwaedu arnynt, a gorchymyn iddynt gadw Cyfraith Moses' (Act. 15:5). Roedd y gwrthwynebiad yn aros, a'r dadlau'n parhau.

Cyngor Jerwsalem

Ar ôl i'r Phariseaid ddweud eu barn, galwyd cyfarfod cyhoeddus o'r holl eglwys. Cyfeiria Act. 15:12 at 'yr holl gynulliad', a sonnir yn adnod 22 am 'yr apostolion, yr henuriaid ynghyd â'r holl eglwys' yn dod i benderfyniad. Wedi llawer o ddadlau cododd Pedr, yn rhinwedd ei safle fel llefarydd dros y deuddeg disgybl gwreiddiol ac fel un oedd wedi mynd yn genhadwr dan nawdd eglwys Jerwsalem. Roedd yn amlwg fod Pedr wedi dod i safbwynt clir a chadarn erbyn hyn, a mynegodd yn eglur ei fod o blaid agor y drws i'r Cenedl-ddynion. Atgofiodd Pedr ei wrandawyr mai ef fu'n gyfrifol am dderbyn Cenedl-ddynion i'r Eglwys i ddechrau. Ac i ddangos ei fod wedi rhoi sêl ei fendith ar hynny, roedd Duw wedi tywallt ei Ysbryd Glân ar y Cenedl-ddynion, fel yr oedd wedi ei dywallt arnynt hwy'r Iddewon; a chafodd y Cenedl-ddynion eu glanhau a'u sancteiddio trwy ffydd, ac nid trwy'r enwaediad. Trwy ras yr achubwyd hwy, ei wrandawyr; a thrwy ras hefyd yr achubwyd y Cenhedloedd. Pam felly eu bod yn mynnu gosod iau'r Gyfraith ar war y disgyblion newydd hyn – iau y gwyddent yn iawn na allent fel Iddewon ei dwyn? Yn ôl rhai, cadw'r Gyfraith yn ei chyfanrwydd yw amod achubiaeth. Na, meddai Pedr, ffydd yng ngras a thrugaredd Duw yn unig sy'n achub. Trwy ddrws ffydd y mae dod i mewn i'r bywyd newydd yn Iesu Grist. Dyma graidd yr athrawiaeth am gyfiawnhad trwy ffydd y byddai Paul yn ei datblygu a'i hegluro maes o law yn ei Lythyrau at y Galatiaid a'r Rhufeiniaid. Mae'n rhaid bod Pedr wedi siarad ag arddeliad, oherwydd distawodd ei wrandawyr, chafodd Paul a Barnabas yr un gwrandawiad astud wrth iddynt adrodd am yr arwyddion a'r rhyfeddodau yr oedd Duw wedi eu gwneud trwyddynt (Act. 15:12).

Llywydd y Cyngor oedd Iago, brawd yr Arglwydd Iesu. Er nad oedd ef a'i frodyr wedi credu yn Iesu yn nyddiau ei gnawd, eto daeth i'w adnabod fel Arglwydd a Gwaredwr ar ôl yr atgyfodiad. Ni wyddom pa bryd na sut y digwyddodd hynny, ond yr oedd yn brofiad yr un mor chwyldroadol â phrofiad Paul ar ffordd Damascus. Daeth yn arweinydd yr eglwys yn Jerwsalem yn rhinwedd ei berthynas agos ag Iesu, ond hefyd oherwydd ei dduwioldeb. Yn ôl traddodiad, yr oedd yn weddïwr mynych ac yn cael ei adnabod fel 'Iago'r Cyfiawn'. Roedd hefyd yn uchel ei barch oherwydd ei ymlyniad wrth y Gyfraith.

Distawodd pawb er mwyn disgwyl am ddyfarniad Iago. Mae'n amlwg iddo benderfynu rhoi arweiniad o'r gadair; ac un mesur o'i ddylanwad oedd y ffaith ei fod yn medru synhwyro teimlad y Cyngor a gwneud penderfyniad.

Cytunai Iago â Phedr. Fe'i galwai wrth ei enw Hebraeg, Simeon (Act. 15:14), er mwyn pwysleisio mai Iddew ydoedd. Ond fe'i gwnaeth yn amlwg ar unwaith ei fod o blaid y Cenedl-ddynion. Dywed ei fod wedi ei argyhoeddi gan adroddiad Pedr a chan dystiolaeth y proffwydi. Mae'n dyfynnu o broffwydoliaeth Amos i ddangos fod pobl Dduw yn cynnwys Cenedl-ddynion yn ogystal ag Iddewon (Am. 9:11–12). Ergyd y dyfyniad oedd bod Duw wedi addo i Dafydd y câi ei genedl etifeddu holl addewidion ei frenhiniaeth am byth. Ond rhannwyd y frenhiniaeth yn fuan ar ôl iddo farw, a daeth y Cenhedloedd i mewn i Jerwsalem a'i dinistrio. Ond er mwyn y gweddill a barhaodd yn ffyddlon, addawodd Duw y byddai dinas Dafydd yn cael ei hailadeiladu a'i hatgyweirio, ac y byddai'r holl genhedloedd wedyn yn galw ar enw'r Arglwydd. Gan fod yr Eglwys wedi etifeddu'r addewidion a roddodd Duw i'r genedl, trwyddi hi bellach yr oedd y proffwydoliaethau hyn i gael eu cyflawni. Yn wyneb hynny, penderfyniad tyngedfennol Iago oedd 'na ddylem boeni'r rhai o blith y Cenhedloedd sy'n troi at Dduw' (Act. 15:19); hynny yw, na ddylid disgwyl iddynt gael eu henwaedu cyn cael eu derbyn i mewn i'r Eglwys. Fodd bynnag, nid oedd datganiad Iago yn gwbl ddiamod. Os oedd disgwyl i'r Cristnogion Iddewig gyfaddawdu, teg oedd gofyn am gyfaddawd o du'r Cenedl-ddynion hefyd. Gofynnwyd iddynt dderbyn tri amod.

Yn gyntaf, *ymgadw oddi wrth fwyta pethau 'wedi eu halogi gan eilunod'.* Mae'n debyg fod dau beth ymhlyg yn y gwaharddiad hwn, sef y bwydydd oedd ar werth yn y marchnadoedd ar ôl cael eu haberthu yn y temlau i dduwiau paganaidd. Pan leddid anifail mewn teml baganaidd byddai diferion o'i waed yn cael eu tywallt ar yr allor yn y deml. I'r Iddewon, peth ffiaidd oedd bwyta cig a brynwyd yn y farchnad oedd wedi ei aberthu yn gyntaf i dduw neu dduwiau. Yr unig ateb i Iddewon ffyddlon oedd gwneud trefniadau i baratoi eu cig eu hunain. Yr un modd, ni ddylent fynychu gwleddoedd cyhoeddus ar safleoedd y temlau paganaidd. O droi at 1 Corinthiaid 8 a 9, gwelir fod Paul yn trin y cwestiynau hyn yn llawn wrth ateb ymholiad oddi wrth eglwys Corinth.

Yn ail, *ymgadw oddi wrth anfoesoldeb rhywiol.* Mae'n bur debyg mai arferion rhywiol y temlau paganaidd oedd gan Iago dan sylw yn y cyswllt hwn. Yr oedd ymwrthod ag anniweirdeb a godineb yn rhywbeth newydd mewn byd na welai ddim drwg mewn arferion o'r fath. Ond yr oedd Iago'n awyddus i sicrhau na fyddai ymddygiad anfoesol yn llygru cymeriad y gymdeithas Gristnogol. Dyma bwnc arall y mae Paul yn ymdrin ag ef yn ei lythyrau. Yn Rhuf.1:26–32, mae'n rhoi darlun o dduwch anfoesol yr hen fyd paganaidd ac yn rhybuddio ei gyd-gristnogion rhag cael eu llygru gan yr aflendid o'u cwmpas.

Yn drydydd, *ymgadw oddi wrth yr hyn a dagwyd*. Ni allai'r Iddew fwyta cig anifail a dagwyd am fod y gwaed yn dal yn y cnawd. Yn yr Hen Destament, ystyrir gwaed yn gyfystyr â bywyd (Lef. 3:17), a cheir rhybudd clir y byddai pwy bynnag sy'n bwyta gwaed yn cael ei dorri allan o fysg pobl Dduw (Lef. 17:10). Mae hyn yn dal yn rheol ymysg Iddewon hyd heddiw; nid ydynt i fwyta dim ond cig *kosher*, sef cig anifail a laddwyd yn ôl defodau arbennig yr Iddewon.

Pwysigrwydd Penderfyniad y Cyngor

Er mai cyfaddawd oedd penderfyniad y Cyngor, mae'n amlwg fod y Cristnogion Iddewig wedi gorfod ildio mwy na'r Cristnogion cenhedlig. Rhyddhawyd y Cenedl-ddynion rhag enwaediad, defod oedd yn gwbl ddiystyr iddynt. Er i'r Iddewon Cristnogol ystyried yr arferiad yn arwydd o deyrngarwch i'r genedl a'r Cyfamod, bu'n rhaid iddynt gydnabod nad oedd yn angenrheidiol yn y Cyfamod Newydd.

Mewn cymhariaeth, pris bychan a dalwyd gan y Cenedl-ddynion. Gofynnwyd iddynt hwy ddangos sensitifrwydd a pharch at draddodiadau'r Iddewon, yn enwedig mewn perthynas â bwydydd a glendid buchedd. O dderbyn yr amodau hyn, gallai pawb wedyn ddod at fwrdd Swper yr Arglwydd heb rwystr nag anghydfod. I galonogi'r Cristnogion Iddewig, dywedodd Iago, wrth gloi, ei fod yn arferiad gan Iddewon i ddatgan eu ffydd bob Saboth trwy ddarllen o ddeddf Moses ac y byddai'n fuddiol i Gristnogion cenhedlig gydnabod a gwerthfawrogi hynny.

Penderfynwyd anfon llythyr yn cynnwys penderfyniadau'r Cyngor i Antiochia a'r eglwysi newydd a sefydlwyd yn Galatia, a phenodwyd dirprwyaeth o eglwys Jerwsalem i fynd gyda Paul a Barnabas i osod y mater gerbron eglwys Antiochia. Y ddau a benodwyd oedd Jwdas, a elwid Barsabas, a Silas – gwŷr blaenllaw ymhlith Cristnogion Jerwsalem. Roedd Silas, neu Silfannus i roi ei enw llawn iddo, yn un oedd i gydweithio a chyd-deithio â Phaul. Awgrymwyd fod Jwdas yn cynrychioli'r blaid Iddewig a Silas y blaid Helenistaidd, gan ei fod ef yn ddinesydd Rhufeinig yn ôl Act. 16:37. Rhwng y ddau cafwyd cydbwysedd a thegwch wrth iddynt gyflwyno'r llythyr i'r credinwyr yn

Antiochia. Ond yn bwysicach fyth, hawliwyd fod yr Ysbryd Glân wedi eu harwain yn eu trafodaethau a'u penderfyniadau. 'Penderfynwyd gan yr Ysbryd Glân a chennym ninnau beidio â gosod arnoch ddim mwy o faich na'r pethau angenrheidiol hyn' (Act. 15:28), ac aed ymlaen i egluro'r amodau ynglŷn â bwydydd ac ymddygiad moesol. Roedd ymateb aelodau eglwysi Antiochia i'r llythyr yn galonogol: 'Wedi ei ddarllen, yr oeddent yn llawen ar gyfrif yr anogaeth yr oedd yn ei rhoi' (Act. 15:31). Wedi treulio rhywfaint o amser yn Antiochia yn annog a chalonogi'r brodyr, dychwelodd Jwdas a Silas i Jerwsalem 'at y rhai a'u hanfonodd'.

I Paul, roedd Cyngor Jerwsalem yn garreg filltir holl bwysig yn hanes a thwf yr Eglwys Fore, a rhaid ei fod yn fodlon iawn â'r canlyniadau gan eu bod yn sicrhau na fyddai Cristnogion Iddewig a chenhedlig yn ymwahanu. Pe buasai'r penderfyniad wedi mynd o blaid enwaediad, y perygl fyddai i'r fam eglwys yn Jerwsalem droi'n sect oddi mewn i Iddewiaeth, ac i'r eglwysi cenhedlig ddatblygu'n gymdeithasau annibynnol heb wreiddiau Iddewig, a thrwy hynny fod yn agored i ddylanwadau Helenistaidd, heresïaidd. Ond o ganlyniad i ddedfryd y Cyngor sicrhawyd cysylltiad parhaol rhwng y ddwy ochr.

O safbwynt y Cristnogion Iddewig, diogelwyd y weledigaeth genhadol o'r Efengyl fel gair achubol Duw i'r holl genhedloedd, ac achubwyd yr Eglwys rhag troi'n sect fechan o fewn Iddewiaeth. O safbwynt y Cristnogion cenhedlig, diogelwyd dau beth hanfodol bwysig. Yn gyntaf, roedd gwreiddio Cristnogaeth yng nghrefydd ac athrawiaeth yr Hen Destament yn sicrhau ei bod yn glynu wrth undduwiaeth fel sail ei chred. Heb y gwraidd Iddewig hwn gallai'r Eglwys fod wedi cael ei dylanwadu gan amldduwiaeth y byd Groegaidd, paganaidd o'i chwmpas. Ac yn ail, cadwyd y cysylltiad agos â'r traddodiadau llafar ac ysgrifenedig am berson a gwaith Iesu Grist a nodweddai'r eglwysi ym Mhalestina. Hynny fu'n gyfrifol am gadw'n ddiogel y dehongliad o berson Crist fel Mab Duw a Meseia yn wyneb bygythiadau'r mân grefyddau paganaidd a syniadau athronyddol Groegaidd.

Sicrhawyd fod Cristnogaeth yn parhau fel un ffydd, heb encilio yn sect Iddewig ar y naill law, nac ymgolli ymysg holl fân grefyddau paganaidd y byd Groegaidd ar y llaw arall. Paul yn sicr oedd arwr y dydd, ac fel y dywed yr esboniwr, F.V. Fison: 'Yn holl hanes yr Eglwys ni enillodd unrhyw arweinydd fuddugoliaeth mor gyflawn â Paul yng Nghyngor Jerwsalem'.

Cwestiynau i'w trafod

1. A ydych yn cytuno â'r gosodiad fod hanfod yr Efengyl yn y fantol yng Nghyngor Jerwsalem?

2. A oes perygl i'r Eglwys ymhob oes osod amodau eraill ar aelodaeth ar wahân i ffydd?

3. Beth dybiwch chi fyddai hanes yr Eglwys Fore pe bai'r gangen Iddewig a'r gangen genhedlig wedi ymwahanu?

6. Galwad i Facedonia

Actau 16: 1–34

Gallwn ddychmygu fod Paul, ar ôl dyfarniad Cyngor Jerwsalem, ar dân i gychwyn ar daith genhadol arall. Roedd am ymweld â'r eglwysi a sefydlodd ar ei daith genhadol gyntaf er mwyn sicrhau fod y dychweledigion yn aros yn ffyddlon i'r Arglwydd Iesu, ac nad oedd yr anghydfod a fu rhwng yr Iddewon a'r Cenedl-ddynion wedi achosi dryswch iddynt. Yr oedd Paul nid yn unig yn genhadwr ond hefyd yn *fugail* a oedd yn awyddus i wybod hynt a helynt ei braidd ac yn awyddus i'w helpu a'u cyfarwyddo.

Ceisiodd ddwyn perswâd ar Barnabas i ddod gydag ef i ailymweld â'r hen faes. Dymuniad Barnabas oedd cael Marc yn gydymaith hefyd, ond nid oedd Paul yn barod i'w gymryd am ei fod wedi eu gadael yn ystod y daith gyntaf. Creodd yr anghytundeb gynnen rhyngddynt, a dewisodd Paul Silas i fod yn gwmni iddo, tra aeth Barnabas â Marc i Gyprus. Mae sail dros gredu fod yna fwy i'r stori ac i'r anghytundeb na gwrthwynebiad Paul i gwmni Ioan Marc. Yn Galatiaid 2:13 cawn wybod bod Barnabas, fel Pedr, wedi ofni dangos ei ochr ac wedi dewis peidio â chyd-fwyta â'r Cristnogion cenhedlig pan ddaeth y cynrychiolwyr o Jerwsalem ar ymweliad ag Antiochia cyn Cyngor Jerwsalem. Tybed a oedd gwreiddiau'r ffrae yn mynd yn ôl mor bell â hynny, a bod Paul wedi methu â bod yn dawel pan gododd y cwestiwn ynghylch Ioan Marc?

Aeth Barnabas â Marc gydag ef i Gyprus, ond ni wyddom ddim am eu cenhadaeth ar yr ynys honno. Nid oes gan Luc ddim mwy i'w ddweud wrthym am Barnabas, sy'n awgrymu fod eglwys Anthiochia wedi ochri gyda Paul gan iddynt ei gyflwyno ef a Silas i ras Duw a'u hanfon i'w taith.

Ffordd Fawr yr Efengyl

Cychwynnodd Paul a Silas o Antiochia a symud tua'r gogledd, croesi mynydd Amanus ac anelu am Tarsus, cyn dringo'n uwch a mynd trwy fwlch enwog Pyrth Cilicia. Hen ffordd filwrol oedd hon. Ar hyd-ddi y teithiodd rhai o benaethiaid milwrol mwyaf yr oesoedd, yn cynnwys Cyrus a'i fyddin o ddeng mil ar ei ffordd i Fabilon; Alexander Fawr a'i fyddin yntau ar ei wahanol ymgyrchoedd i goncro'r byd; a'r Croesgadwyr o'r Gorllewin ganrifoedd yn ddiweddarach. Ond yn awr, teithiai milwr o fath gwahanol ar ei hyd; cenhadwr dros Iesu Grist a'i genadwri o Efengyl tangnefedd. Roedd y ffordd yn arwain ymlaen tua'r gorllewin ar draws Asia Leiaf.

Bwriad cyntaf Paul wrth ymgymryd â'r daith hon oedd ymweld â'r eglwysi a sefydlodd ar ei daith gyntaf, er mwyn eu cadarnhau yn y Ffydd a sicrhau nad oedd y ddadl ynghylch enwaedu wedi amharu arnynt. Roedd o fantais fawr iddo fedru adrodd i'r eglwysi am benderfyniadau Cyngor Jerwsalem: 'y gorchmynion a ddyfarnwyd gan yr apostolion a'r henuriaid oedd yn Jerwsalem' (Act. 16:4). Effaith hynny, yn ôl Luc, oedd bod yr eglwysi'n ymgadarnhau yn y Ffydd ac yn cynyddu mewn rhif.

Gan deithio o'r dwyrain, daeth Paul a Silas i Derbe yn gyntaf. Yna ymlaen i Lystra. 'Yno' (Act. 16:1), sef yn Lystra yn ôl pob tebyg, y cyfarfu Paul â Timotheus. Bum mlynedd cyn hynny y bu Paul yn pregethu yn yr ardaloedd hyn, a gallwn ddychmygu ei falchder o weld y gŵr ifanc hwn a enillwyd i'r Ffydd o dan ei weinidogaeth yn dal ati'n ffyddlon, â gair da iddo gan gredinwyr eglwys Lystra.

Dymuniad Paul oedd cael Timotheus yn gyd-deithiwr. Groegwr oedd ei dad ac Iddewes oedd ei fam, ond nid oedd Timotheus wedi cael ei enwaedu. Penderfynodd Paul y dylid gwneud hynny. Gan iddo ymladd yn galed yn erbyn enwaedu Cenedl-ddynion, mae'n rhyfedd gweld Paul yn awr yn mynnu bod rhaid enwaedu Timotheus. Mae'n amlwg mai'r rheswm dros wneud hynny oedd arferiad Paul o fynd i synagogau'r Iddewon wrth efengylu mewn trefi dieithr. Ni fyddai arweinwyr y synagogau yn barod i dderbyn un a fyddai'n hawlio mai Iddew ydoedd er nad oedd wedi cael ei enwaedu. Yn ychwanegol, gellid dweud na welai Paul ddim o'i le mewn enwaedu Iddew, ond na fyddai byth wedi cydsynio i enwaedu Cenedl-ddyn. Ei wneud yn well Iddew a wnâi Paul, a hynny ar ôl iddo ddod yn Gristion.

Am resymau pragmataidd yn bennaf y cymerodd Paul y cam o enwaedu Timotheus. Caiff ei alw'n 'ddisgybl', sy'n golygu ei fod yn Gristion. Nid enwaedu Timotheus er mwyn ei wneud yn Gristion a wnaeth Paul. Yr oedd eisoes yn Gristion trwy ei ffydd yn Iesu Grist. Ffydd, a ffydd yn unig, sy'n gwneud Cristion, ac nid enwaediad. Ond wedi ei enwaedu, gallai Paul ei gymryd gydag ef heb achosi tramgwydd i'r un Iddew, gan hwyluso'r ffordd i gyflwyno'r Efengyl mewn synagogau.

O blith cymeriadau lleiaf adnabyddus y Testament Newydd, gwyddom fwy am Timotheus na neb arall. Roedd ganddo gefndir da. Roedd ei nain Lois, a'i fam Eunice yn wragedd duwiol a oedd wedi gofalu fod y bachgen ifanc yn cael ei drwytho yn yr ysgrythurau. Groegwr diwylliedig oedd ei dad. Gwelodd Paul ar unwaith fod gan Timotheus gymwysterau i fod yn arweinydd o fewn yr Eglwys, ac yr oedd yn awyddus i'r genhadaeth fod ar ei helw o'i gael yn gynorthwywr iddo

Yr Efengyl yn cyrraedd Ewrop

Wrth gychwyn allan roedd Paul yn glir ei feddwl lle dylai fynd i'w genhadaeth, ond ni wireddwyd ei gynllun. Wedi ymweld â'r eglwysi a sefydlodd ar ei daith gyntaf, a mynd trwy ranbarth Phrygia a Galatia yn Asia Leiaf, ei fwriad wedyn oedd troi tua'r gogledd ac anelu am ddinasoedd Bithynia, talaith yng ngogledd Asia Leiaf a oedd yn ffinio â'r Môr Du, a mynd ymlaen i bregethu'r Efengyl yn Asia. Ond fe'i rhwystrwyd gan yr Ysbryd Glân rhag mynd i'r cyfeiriad hwnnw. Ni wyddom beth a ddigwyddodd i'w ddwyn i'r argyhoeddiad fod gan yr Ysbryd Glân fwriad gwahanol ar ei gyfer. Gwelir yn glir yn Llyfr yr Actau mai Eglwys dan arweiniad yr Ysbryd Glân oedd yr Eglwys Fore. Yr Ysbryd oedd yn ei harwain yn ei gwaith, yn dewis a chymhwyso'i chenhadon, yn rhoi cyfeiriad i'w chenhadaeth ac yn dangos yn eglur beth oedd bwriad Duw ar ei chyfer.

Doedd dim amdani i Paul ond mynd heibio i Mysia a theithio ymlaen i Troas. Cyrhaeddodd yno yn groes i'w gynlluniau a'i farn ei hun. Yn awr, roedd ganddo ddewis – naill ai troi'n ôl a chychwyn adref, neu groesi i Ewrop. Roedd Troas yn borthladd pwysig a phrysur ar arfordir Môr Aegea, gyda llongau o Ewrop yn yr harbwr a masnachwyr o Facedonia yn eu gwisgoedd Groegaidd o amgylch eu stondinau yn gwerthu a phrynu nwyddau. Troia oedd hen enw'r ddinas, ac mae'r bardd Groeg Homer yn cyfeirio ati yn ei gerdd *Iliad*.

Dyma'r drws a arweiniai i Ewrop. Roedd Paul a'i gydweithwyr yn sefyll ar drothwy un o'r datblygiadau mwyaf tyngedfennol yn hanes y byd, gyda'r genhadaeth Gristnogol ar fin newid cyfeiriad o'r Dwyrain i'r Gorllewin, o Asia i Ewrop. Ni wyddent hynny ar y pryd, ac ni wyddom ninnau chwaith beth oedd yn mynd trwy eu meddyliau. Ond mae rhai esbonwyr yn rhybuddio rhag y duedd i or-ddramateiddio'r sefyllfa gan ei bod yn debygol fod rhai Cristnogion wedi cyrraedd Ewrop cyn hyn. Dylid cofio fod credinwyr wedi cyrraedd Rhufain ymhell cyn i Paul fynd yno, oherwydd sonnir am 'frodyr y ffydd' yn dod i'w gyfarfod ar ei ffordd i'r ddinas. Dylid cofio hefyd nad oedd y fath le ag 'Ewrop' yn bod y dyddiau hynny! I Paul, mater o groesi o un dalaith Rufeinig i'r llall oedd y fordaith yn hytrach na symud o un cyfandir i'r llall. Ond cyn newid cyfeiriad roedd rhaid cael arweiniad clir.

Fe ddaeth yr arweiniad trwy weledigaeth a gafodd Paul yn ei gwsg. Gwelodd ŵr o Facedonia yn galw arno ac yn dweud, 'Tyrd drosodd i Facedonia, a chymorth ni' (Act. 16:9). Mae llawer wedi dyfalu pwy oedd 'y gŵr o Facedonia' a welodd Paul yn ei freuddwyd. Un syniad poblogaidd yw mai Luc oedd y gŵr hwn; oherwydd yn dilyn y cyfeiriad at y weledigaeth ceir y cyntaf o'r 'adrannau-ni'. Hynny yw, o'r hanesyn hwn ymlaen mae Luc yn ei gynnwys ei hun ymhlith y teithwyr a'r tystion ar daith Paul. Meddai, 'rhoesom gynnig ar fynd i Facedonia ar ein hunion' (Act. 16:10). Y mae un traddodiad yn hawlio mai gŵr o Philipi ym Macedonia oedd Luc, a'i fod yn feddyg yn y ddinas honno. Awgrymir mai ar ôl cyfarfod â Luc am y tro cyntaf yn Nhroas y breuddwydiodd Paul am fynd drosodd i ardal y meddyg, a'i fod wedi ei weld yn ei freuddwyd yn galw arno i ddod drosodd i'w cynorthwyo.

Mae William Barclay yn cynnig damcaniaeth arall, sef mai'r un a welodd Paul yn ei freuddwyd oedd neb llai nag Alexander Fawr. Enw swyddogol y ddinas oedd Troas Alexander. Dros y gorwel safai dinas Philipi, a enwyd ar ôl Philip, sef tad Alexander. Ac ychydig pellach eto roedd Thesalonica, tref a enwyd ar ôl chwaer Alexander. Prif amcan Alexander Fawr oedd concro'r byd a phontio'r gagendor rhwng y Gorllewin a'r Dwyrain. Awgrymir mai llwyddiant Alexander i feddiannu'r byd a barodd i Paul freuddwydio am feddiannu'r byd i gyd i Iesu Grist. Os mai trwy rym arfau y ceisiodd Alexander uno'r byd dan ei lywodraeth, roedd Paul am bregethu am ŵr arall a fynnai wneud y byd yn un, ond trwy rym cariad. Ond pwy bynnag oedd y gŵr o Facedonia, y peth pwysig oedd bod Duw yn llefaru trwyddo ac yn dangos i'r cenhadon y ffordd ymlaen. Elfen amlwg yn ffydd a meddwl Paul oedd ei gred sicr fod Duw yn ei arwain, a bod yr Ysbryd Glân yn rhoi cyfarwyddyd i waith a chenhadaeth yr Eglwys.

Aeth y fintai o bedwar – Paul, Silas, Timotheus a Luc – i'r harbwr yn ddiymdroi i chwilio am long i'w cludo drosodd i Facedonia. Cawsant long, a hwylio i ynys Samothrace i ddechrau, yna o Samothrace i Neapolis, dinas newydd a phorthladd Philipi, prifddinas y rhanbarth, tua naw milltir neu ddeg i mewn i'r wlad. Nid oes unrhyw sôn fod Paul wedi pregethu yn Samothrace na Neapolis, er eu bod yn ddinasoedd o faint. Mae'n bur debyg mai'r rheswm dros hynny oedd y ffaith nad oedd synagog yn y naill le na'r llall, a pholisi Paul yn ddieithriad oedd pregethu yn y synagog lleol yn gyntaf.

I Philipi a thu hwnt
Doedd dim synagog yn Philipi chwaith. Yn ôl y Gyfraith roedd rhaid cael cynulleidfa o ddeg o ddynion Iddewig i ffurfio synagog, ond doedd dim deg ohonynt yn byw yn Philipi. Fodd bynnag, roedd yna 'le gweddi' wedi ei neilltuo ar lan afon y tu allan i'r ddinas, ac yno yr âi'r ychydig Iddewon – gwragedd yn bennaf – i weddïo ac addoli. Yno cafodd Paul gyfle i annerch y rhai a ddaethai ynghyd. Ceir yr argraff na chafodd yr un ymateb ag arfer i'w neges. Un yn unig a ddewisodd gael ei bedyddio gyda'i theulu, sef Lydia. Nid Iddewes oedd hi, ond 'un oedd yn addoli Duw' (Act. 16:14). Hynny yw, roedd ganddi ddiddordeb yng nghrefydd

yr Iddewon ac roedd yn awyddus i wybod mwy am y grefydd honno. Deuai'n wreiddiol o Thyatira, dinas yn Asia a oedd yn enwog am frethyn porffor. Ceid y lliw naill ai o blanhigyn neu o bysgod cregyn, ac yr oedd yn hynod o gostus. Gellid casglu fod Lydia felly yn wraig gyfoethog a llwyddiannus.

Dywed Luc fod Duw wedi agor ei chalon 'i ddal ar y pethau yr oedd Paul yn eu dweud' (Act. 16:14). Gwnaeth Paul ei ran trwy ddweud ei stori am Iesu Grist, ond Duw a agorodd galon Lydia. Gras Duw, nid huodledd dynol, sy'n agor a meddiannu a newid calonnau. Ond o agor ei chalon, agorodd hithau wedyn ei chartref i'r Efengyl a'r cenhadon. Yn ei thŷ hi y cafwyd canolfan genhadol gyntaf yr Efengyl yn Ewrop. Er na cheir y manylion yn Llyfr yr Actau, llwyddodd Paul i sefydlu eglwys lwyddiannus yn ninas Philipi, ac y mae ei Lythyr at y Philipiaid yn adlewyrchu ei gysylltiad hapus a chlos â'r aelodau yno.

Un diwrnod, pan oedd Paul a'i gyfeillion yn mynychu'r lle gweddi, gwelodd rhyw lances hwy. 'Caethferch a chanddi ysbryd dewiniaeth' (Act. 16: 16) yw disgrifiad Luc ohoni. Cyfieithiad posibl arall yw 'un â chanddi ysbryd taflu llais', neu yn llythrennol 'un â chanddi ysbryd *peithon*', sy'n awgrymu fod gan y ferch hon gysylltiad â theml y duw Peithon. Yn ôl chwedloniaeth Groeg, lladdodd Apolo sarff (peithon) a chodwyd teml yn y fan a'r lle. Yn y deml honno gweinyddai offeiriades y credid ei bod yn llefaru dan ysbryddiaeth y duw Apolo, gan draethu doethineb a rhagweld digwyddiadau'r dyfodol. Arferai daflu ei llais wrth draddodi'r oraclau, ac ystyrid hynny yn llais ysbryd y peithon. Caethferch â'i synhwyrau wedi drysu oedd hon a ddaeth at Paul, â'i meistri yn cymryd mantais arni i wneud elw wrth iddi ddweud ffortiwn.

Yn yr efengylau, ceir enghreifftiau o wallgofiaid yn dweud pethau heb wybod eu hystyr yn iawn. Er enghraifft, y dyn gwallgof yn Gerasa a waeddai, 'Beth sydd a fynni di â mi, Iesu, Mab y Duw Goruchaf?' (Mc. 5:7). Yr un modd, mae'r ferch hon wrth ddilyn y cenhadon yn gweiddi, 'Gweision y Duw Goruchaf yw'r dynion hyn, ac y maent yn cyhoeddi i chwi ffordd iachawdwriaeth' (Act. 16:17). Troes Paul ar yr ysbryd oedd wedi meddiannu'r ferch a gorchymyn iddo ddod allan ohoni. A daeth yr ysbryd allan ar unwaith, ac adferwyd y ferch i gyflwr call a synhwyrol.

Gwelai ei meistri fod ffynhonnell eu helw wedi ei golli. Barnant mai Paul a Silas oedd yn gyfrifol, a llusgwyd y ddau i'r farchnadfa gerbron yr awdurdodau. Y cyhuddiad yn eu herbyn oedd eu bod yn cythryblu'r ddinas, a'u bod yn Iddewon oedd 'yn cyhoeddi defodau nad yw gyfreithlon i ni, sy'n Rhufeinwyr, eu derbyn na'u harfer' (Act. 16:21). Roedd yr Iddewon yn amhoblogaidd mewn llawer o ddinasoedd Rhufeinig am eu bod yn arfer crefydd wahanol â'i gofynion moesol yn rhagori ar ddefodau'r temlau paganaidd. Cynddeiriogwyd yr ynadon. Rhwygwyd dillad y ddau apostol oddi ar eu cefnau a churwyd eu cefnau noeth â gwiail. Yna bwriwyd hwy i'r carchar. Fe'i hystyriwyd yn garcharorion gwir beryglus, ac felly rhaid oedd eu taflu i'r lle mwyaf diogel, sef 'i'r carchar mewnol, a rhwymo'u traed yn y cyffion' (Act. 16:24).

Er i'r ddau fod mewn cyffion yn nhywyllwch y carchar mewnol, gwelsant gyfle i genhadu hyd yn oed mewn lle mor anaddawol. Dywedir iddynt weddïo a chanu mawl i Dduw. Tra'r oedd y carcharorion eraill yn gwrando arnynt, bu daeargryn mawr. Roedd hynny'n beth gweddol gyffredin yn yr ardal honno. Agorwyd y drysau, datodwyd y cyffion, ac er i geidwad y carchar ofni'r gwaethaf a thybio fod pawb wedi dianc, sicrhawyd ef gan Paul fod yr holl garcharorion yno'n ddiogel. Ei ymateb oedd gofyn un o gwestiynau enwocaf y Beibl: 'Beth sy raid imi ei wneud i gael fy achub?' (Act. 16:30).

Mae'n anodd gwybod beth a olygai'r ceidwad wrth 'gael ei achub'. Mae llawer o wahanol ystyron i'r syniad o achubiaeth yn y Beibl. Gall olygu rhyddid oddi wrth gaethiwed, gormes, marwolaeth, ffawd, profedigaeth a phechod. Os nad oedd y dyn ei hun yn deall arwyddocâd ei gwestiwn, roedd Paul yn gwbl sicr fod yr ateb i'w ganfod mewn ymddiriedaeth lwyr yn yr Arglwydd Iesu Grist. 'Cred yn yr Arglwydd Iesu, ac fe gei dy achub, ti a'th deulu' (Act. 16:31). Meddai'r esboniwr William Neil, 'Yn y geiriau hyn cawn hanfod dysgeidiaeth Paul mewn un frawddeg'.

I geidwad y carchar, roedd credu yn yr Arglwydd Iesu yn golygu tri pheth. Gwrandawodd ef a'i deulu ar Paul yn traethu gair yr Arglwydd; golchodd friwiau'r ddau genhadwr; a bedyddiwyd ef a'i deulu. A dyna dri phrawf digon amlwg o wir ffydd sef, gwrando'r gair, gwasanaethu eraill mewn angen, ac ymuno â chymdeithas yr Eglwys. Erbyn y bore, penderfynodd yr ynadon nad oedd achos dilys yn erbyn Paul a Silas a rhyddhawyd y ddau. Wedi i'r awdurdodau sylweddoli eu bod yn ddinasyddion Rhufeinig bu'n rhaid iddynt ymddiheuro a chrefu arnynt i adael y ddinas. Er gwaethaf y gamdriniaeth a gafodd y ddau llwyddwyd i sefydlu eglwys yn Philipi, ac o ddarllen llythyr Paul at yr eglwys honno, sylweddolir bod iddi seiliau cadarn.

Cwestiynau i'w trafod

1. Beth yn eich barn chi yw pwysigrwydd gweledigaeth Paul am y gŵr o Facedonia?

2. I ba raddau y mae hanes Lydia yn dangos mor ddyledus yw'r Eglwys i wragedd?

3. Trafodwch arwyddocâd cyffes ceidwad y carchar o'i gred yn yr Arglwydd Iesu.

7. Athen a Chorinth

Actau 17:16–34

Gadawodd Paul, Silas a Timotheus ddinas Philipi a mynd ymlaen i Thesalonica, prifddinas Macedonia a phorthladd pwysig. Yn ôl ei arfer aeth Paul i'r synagog, ac am dri Saboth o'r bron bu'n dehongli'r ysgrythurau er mwyn profi i'r bobl mai Iesu oedd y Meseia. Cafodd gryn lwyddiant, oherwydd credodd nifer o'r Iddewon, 'lliaws mawr o'r Groegiaid oedd yn addoli Duw' (Act. 17:4), ynghyd â nifer 'o'r gwragedd blaenaf'. Ond cynddeiriogwyd yr Iddewon, a chasglodd y rheiny dorf o ddihirod y ddinas er mwyn creu terfysg, ac yna ceisio beio Paul a Silas. Felly y byddai rhai o glerigwyr a sgweiriaid Cymru'r ddeunawfed ganrif yn talu pobl i ymosod ar y Methodistiaid cynnar! Y cyhuddiad yn erbyn y cenhadon oedd eu bod yn troseddu yn erbyn Cesar trwy geisio ennill cefnogaeth i frenin arall, sef Iesu.

Er mwyn diogelu'r credinwyr newydd yn Thesalonica, aeth Paul a Silas o'r ddinas yn ystod y nos a theithio i dref Berea. Yno cawsant dderbyniad gwresog, a buont yn llwyddiannus yn eu gwaith ymhlith yr Iddewon a'r Groegiaid, 'yn wragedd bonheddig ac yn wŷr' (Act. 17:12). Ond wrth i'r Efengyl deithio ar draws gwlad, dilynwyd hi gan atgasedd rhai o'r Iddewon. Daeth y rhai a fu'n gwrthwynebu'r cenhadon yn Thesalonica i Berea i greu helynt yno trwy gythryblu'r bobl ac achosi terfysg. Dygodd y credinwyr berswâd ar Paul i ymadael. Aeth yntau'n ddi-oed gan adael Silas a Timotheus a hwylio i Athen.

Wedi cyrraedd yno, anfonodd am ei ddau gyfaill. Tra oedd yn aros amdanynt, daliodd ar y cyfle i 'ymresymu' yn y synagog â'r Iddewon, ac yn y sgwâr cyhoeddus â phwy bynnag arall oedd â diddordeb yn ei neges. Lle i drafod a chyfnewid syniadau oedd y sgwâr. Yn ei ddydd, deuai Socrates yno i wrando a dadlau ac ymresymu. Oherwydd hynny nid oedd yn anodd i Paul gael cynulleidfa. Nid oes sôn am ganlyniadau ei waith ymysg yr Iddewon yn Athen; ymateb Paul i athroniaeth a chrefydd y Groegiaid a'u hymateb hwy i'w bregethu yntau oedd o ddiddordeb i Luc.

Ymhlith Athronwyr Groeg

Dros y canrifoedd mae ymwelwyr ag Athen wedi edmygu olion celfyddyd a phensaernïaeth glasurol y Groegiaid. Anaml y byddai Paul ar ei deithiau'n mynd o amgylch i fwynhau golygfeydd ac edmygu adeiladau hynod. Pobl, nid pethau, oedd ei ddiddordeb mawr. Yn Athen, fodd bynnag, ni allai ond sylwi ar ogoniannau'r ddinas, ond fe'i cythruddwyd yn fawr gan y llu o gerfluniau o gannoedd o dduwiau paganaidd a'r temlau a gysegrwyd iddynt. Er ei fod yn gyfarwydd â gweld cerfluniau a themlau i dduwiau paganaidd yn Nharsus, roedd y nifer enfawr a welai o'i gwmpas yn Athen yn dân ar ei groen ac yn ymosodiad gweledig ar ei ffydd. I Paul, yr Iddew a'r Cristion, nid oedd ond un Duw; Duw Israel, a Duw a Thad yr Arglwydd Iesu, y Duw anweledig, y Duw sydd goruwch y duwiau.

Roedd llawer o wrandawyr Paul heb berthynas ag unrhyw ysgol o athroniaeth, ond eu bod yn ymddiddori yn ei ddysgeidiaeth ac yn hoffi trafod. Ond roedd eraill yn athronwyr proffesedig, a bu'r profiad a gafodd Paul o ymresymu a dadlau â hwy o werth amhrisiadwy iddo. Daeth i gysylltiad â dwy ysgol dra wahanol i'w gilydd, sef yr Epicwriaid a'r Stoiciaid. Sefydlwyd ysgol yr *Epicwriaid* gan athronydd o'r enw Epicwrus (341–270 C.C.) a ddysgai mai prif nod bywyd oedd ceisio cysur a phleser. Amcan pennaf yr Epicwriaid oedd bod yn hollol rydd o bryder a gofalon. 'Pleser yw dechrau a diwedd y bywyd bendigaid,' meddai Epicwrus. Amcan athroniaeth oedd sicrhau amodau bywyd hapus. Nid oedd angen gallu academaidd na rhesymeg, dim ond synnwyr cyffredin. Cyfeillgarwch oedd prif amod hapusrwydd cymdeithasol, a thrwy feithrin cariad brawdol yr oedd osgoi dioddefaint ac anghydfod. Er nad oedd Epicwrus yn gwadu bodolaeth y duwiau, ceisiodd brofi nad oedd ganddynt unrhyw ddiddordeb ym modolaeth dyn gan eu bod yn trigo mewn byd cwbl ar wahân i'n byd a'n bywyd ni. Crëwyd y byd hwn gan atomau a ddigwyddodd ddod at ei gilydd yn hollol ddamweiniol, ac felly nid oedd na threfn na nod i fywyd, ar wahân i'r drefn a osodir iddo gan ewyllys ac ymdrech dyn. Yn y bôn, materoliaeth ronc oedd yr athroniaeth hon.

Sylfaenydd *Stoiciaeth* oedd athronydd o Gyprus o'r enw Zeno (340–265 C.C.). Tarddodd y gair o 'Stona,' sef enw ar gyntedd yn Athen lle'r arferai Zeno ddysgu. Yn ôl yr athroniaeth hon tân oedd dechrau popeth, ac allan ohono y tarddodd popeth arall – awyr, dŵr a daear – ac yn y diwedd bydd popeth yn dychwelyd i'r tân. Ond Duw, yn ei ragluniaeth garedig, oedd yn trefnu popeth er mwyn sicrhau'r dibenion gorau i ddyn. Roedd Duw'n trigo ym mhob rhan o natur. Dyletswydd dyn oedd ymostwng i ewyllys Duw, gan anwybyddu pleser a phoen fel ei gilydd. Diben bywyd oedd ceisio rhinwedd; ni ddylid ystyried cyfoeth, iechyd, hapusrwydd a phethau materol yn bethau da. Ac nid oedd afiechyd, tlodi, gorthrwm na phoen yn effeithio dim ar y dyn da. Amcanu at ganfod a meithrin rhinwedd oedd prif ddiben bywyd yn y byd.

O'r ddwy ysgol uchod, y Stoiciaid oedd agosaf at egwyddorion dysgeidiaeth Crist, ond ymlyniad wrth syniadau athronyddol yn hytrach nag ymwybyddiaeth o Dduw oedd sylfaen eu cred a'u bywyd. Ond un o brif nodweddion athroniaeth Roegaidd oedd y gred mewn deuoliaeth, sef fod gwahaniaeth sylfaenol rhwng y byd ysbrydol a'r byd materol. Gan fod y byd naturiol yn aflan, roedd yn amhosibl i'r dwyfol ddod i unrhyw fath o gysylltiad â mater a'r cnawd heb gael ei halogi trwy hynny. Eithafbwynt y byd materol oedd marwolaeth, ac o'r herwydd nid oedd lle i'r syniad o atgyfodiad o fewn cylch dealltwriaeth y Groegiaid deallus.

Thema ymresymu Paul â'r Iddewon a'r athronwyr Groegaidd oedd y 'newyddion da am Iesu a'r atgyfodiad' (Act. 17:18). Doedd ryfedd i destun o'r fath ennyn ymateb negyddol. Ymateb rhai oedd cyhuddo Paul o fod yn 'glebryn', neu yn llythrennol 'aderyn yn pigo briwsion', sef un â chanddo dameidiau o wybodaeth o'r fan yma ac o'r fan draw. 'Cock-sparrow' yn ôl cyfieithiad J. B. Phillips. Roeddent yn cyfrif Paul y tu allan i gylch cyfrin y gwir ysgolheigion ac yn gwybod y nesaf peth i ddim am athroniaeth, er ei fod yn ceisio ymddangos yn wybodus. Ymateb eraill oedd cyhuddo Paul o gyhoeddi 'duwiau dieithr' ac o geisio cyflwyno syniadau dieithr a pheryglus iddynt, yn enwedig athrawiaeth yr atgyfodiad. Pedwar cant a hanner o flynyddoedd cyn hyn, cyhuddwyd Socrates o ddysgu am dduwiau dieithr na fynnai pobl ei gyfnod eu cydnabod. Yn awr, dygwyd yr un cyhuddiad yn erbyn yr Apostol Paul. Cydiwyd ynddo a'i arwain at yr Areopagus er mwyn iddo gyflwyno ei syniadau gerbron y Cyngor, sef math o senedd ddinesig. Gan iddo ddysgu am 'dduwiau dieithr' yr oedd i'w achos ymhlygiadau gwleidyddol yn ogystal ag athronyddol.

Pregeth yr Areopagus

Bu llawer o ddadlau dros y blynyddoedd ai pregeth o waith Paul ei hun oedd hon. Ynteu ai Luc, gyda'i fedr arferol, a'i cyfansoddodd ac a'i rhoddodd yng ngenau'r Apostol? Mae digon o dystiolaeth i hawlio fod ynddi olion o athrawiaeth Paul ei hun, a bod yr athrawiaeth honno mewn gwirionedd yn gliriach yn y bregeth hon nag yn yr un araith arall o'i eiddo yn Llyfr yr Actau.

Ceir ambell gyfeiriad cynnil at syniadau Groegaidd ac ambell ddyfyniad o feirdd y Groegiaid. Ond fel arall, mae'r bregeth yn seiliedig ar y gred Feiblaidd mewn un Duw, Creawdwr pob peth; dechreuir gyda'r cread ac yna mynd ymlaen at y 'gŵr' na enwir mohono, sef Iesu Grist, a ddaw i farnu'r byd. Rhoddodd Duw arwydd clir o benodiad Iesu, 'trwy ei atgyfodi ef oddi wrth y meirw' (Act. 17:31). Y mae i'r bregeth bedair rhan.

Yn gyntaf, *y gwir Dduw* (Act. 17:22–25). Wrth gerdded trwy'r ddinas sylwodd Paul ar y llu o allorau a themlau i'r duwiau – arwydd clir eu bod fel dinasyddion 'yn dra chrefyddgar', a chanddynt ddiddordeb anghyffredin mewn crefydd. Ond ar un allor gwelodd y geiriau, 'I Dduw nid adwaenir'. Nid oedd dinas Athen yn fyr o dduwiau, ac yr oedd i bob duw ei enw, ei gymeriad a'i waith. Ond yr oedd yr allor hon yn arwydd eglur fod athronwyr Athen yn teimlo bod mwy i'w ddysgu am ddirgelwch y duwdod, ac nad oedd eu hathroniaeth hwy'n cwmpasu'r cyfan oedd i'w ddweud am Dduw nac am ddyn. Meddai Paul, 'Yr ydych yn ymwybodol o'r unig wir a'r bywiol Dduw, ond nid ydych yn ei adnabod. Er eich bod yn ei addoli heb ei adnabod, yr wyf fi am ei gyflwyno i chi.'

Y gwir Dduw yw creawdwr a chynhaliwr y byd a phopeth sy'n bod. Dyna'r dystiolaeth Iddewig a Christnogol. Safbwynt llawer o'r Groegiaid oedd mai duwiau israddol a safai rhwng y gwir Dduw a'r byd hwn oedd yn gyfrifol am y greadigaeth. Ond yn unol â thystiolaeth y Beibl dywed Paul mai'r gwir Dduw yw'r Creawdwr. Mae Duw mor fawr fel na all dim a grëwyd gan ddwylo dynol ei gynnwys. Er gwaethaf holl demlau gwych Athen, ni allai'r Duw hwn drigo ynddynt, ddim mwy nag y gallai drigo yn y deml yn Jerwsalem. Gan mai Duw, yn ei fawredd a'i allu, sy'n rhoi bywyd ac anadl i bawb, nid oes angen dim arno ac nid oes dim y gall dwylo dynion ei roi iddo.

Yn ail, *Crëwr y cenhedloedd* (Act. 17:26–28). Ni allai'r un genedl ymffrostio yn ei rhagoriaethau. Credai'r Iddewon iddynt gael eu hethol yn genedl arbennig gan Dduw, ac ymhyfrydai'r Atheniaid hefyd yng ngwychder eu diwylliant a'u gorffennol. Ond balchder ffals oedd hynny. Roedd pawb wedi eu creu gan Dduw, naill ai o'r un sylwedd neu o'r dyn cyntaf, Adda. Duw hefyd oedd yn arwain ac yn llywio hanes cenhedloedd, gan benderfynu pa amser y codai cenedl i fri a pha bryd y câi ei darostwng. Nid grym milwrol, na diwylliant, na hanes a thraddodiad sy'n gyfrifol am dynged cenhedloedd, ond meddwl ac ewyllys Duw. Duw hefyd a osododd yng nghalonnau pobl yr awydd i chwilio amdano, a thrwy holl gyfnodau hanes mae dyn wedi 'ymbalfalu' amdano fel y gwna dyn dall mewn tywyllwch, ond wedi methu â'i ganfod er ei fod yn agos iawn ato. Dyfynna Paul eiriau dau fardd Groegaidd i gadarnhau ei bwyslais ar agosrwydd Duw: 'Oherwydd ynddo ef yr ydym yn byw ac yn symud ac yn bod'. Credir mai bardd o Greta o'r enw Epimendes oedd yr awdur. Daw'r ail ddyfyniad o Aratas o Cilicia, cydwladwr i Paul ei hun: 'Canys ei hiliogaeth ef hefyd ydym ni'. Yr hyn a wna Paul yw dangos fod hyd yn oed feirdd paganaidd yn ymwybodol o ddirgelwch ac agosrwydd Duw – thema amlwg yn yr Hen Destament, yn enwedig yn y Salmau.

Yn drydydd, *galwad i edifarhau a throi at Dduw* (Act. 17:29–31). Os yw dyn wedi ei greu ar ddelw Duw, a chanddo ddawn i adnabod Duw, nid trwy lunio delwau o aur, arian a maen y gellir ei anrhydeddu a'i addoli. Fodd bynnag, mae Duw'n barod i edrych heibio i'r cyfnodau o anwybodaeth a dallineb. Mae newid wedi digwydd. Mae'n galw ar bawb i gefnu ar eu hymbalfalu di-fudd ac i edifarhau, sef troi ato am ei fod wedi gosod 'diwrnod' pryd y bydd y byd i gyd yn cael ei farnu. Roedd y gred y byddai Duw yn trefnu dydd i farnu'r byd yn ganolog i grefydd yr Hen Destament (gweler Salm 9:8), ond prin y byddai syniad o'r fath yn ystyrlon i Roegiaid athronyddol. Byddai'r farn yn cael ei gweinyddu mewn cyfiawnder gan ŵr wedi ei benodi gan Dduw. Nid yw Paul yn enwi'r 'gŵr' nac yn dweud dim amdano, ar wahân i ddatgan mai'r prawf o'i addasrwydd a'i awdurdod oedd bod Duw wedi ei atgyfodi oddi wrth y meirw.

Bu canlyniadau'r bregeth yn gymysg. *Gwawd* oedd ymateb yr athronwyr pan glywsant am yr atgyfodiad. Er eu bod yn credu yn anfarwoldeb yr enaid, ni chredent yn atgyfodiad y corff. Yn eu tyb hwy carchar yr enaid oedd y corff, a marwolaeth oedd yn rhyddhau'r enaid i fwynhau dedwyddwch y byd ysbrydol hyd dragwyddoldeb. Ymateb eraill oedd *oedi:* 'Cawn dy wrando ar y pwnc hwn rywdro eto' (Act. 17:32). Gallai hynny fod yn ffordd gwrtais o wrthod y neges neu o osgoi penderfyniad. Ar y llaw arall, fe all olygu fod gan rai ddiddordeb diffuant yng nghenadwri Paul ac yr hoffent wrando arno ymhellach.

Ni fu cenhadaeth Paul yn Athen yn hollol ddiffrwyth. Ymlynodd rhai wrtho a *chredu.* Enwir dau o'r dychweledigion – Dionysius, aelod o'r Aeropagus, a gwraig o'r enw Damaris, a chyfeirir at 'eraill gyda hwy' (Act. 17:34). Ni wyddom ddim am Damaris, ond yn ôl traddodiad daeth Dionysius yn ddiweddarach yn esgob Athen. Merthyrwyd ef o dan yr Ymerawdwr Domitian. Rhoddir lle amlwg iddo yn yr Eglwys Uniongred Ddwyreiniol, ac ef yw nawddsant Athen hyd heddiw. Fel arall, nid oes unrhyw gyfeiriad at sefydlu eglwys yn Athen o ganlyniad i ymweliad Paul. At ei gilydd, methiant fu ymgyrch Paul, a daeth i weld nad ar lwybr ymresymu athronyddol yr oedd cyflwyno'r Efengyl i'w gyd-ddynion.

Ymlaen i Gorinth
Ymadawodd Paul ag Athen a chyrraedd Corinth. Gwelodd Luc waith Paul yn Athen fel cam pwysig yn y genhadaeth i'r byd Groegaidd

clasurol. Ond o safbwynt twf yr Eglwys, yr oedd ei ymweliad â Chorinth yn bwysicach o lawer. Ni wyddom a lwyddodd i sefydlu eglwys yn Athen ai peidio, ond cafodd gyfnod llwyddiannus ac effeithiol yn ninas Corinth.

Yr oedd i Gorinth bwysigrwydd arbennig yn y ganrif gyntaf. Yr oedd trafnidiaeth o'r gogledd i'r de yn ogystal ag o'r dwyrain i'r gorllewin yn mynd trwyddi. Datblygodd fel dinas fwyaf llewyrchus Môr y Canoldir, a gelwid hi yn 'Farchnad Groeg'. Ond yr oedd hefyd yn nodedig am ei hanfoesoldeb a'i hanfadwaith. Ar fryn yr Acrocorinthus, a edrychai dros y ddinas, safai teml i Affrodite, neu Fenws; a dywedir bod mil o buteiniaid yn gwasanaethu yno. Ond er bod anfoesoldeb y ddinas yn creu problemau i fywyd yr eglwys yng Nghorinth, mae'n arwyddocaol fod Paul wedi cael mwy o lwyddiant yn y ddinas bechadurus hon nag ymhlith trigolion parchus a deallus Athen.

Cyfarfu tri pherson yng Nghorinth – Paul, ac Acwila a'i wraig Priscila. Bu'r tri trwy brofiadau anodd. Roedd Paul wedi ei siomi gan ddiffyg ymateb pobl Athen, a'r ddau arall wedi gorfod ffoi o Rufain ar orchymyn yr Ymerawdwr Clawdius, a oedd am yrru'r Iddewon allan o Rufain am eu bod byth a hefyd yn achosi terfysg. Mae'n bosibl mai gelyniaeth Iddewon tuag at Gristnogion, fel y cafwyd yn Thesalonica, oedd achos yr helynt a bod Acwila a Priscila eisoes yn Gristnogion cyn cyrraedd Corinth. Gan fod synagog yng Nghorinth, yno y bu Paul yn pregethu ac yn ceisio argyhoeddi Iddewon a Groegiaid.

Cyrhaeddodd ei ddau gyfaill, Silas a Timotheus, o Facedonia i'w gynorthwyo. Bu eu cwmni hwy yn gysur ac yn gymorth i Paul, ac ymdaflodd yn llwyr i'r gwaith o bregethu a thystiolaethu i'r Iddewon mai Iesu oedd y Meseia. Fel y digwyddodd mewn dinasoedd eraill, profodd wrthwynebiad o du'r Iddewon; ac fel y gwnaethai yn Antiochia Pisidia cyhoeddodd Paul, 'Ar eich pen chwi y bo'ch gwaed! Nid oes bai arnaf fi; o hyn allan mi af at y Cenhedloedd' (Act. 18:6). Ond cafwyd rhywfaint o ymateb hyd yn oed o du rhai o'r Iddewon, yn cynnwys neb llai na Crispus, arweinydd y synagog a'i deulu. Credodd llawer o'r Corinthiaid, ac o ganlyniad i anogaeth a dderbyniodd gan Dduw mewn gweledigaeth arhosodd Paul yng Nghorinth am ddeunaw mis. Wrth ddarllen ei lythyrau at y Corinthiaid cawn ddarlun o eglwys fyw, llawn bwrlwm, a oedd yn denu'r tyrfaoedd ond yn ymgodymu â'r problemau moesol a godai o du amgylchfyd paganaidd y ddinas fawr.

Cwestiynau i'w trafod

1. I ba raddau y gellir dweud fod ein capeli a'n heglwysi yng Nghymru heddiw fel allorau i Dduw nid adweinir?

2. A yw'r atgyfodiad yn faen tramgwydd i genhadu yn ein hoes ni?

3. Yn eich barn chi, a oedd cenhadaeth Paul yn Athen yn fethiant?

8. Cynnwrf yn Effesus

Actau 19: 1–7, 23–41; 20: 17–38

Fe dreuliodd Paul flwyddyn a hanner yng Nghorinth. Erbyn hynny roedd yr eglwys yno wedi ei gosod ar seiliau cadarn, a gallai Paul adael iddi barhau'r gwaith o genhadu yn y ddinas a'r wlad oddi amgylch. Cychwynnodd ef a Priscila ac Acwila am Cenchrea, porthladd Corinth, lle'r oedd eglwys, â gwraig o'r enw Phebe yn weinidoges yno (gweler Rhuf. 16:1–2).

Cawsant long o Genchrea i Syria, ond ar y ffordd galwodd Paul yn Effesus a gadael Acwila a Phriscila yno. Bu'r ddau ohonynt yn Effesus am rai blynyddoedd cyn dychwelyd i Rufain, (Rhuf. 16:3–5). Yn ôl ei arfer, daliodd Paul ar y cyfle i ymweld â'r synagog ac i 'ymresymu â'r Iddewon' (Act. 18:19). Pwyswyd arno i aros; ond gwrthododd, o bosibl am ei fod ar frys i ddychwelyd i Antiochia, neu am fod y llong wedi ei llwytho ac yn barod i gychwyn ar ei thaith. Ond wrth ffarwelio meddai, 'Dychwelaf atoch eto, os Duw a'i myn' (Act. 18:21). Hwyliodd o Effesus, a glanio yng Nghesarea. Dywedir iddo fynd 'i fyny a chyfarch yr eglwys' – eglwys Jerwsalem fwy na thebyg – cyn mynd i lawr i Antiochia. Ac wedi treulio ychydig amser yno, cychwynnodd ar ei drydedd daith genhadol. O fewn tair adnod (Act. 18:22–23 a 19: 1), ceir amlinelliad o daith o bymtheg cant o filltiroedd – o Effesus i Gesarea, Jerwsalem, Antiochia, ac yna trwy wlad Galatia a Phrygia, 'trwy'r parthau uchaf,' ac yn ôl i Effesus.

Apolos a'i Hanner Efengyl
Unwaith eto, aeth Paul dros dir cyfarwydd – o Antiochia i fyny trwy byrth Cilicia, ymlaen i Derbe, Iconium, Lystra ac Antiochia Pisidia. Gallasai'r daith hon i ymweld ag eglwysi a sefydlodd ar ei deithiau blaenorol fod yn daith ddigalon iawn pe ceid arwyddion fod rhai o'r credinwyr a'r eglwysi wedi cilio'n ôl, naill ai at baganiaeth neu at Iddewiaeth. Dichon fod rhai wedi gwneud hynny. Ond at ei gilydd gallai

Paul lawenhau wrth iddo ailgyfarfod â hen ffrindiau, gwrando ar eu profiadau a'u problemau, a'u calonogi a'u canmol am eu ffyddlondeb a'u llwyddiant.

Wrth i Paul ymweld ag eglwysi Galatia a Phrygia ar ei drydedd daith daeth Iddew o Alexandria o'r enw Apolos i Effesus. Mae'n amlwg o'r hyn a ddywedir amdano fod Apolos yn ŵr dysgedig, wedi ei drwytho yn ysgrythurau'r Hen Destament ac wedi ei hyfforddi yn ninas Alexandria, lle'r oedd poblogaeth Iddewig gref a lle'r oedd eglwys wedi ei sefydlu, er na wyddom pryd na sut y cyrhaeddodd yr Efengyl yno. Dywedir am Apolos ei fod yn ŵr huawdl, cadarn yn yr ysgrythurau, yn 'frwd ei ysbryd', hynny yw yn eiddgar, yn hoffus a chanddo ffordd ddeniadol a chymeradwy o gyflwyno ei neges. Ond beth oedd y neges honno?

Yr oedd gan Apolos wybodaeth am Iesu. Ond rhannol oedd y wybodaeth honno. Roedd y cwbl yn gywir mor bell ag yr ai. Gwyddai am Ioan Fedyddiwr a'i fedydd, ond ni wyddai ddim am yr Ysbryd Glân. Pregethai am edifeirwch, ond ni wyddai fod yr Efengyl yn fwy na galwad i edifarhau. Ac ni wyddai am arwyddocâd y groes nac ychwaith am nerth yr atgyfodiad.

Fodd bynnag, roedd Apolos yn barod i ddysgu; a chafodd ddau athro da yn Acwila a Phriscila. Nid collfarnu Apolos am ei ddiffyg gwybodaeth a wnaeth y ddau hyn, ond mynd ag ef o'r neilltu a'i hyfforddi'n fanylach yng nghynnwys yr Efengyl. Teimlodd Apolos alwad i fynd drosodd i Achaia a dinas Corinth, a chafodd gefnogaeth y credinwyr yn Effesus i wneud hynny ynghyd â llythyr oddi wrthynt i eglwys Corinth yn eu hannog i'w groesawu. Bu'n gaffaeliad mawr i'r eglwys yno gan ei fod yn medru ymresymu â'r Iddewon a gwrthbrofi eu dadleuon, 'gan ddangos ar goedd trwy'r Ysgrythurau mai Iesu oedd y Meseia' (Act. 18:28). Ceir rhagor o'i hanes a'i waith yng Nghorinth yn Llythyr Cyntaf Paul at y Corinthiaid (penodau 1–3).

Yn y cyfamser, roedd Paul ar ei daith ar draws Galatia a Phrygia ac yn anelu am Effesus. Effesus oedd canolfan fasnachol fwyaf Asia Leiaf a

71

phrif ddinas y dalaith. Roedd yn ddinas Roegaidd ei naws, gyda'i senedd a'i chynulliad ei hun. Oherwydd ei phwysigrwydd masnachol a gweinyddol ymgasglai Iddewon yn heidiau i'r ddinas, a chan eu bod mor niferus cawsant ganiatâd i ddilyn eu defodau a'u traddodiadau eu hunain. Yr un pryd, yr oedd Effesus yn enwog fel canolfan cwlt y dduwies Diana, neu Artemis; ac yr oedd teml Artemis yn un o saith rhyfeddod y byd.

Pan gyrhaeddodd Paul Effesus, cyfarfu â grŵp o 'ddisgyblion'. Yn yr Actau, defnyddir y gair 'disgybl' i ddynodi disgybl i Iesu Grist, ac nid i neb arall. Ond disgyblion amherffaith oeddent; ni wyddent ddim am fedydd Cristnogol nac am rodd yr Ysbryd Glân. Rhaid tybio fod y disgyblion hyn wedi dod dan ddylanwad Apolos cyn i hwnnw dderbyn hyfforddiant gan Acwila a Phriscila, a'i fod o bosibl wedi eu bedyddio â bedydd Ioan. Yr un pryd, rhaid cofio fod dylanwad Ioan Fedyddiwr ei hun yn parhau ymysg rhai Iddewon. Nid aeth ei neges yn angof ar unwaith, ond parhaodd nes i'r Efengyl ei goresgyn.

Pan ofynnodd Paul i'r disgyblion hyn a oeddent wedi derbyn yr Ysbryd Glân, eu hateb oedd, 'Naddo; ni chlywsom hyd yn oed fod yna Ysbryd Glân' (Act. 19:2). O'u holi ymhellach, cafwyd mai bedydd Ioan yn unig a gawsant. Gan na fedyddiwyd hwy yn enw'r Arglwydd Iesu, a chan na wyddent ddim am yr Ysbryd Glân, rhyw hanner efengyl oedd ganddynt. Roedd bedyddio yn enw Iesu, a derbyn rhodd yr Ysbryd yn mynd law yn llaw â'i gilydd yn yr Eglwys Fore. Ni ellid ysgaru'r ddau beth hyn. Cofiwn i Ioan Fedyddiwr ei hun wahaniaethu rhwng ei fedydd ef, a oedd yn fedydd i edifeirwch, a bedydd Iesu: 'Bydd ef yn eich bedyddio â'r Ysbryd Glân ac â thân' (Mth. 3:11). Y gwahaniaeth sylfaenol rhwng y ddau oedd bod bedydd Ioan yn baratoad ar gyfer yr Un oedd eto i ddod, tra bo bedydd yr Eglwys yn gyffes o gred yn yr Un a oedd wedi dod. Edrych ymlaen am waredwr a wnâi Ioan; dathlu fod y Gwaredwr wedi dod ac yn bresennol yn eu plith trwy ei Ysbryd Glân a wnâi'r Eglwys. O ganlyniad i hyfforddiant goleuedig Paul, cafodd y disgyblion hyn eu hailfedyddio, y tro hwn 'yn enw'r Arglwydd Iesu', ac wedi iddynt dderbyn arddodiad dwylo gan Paul disgynnodd yr Ysbryd

Glân arnynt, 'a dechreusant lefaru â thafodau a phroffwydo (Act. 19:5–6).

Yr Efengyl yn Goresgyn Ofergoeliaeth

Yn ôl ei arfer, traethodd Paul yn y synagog, a hynny am amser go faith o dri mis. Roedd yn amlwg fod yr Iddewon yn gwrando'n astud arno ac yn cymryd diddordeb anghyffredin yn ei neges. Trafodai 'deyrnas Dduw' (Act. 19:8); pwnc perthnasol iawn i gynulleidfa o Iddewon, ond llai ystyrlon i Genedl-ddynion. Ond byddai Iddewon a Groegiaid yn credu mewn oes euraidd oedd i ddod. Credai Paul a'r Cristnogion cynnar y byddai popeth yn cael ei gyflawni gydag ailddyfodiad yr Arglwydd Iesu, ond hyd nes y deuai hynny gwaith yr Eglwys oedd cyhoeddi'r newyddion da am y deyrnas. Ond fel y digwyddodd mewn llawer man arall, dechreuodd yr Iddewon wrthod ei neges a throi yn ei erbyn. O ganlyniad, symudodd Paul allan o'r synagog, ac am ddwy flynedd bu'n llogi neuadd o eiddo Tyranus. Mae'n bosibl mai adeilad a godwyd i goffáu'r gŵr da Tyranus oedd hwn. Beth bynnag am hynny, y symudiad hwn a roddodd gyfle i Paul barhau i bregethu wedi iddo gael ei wrthod gan yr Iddewon. Mesur o'i lwyddiant a'i boblogrwydd oedd bod tyrfaoedd yn dod i wrando arno ac i'r Efengyl ymledu 'nes i holl drigolion Asia, yn Iddewon a Groegiaid, glywed gair yr Arglwydd' (Act. 19:10). Golygai hynny i Effesus ddod yn ganolfan yr oedd yr Apostol ei hun a rhai o'i ddisgyblion yn mynd â'r Efengyl ohoni i ddinasoedd cyfagos. O lythyrau Paul, gwyddom fod eglwysi wedi eu sefydlu yng Ngholosae a Laodicea, ac mae'n bur debyg mai yn y cyfod hwn y sefydlwyd y gweddill o'r saith eglwys yn Llyfr Datguddiad, sef Smyrna, Pergamus, Thyatira, Sardis a Philadelphia.

Mae'n amlwg i Paul fod yn effeithiol a llwyddiannus yn y gwaith o gyhoeddi'r Efengyl, ond roedd Luc yn awyddus i ddangos hefyd pa mor rymus yr oedd Duw yn gweithredu drwyddo: 'Gan mor rhyfeddol oedd y gwyrthiau yr oedd Duw'n eu gwneud trwy ddwylo Paul' (Act. 19:11). Cymaint oedd edmygedd ei wrandawyr o Paul fel y byddai rhai ohonynt yn ei gyffwrdd â chadachau a darnau o wisgoedd, gan osod y rheini wedyn ar gleifion yn y gred fod rhinwedd yn glynu wrthynt a fyddai'n dwyn iachâd i rai'n dioddef o wahanol anhwylderau. Cofiwn hanes y wraig honno a ddaeth o'r tu ôl i Iesu i gyffwrdd ag ymyl ei fantell. I ni, mae hyn yn sawru o ofergoeliaeth; ond gwraidd y syniad yw bod dylanwad dyn da'n cael effaith er gwell ar eraill. Yr un rhesymeg sydd wrth wraidd yr arfer o ddwysbarchu creiriau saint o fewn yr Eglwys Gatholig Rufeinig.

Er bod cyfeiriadau yn Llyfr yr Actau at gleifion yn derbyn iachâd trwy wahanol gyfryngau, fel arddodiad dwylo, cysgod gŵr duwiol, cyffwrdd â gwisgoedd a thrwy enw Iesu, yr hyn a barai syndod i gonsuriwyr proffesedig Effesus – ac yr oedd llawer o Iddewon yn eu mysg – oedd effeithiau yngan enw'r Arglwydd Iesu. Dechreuodd rhai ohonynt geisio bwrw ysbrydion aflan allan trwy ddynwared Paul a defnyddio enw Iesu, er na wyddent ddim amdano. Yn eu plith yr oedd prif offeiriad Iddewig o'r enw Scefa, ynghyd â'i saith mab. Ond wrth iddynt hwy geisio bwrw ysbryd aflan allan o ryw ddyn, gan gamddefnyddio enw Iesu wrth wneud hynny, llamodd yr ysbryd drwg o'r dyn a'u trechu a'u maeddu nes iddynt ffoi am eu bywydau. Effaith hyn oedd i lawer o'r swynwyr gefnu ar eu dewiniaeth a chyffesu ffydd yn yr Arglwydd Iesu. Tu ôl i'w hofergoeledd yr oedd y llyfrau hud y caed ynddynt y cyfarwyddiadau, y swynion a'r fformiwlâu ar gyfer eu crefft. Collodd y llyfrau eu gwerth ac fe'u llosgwyd yn ulw. Roedd hyn yn arwydd i bawb o fuddugoliaeth yr Efengyl tros bwerau'r tywyllwch.

Fel y llwyddai'r Efengyl, deuai aflwyddiant i grefyddau eraill. Pan ddechreuodd dylanwad yr Efengyl effeithio ar gwlt y dduwies Diana, neu Artemis, dechreuodd gynnwrf godi yn erbyn y ffordd newydd hon o gredu a byw. Fel yn Philipi, cododd gwrthwynebiad yn Effesus am fod llwyddiant y genhadaeth Gristnogol yn ymyrryd ag elw a busnes. Gof arian o'r enw Demetrius a welodd fod llwyddiant yr Efengyl yn bygwth gwerthiant cysegrau arian, sef cerfluniau bychain o'r dduwies Artemis. Galwodd gyfarfod o weithwyr arian y ddinas, a chafodd gefnogaeth gan bawb oedd yn sylweddoli fod diogelu crefydd Artemis o werth masnachol mawr i'r boblogaeth gyfan. Dechreuwyd trwy sôn am y pwysigrwydd o ddiogelu teml y dduwies fawr ac aeth pawb i weiddi, 'Mawr yw Artemis yr Effesiaid' (Act. 19:28).

Ceir darlun byw gan Luc o eithafiaeth anystyriol tyrfa wedi ei chynhyrfu: 'ni wyddai'r rhan fwyaf i beth yr oeddent wedi dod ynghyd' (Act. 19:32). Ond mewn gwirionedd nid cymhelliad crefyddol oedd yn eu tanio, ond ariangarwch – gwelent eu busnesau a'u helw'n lleihau wrth i ddylanwad Paul a'i gyd-genhadon gynyddu. O'r diwedd, llwyddodd clerc y ddinas i ddod â phethau i drefn gan awgrymu mai'r llys neu gyfarfod rheolaidd o'r dinasyddion oedd y lle i ddwyn cyhuddiadau yn erbyn troseddwyr, ac nid y sgwâr cyhoeddus. Llwyddodd i ddistewi'r dyrfa trwy rybuddio'r bobl y byddai'r awdurdodau Rhufeinig yn sicr o'u cosbi fel dinas pe baent yn parhau gyda'r fath ymddygiad afreolus. Gyda hynny o eiriau, tawelwyd y terfysg.

Penderfynodd Paul adael y ddinas. Dychwelyd i Jerwsalem oedd ei fwriad, ond dewisodd deithio'r ffordd hiraf i gyrraedd yno, sef trwy Facedonia, Gwlad Groeg, yn ôl i Troas, i Miletus gan alw yn ynysoedd Cos a Rhodos, ac yna ymlaen i Patara a dal llong oddi yno i groesi i Phoenicia, a glanio yn Tyrus. Bu'n daith dros flwyddyn o hyd iddo, o bosibl o haf 55 O.C. hyd tua diwedd 56 O.C.

Pregeth Bugail i'w Braidd

Braslun yn unig a geir gan Luc o ddigwyddiadau'r flwyddyn honno. Wedi treulio tri mis yn teithio trwy Facedonia a Gwlad Groeg gan 'annog llawer ar y disgyblion yno' (Act. 20:2), dychwelodd Paul i Facedonia, a chroesi oddi yno i Troas. Ceir cyfeiriad diddorol at yr eglwys yn Nhroas yn cyfarfod ar ddydd cyntaf yr wythnos i dorri bara (Act. 20:7). Hon yw'r dystiolaeth gyntaf sydd gennym i arfer y Cristnogion o gyfarfod ar ddydd cyntaf yr wythnos, sef y Sul, yn hytrach nag ar Saboth yr Iddewon. Y rheswm am hynny, wrth gwrs, oedd mai'r Sul oedd dydd atgyfodiad yr Arglwydd Iesu, ac felly'n Ddydd yr Arglwydd. Dyma'r awgrym cyntaf fod Dydd yr Arglwydd yn dechrau disodli'r Saboth Iddewig, a hynny tra oedd Paul yn dal i genhadu ymhlith yr Iddewon oedd ar wasgar.

O Troas, hwyliodd Paul i Miletus, a chan fod Effesus yn weddol agos, galwodd ar henuriaid eglwys Effesus i'w gyfarfod yno. Yn Act. 20:17–35, cawn grynodeb o'i araith iddynt. Gan fod Luc yn bresennol gallwn fod yn weddol sicr fod ei grynodeb yn adlewyrchu meddwl a syniadau'r Apostol. Pregeth yw hon gan fugail i arweinwyr eglwys a sefydlwyd ganddo. Ar y pryd, roedd Paul yn credu na fyddai'n gallu ymweld ag eglwys Effesus eto, ac felly roedd yn awyddus i annog yr henuriaid i weithredu fel bugeiliaid i'r praidd ac fel arweinwyr y genhadaeth fawr i'r ddinas a'r ardal tu hwnt. Er nad oes modd rhannu'r bregeth yn adrannau twt, mae modd olrhain ei phrif themâu.

Yn gyntaf, *ymroddiad ac esiampl y bugail*. Dechreua Paul trwy eu hatgoffa o'i wasanaeth iddynt hwy ac i'w Arglwydd. Gwas oedd Paul, a wasanaethodd yn ffyddlon, yn ostyngedig ac yn wrol. Er iddo ddioddef gwrthwynebiad a threialon, yn bennaf trwy law'r Iddewon, daliodd i gyhoeddi neges y deyrnas ac i ddysgu yn gyhoeddus ac yn eu cartrefi, gan alw 'am edifeirwch tuag at Dduw a ffydd yn ein Harglwydd Iesu' (Act. 20:21). Yr hyn a roddai nerth iddo i ymroi i'r gwaith oedd arweiniad a nerth yr Ysbryd Glân. Ac o dan 'orfodaeth yr Ysbryd' (Act. 20:22), yr oedd yn awr ar ei ffordd i Jerwsalem gan wybod y byddai rhwymau a threialon yn ei ddisgwyl. Ond yr oedd yn barod i wynebu'r cyfan, dim ond iddo fedru cwblhau ei yrfa a pharhau i gyflawni'r weinidogaeth a ymddiriedwyd iddo gan ei Arglwydd, sef tystiolaethu i'r Efengyl.

Yn ail, *galwad i barhau'r gwaith o arwain a bugeilio eglwys Dduw*. Gwyddai na welai henuriaid Effesus mo'i wyneb eto, ond gallai dystio iddo wneud ei orau i gyhoeddi'r deyrnas yn eu mysg. Gallai hefyd ddangos ei ddwylo, er mwyn iddynt weld eu bod yn lân, heb staen gwaed neb arnynt. Nid oedd wedi ymatal rhag cyhoeddi 'holl arfaeth Duw' iddynt. Bellach, yr oedd yr Ysbryd Glân yn gosod cyfrifoldeb arnynt hwy fel henuriaid eglwys Effesus – y cyfrifoldeb o ofalu amdanynt eu hunain ac am holl braidd Duw. Ceir y syniad am bobl Dduw fel praidd drwy'r Beibl, ond yma dywedir yn glir mai'r praidd yw'r Eglwys, a hynny am ei bod wedi ei hennill 'â gwaed ei briod un' (Act. 20:28), sef yr Arglwydd Iesu Grist. Mae popeth a ddywedwyd gynt am Israel fel praidd yn wir yn awr am yr Eglwys. Roedd y gwaith o ofalu am yr Eglwys yn golygu ei hamddiffyn rhag gelynion allanol, 'bleiddiaid mileinig' (Act. 20:29), sef erlidwyr, yn bennaf o blith yr Iddewon, a rhag gelynion mewnol, 'rhai yn llefaru pethau llygredig' (Act. 20:30), sef gau athrawon a hereticiaid. Erys yr un peryglon o hyd. Anogodd Paul yr henuriaid i fod yn wyliadwrus ac i ddilyn ei esiampl ef.

Yn drydydd, *anogaeth i ddyfalbarhau yn y gwaith.* Cyflwyna Paul ei wrandawyr i ras Duw. Ganddo ef yr oedd y gallu i'w hadeiladu ac i'w sancteiddio. Rhybuddiodd hwy i beidio â disgwyl cydnabyddiaeth ariannol, ond i ymroi i gynorthwyo'r gwan a'r anghenus. Yr oedd ganddo destun i brofi ei bwnc, sef geiriau a briodolodd i'r Arglwydd Iesu, er na cheir mohonynt yn yr efengylau: 'Dedwyddach yw rhoi na derbyn'. Mae'n bosibl fod y geiriau'n dod o un o'r casgliadau o ddywediadau Iesu oedd mewn cylchrediad ar y pryd.

A hwythau dan deimlad dwys, yn gweddïo, yn wylo, ac yn ei gusanu, hebryngodd yr henaduriaid Paul i'r llong. Nid oedd disgrifiad gwell o ddylanwad Paul ac o barch a chariad y credinwyr tuag ato na'r geiriau hyn (Act. 20:38).

Cwestiynau i'w trafod

1. Beth oedd y gwahaniaeth rhwng bedydd Ioan Fedyddiwr a bedydd Cristnogol?

2. Pa faint o ofergoeliaeth sy'n aros yn yr oes 'oleuedig' hon?

3. Beth ddywed Paul am swydd a gwaith bugail yn ei bregeth i henuriaid Effesus?

9. Yn ôl i Gesarea a Jerwsalem

Actau 21:1 – 25:22

Gyda'i daith o Miletus i Jerwsalem deuwn at act olaf drama fawr cenhadaeth yr Apostol Paul yn ôl Luc. O ganlyniad i'w deithio diflino ehangodd cylchoedd ei genhadaeth o Jerwsalem i Samaria a Jwdea (Act. 1 – 5), o Antiochia i benrhyn Asia Leiaf (Act. 13 – 15), i ardaloedd Môr Aegea (Act. 16 – 20), ac yna ymlaen i Rufain, prifddinas y byd (Act. 21 – 28).

Gan fod Actau 21 yn un o'r 'rhannau-ni', Luc ei hun sy'n adrodd hanes y fordaith i Tyrus, y croeso a'r lletygarwch a dderbyniodd y disgyblion yno dros saith diwrnod, a'r ffarwelio dwys ar y traeth cyn dringo ar fwrdd y llong i hwylio ymlaen i Ptolemais a Chesarea. Yng Nghesarea, cawsant lety yn nhŷ Philip. Roedd gan hwnnw 'bedair merch ddibriod, a dawn proffwydo ganddynt' (Act. 21:9). Mae'n ddiddorol sylwi fod merched yn cael proffwydo'n gyhoeddus (gweler Act. 2:17 a 1 Cor. 11:5) er gwaethaf y gwaharddiad a geir yn 1 Cor. 14:34 a 1 Tim. 2:11. Mae'n amlwg fod yr arfer yn amrywio o le i le, fel y mae statws merch yn yr eglwys heddiw yn amrywio o draddodiad i draddodiad. Mae'n amlwg hefyd nad gwahardd merched yn gyffredinol rhag llefaru'n gyhoeddus a wna Paul, ond delio â sefyllfaoedd anhrefnus mewn mannau penodol.

Daeth proffwyd o'r enw Agabus i Gesarea i rybuddio Paul rhag mynd i fyny i Jerwsalem gan fod rhai yno yn bwriadu ei ddal a'i rwymo. Er i'w gyd-deithwyr a Christnogion lleol ymbil arno i wrando ar rybudd Agabus, ymateb Paul oedd ei fod yn barod, nid yn unig i gael ei rwymo ond i farw yn Jerwsalem 'er mwyn enw'r Arglwydd Iesu' (Act. 21:13). Roedd yn benderfynol o ddal ymlaen, beth bynnag fyddai'r canlyniadau.

Paul yn Jerwsalem

Cyd-deithiodd cwmni bach gyda Paul y 60 milltir i Jerwsalem. Yno, cawsant lety yn nhŷ gŵr o'r enw Mnason o Cyprus, 'un oedd wedi bod yn ddisgybl o'r dechrau' (Act. 21:16). Yn Jerwsalem, cafodd Paul groeso llawen gan y credinwyr, ond buan y gwelwyd fod anesmwythyd yn parhau ymhlith rhai o'r credinwyr Iddewig ynglŷn â rhai agweddau o waith Paul ymhlith y Cenedl-ddynion. Cododd sibrydion ei fod yn arwain credinwyr Iddewig i gefnu ar Gyfraith Moses, ac yn enwedig ar yr enwaediad, a bod hynny'n tanseilio eu hunaniaeth Iddewig. Roedd yn amlwg nad oedd Cyngor Jerwsalem wedi datrys y broblem yn llwyr. Awgrym Iago oedd y dylai Paul ddangos yn gyhoeddus ei fod ef ei hun yn Iddew ffyddlon trwy gefnogi pedwar dyn oedd dan lw, a hynny trwy fynd gyda hwy i ddefod y pureiddio, ac yna mynd i dalu'r gost trostynt. Wyddom ni ddim pam y cymerodd y pedwar eu hadduned. O bosib eu bod wedi cael iachâd oddi wrth ryw afiechyd neu oddi wrth ryw berygl mawr, a'u bod yn dymuno mynegi eu diolch. Golygai hynny ymwadu â chig a gwin am ddeng niwrnod ar hugain, a gadael i'w gwallt dyfu. Ar ddiwedd y cyfnod hwn, roedd gofyn iddynt fynd i'r deml i dalu'r hyn oedd yn ddyledus am yr ebyrth oedd yn rhan o'r ddefod. Cydsyniodd Paul. Beth bynnag oedd ystyr y weithred o gefnogi'r gwŷr hyn, roedd yn barod i wneud hynny er mwyn dangos ei barch at y Gyfraith ac er mwyn dangos nad oedd y mân siarad amdano'n wir.

Dengys yr achos hwn pa mor gymhleth oedd agwedd Paul at y Gyfraith ar y pryd. Sut oedd cysoni'r weithred hon â'r hyn a ddywed am y Gyfraith yn ei lythyrau? A oedd yn gweithredu'r egwyddor o fod 'yn bob peth i bawb, er mwyn imi, mewn rhyw ffordd neu'i gilydd, achub rhai' (1 Cor. 9:22)? Neu a oedd yn teimlo rheidrwydd i annog credinwyr o blith Iddewon i ddilyn gofynion cyfraith Moses am ei fod yn methu llwyr ymryddhau oddi wrth ei gefndir Iddewig? Os cyfaddawdu, yna cyfaddawdu ar faterion nad oedd yn eu hystyried o fawr bwys, er mwyn cadw heddwch o fewn yr Eglwys. Ond ni lwyddodd Paul i dawelu gwrthwynebiad yr Iddewon mwyaf teyrngar.

Fe'i gwelwyd yn y deml gan rai Iddewon o Asia, sef rhai oedd wedi ei wrthwynebu yn Effesus, ac wedi ei ddilyn gan ddisgwyl cyfle i'w gondemnio'n gyhoeddus. Daeth y cyfle hwnnw pan welsant Paul yng nghwmni Troffimus o Effesus. Cyhuddwyd Paul o halogi'r deml trwy fynd â Chenedl-ddyn i mewn i le sanctaidd. Ond camddealltwriaeth oedd y cyfan mewn gwirionedd. Oherwydd, er iddo fod yng nghwmni Troffimus, nid oedd wedi mynd ag ef i mewn i'r deml ei hunan, ond i Gyntedd y Cenhedloedd. Gallai pawb o bobl y byd fynd i'r cyntedd hwn.

Ond roedd casineb ei elynion tuag at Paul, a'u rhagfarn yn ei erbyn yn ddigon iddynt feddwl y gwaethaf amdano. Llwyddasant i gyffroi'r holl ddinas, a llusgo Paul o'r deml a cheisio'i ladd yn y fan a'r lle. Roedd byddin Rufeinig yn y ddinas ar y pryd ar gyfer Gŵyl y Pentecost, ac achubwyd Paul o afael y dyrfa gan y milwyr. Gan fod y dyrfa'n bloeddio'n groch ni allai capten y fyddin ddeall beth oedd achos yr helynt, ac felly gorchmynnodd rwymo Paul a'i gario i mewn i'r pencadlys. Ond gofynnodd Paul am ganiatâd i annerch y dyrfa fygythiol, a chytunodd y capten i hynny.

Synnodd y capten at hunanfeddiant y carcharor, y ffaith ei fod yn medru Groeg mor huawdl, a'i fod er yn Iddew yn ddinesydd o ddinas Tarsus. Wrth annerch y bobl, siaradodd Paul 'iaith yr Iddewon' (Act. 22:2), sef Aramaeg. Cafodd wrandawiad gan y dyrfa. Yn ei araith, cawn ymgais olaf Paul i argyhoeddi tyrfa o'i gyd-wladwyr yn Jerwsalem. Ei amcan oedd amddiffyn yr Efengyl a bregethai, ond gwnaeth hynny trwy adrodd ei hanes a'i brofiad ei hun. Roedd wedi ei gyhuddo o fod yn fradwr ac yn wrthgiliwr a ddysgai fod Iddewon a Chenedl-ddynion yn gyfartal yng ngolwg Duw.

Paul yn Dweud ei Brofiad

Amddiffynnodd Paul ei hun trwy fynnu ei fod yn Iddew selog ac uniongred. Yn enedigol o deulu Iddewig yn Nharsus, roedd wedi derbyn ei addysg yn Jerwsalem wrth draed yr athro dawnus, Gamaliel. Yn llawn sêl dros y Gyfraith a thros ffydd ei dadau, erlidiodd bobl y Ffordd hyd at farwolaeth, a hynny gydag awdurdod a chefnogaeth yr Archoffeiriad a'r Sanhedrin.

Yna, digwyddodd yr annisgwyl. Ac yntau ar ei ffordd i Ddamascus, ymddangosodd Iesu o Nasareth iddo – yr un yr oedd ef yn ei erlid. Disgrifiodd y goleuni a welodd a'r llais a'i gorchmynnodd i fynd i mewn i Ddamascus, lle byddai gŵr o'r enw Ananias yn disgwyl amdano, yn barod i'w gyfarwyddo. Nid diwinydda nac athronyddu yr oedd, ond adrodd ei brofiad. Ond roedd ei ymresymiad yn glir. Sylweddolodd, o ganlyniad i'w weledigaeth, mai anghyflawn oedd ei Iddewiaeth.

Iddew, ond Iddew a ddaeth i gredu yn Iesu, oedd Ananias. Roedd ganddo genadwri i Paul, cenadwri wedi ei mynegi mewn idiomau Hebraeg – sef fod 'Duw ein tadau' (Act. 22:14) wedi ei benodi ef, Paul, i wybod ei ewyllys ac i weld 'yr Un Cyfiawn' (ymadrodd Hebreig am y Meseia). Roedd Paul i fod yn dyst i'r Iesu hwn i'r holl ddynolryw. Yr oedd ef ac Ananias yn weision yr un Duw, sef Duw Israel, ac awgrymir mai datblygiad o Iddewiaeth uniongred oedd derbyn Iesu fel Meseia a gwaredwr. Y cam nesaf ar ei gyfer oedd cael ei fedyddio yn enw'r Arglwydd Iesu, a chael golchi ymaith ei bechodau.

Yn Actau 22:16, ychwanegir gwybodaeth nad yw yn y disgrifiad cyntaf o dröedigaeth Paul yn Actau 9, sef iddo gael gweledigaeth yn y deml yn ei rybuddio o'r perygl oedd iddo yn Jerwsalem ac yn rhoi comisiwn uniongyrchol iddo: 'Dos, oherwydd yr wyf fi am dy anfon di ymhell at y Cenhedloedd' (Act. 22:21). Roedd clywed sôn am genhadu ymhlith y Cenhedloedd yn ddigon i beri i'r dorf wylltio a dechrau ymddwyn yn gythryblus unwaith eto.

Penderfynodd y capten fynd â Paul i'r pencadlys a'i holi o dan artaith y chwip – arferiad digon cyffredin, yn enwedig wrth holi caethweision a phobl gyffredin. Ond pan glymwyd Paul i'w fflangellu, cyhoeddodd wrth y canwriad oedd yn sefyll gerllaw ei fod yn ddinesydd Rhufeinig, a gofynnodd a oedd ganddynt hawl i fflangellu dinesydd, a hynny heb farnu ei achos. O ddeall iddo dorri'r gyfraith trwy orchymyn chwipio dinesydd Rhufeinig, cynhyrfwyd y capten. Ei gyfrifoldeb bellach oedd cynnal ymchwiliad er mwyn canfod a oedd achos yn erbyn Paul ai peidio.

Cam cyntaf yr archwiliad swyddogol oedd dwyn Paul gerbron y Sanhedrin. Ananias oedd yr archoffeiriad ar y pryd. Cyn cychwyn, cyhoeddodd Paul ei fod yn ddieuog a'i fod wedi byw erioed â chydwybod lân gerbron Duw. Ymateb yr archoffeiriad oedd gorchymyn ei daro ar ei geg. Ond cynddeiriogwyd Paul, a galwodd yr Archoffeiriad yn 'bared gwyngalchog' (Act. 23:3). Mae disgrifiad byw Luc yn rhoi'r argraff o Gyngor a oedd wedi ei rannu rhwng gwahanol bleidiau a charfannau o fewn y grefydd Iddewig, yn enwedig rhwng y Phariseaid a'r Sadwceaid, rhwng Iddewiaeth a Christnogaeth, a hyd yn oed rhwng Cristnogion Iddewig a Paul ei hun. Manteisiodd Paul ar yr elyniaeth rhwng y Phariseaid a'r Sadwceaid trwy gyhoeddi ei fod ef yn perthyn i blaid y Phariseaid a'i fod ar ei brawf am y rheswm syml iddo ddatgan ei gred yn atgyfodiad y meirw – cred a wrthodwyd gan y Sadwceaid. Ar unwaith, aeth yn helynt rhwng y ddwy blaid, ond aeth rhai o blith y Phariseaid i ddadlau o blaid Paul: 'Nid ydym yn cael dim drwg yn y dyn hwn; a beth os llefarodd ysbryd wrtho, neu angel?' (Act. 23:9). Yn ei gell y noson honno cafodd Paul weledigaeth. Yn ei bryder a'i anobaith, clywodd yr Arglwydd yn dweud wrtho, 'Cod dy galon! Oherwydd fel y tystiolaethaist amdanaf fi yn Jerwsalem, felly y mae'n rhaid iti ddystiolaethu yn Rhufain hefyd' (Act. 23:11).

Penderfynodd yr Iddewon oedd yn elyniaethus i Paul gael gwared ohono trwy ei ladd, os byddai pob dull cyfreithlon yn methu. Trwy ryw ffordd neu'i gilydd, clywodd mab i chwaer Paul am y cynllwyn, a llwyddwyd i gael neges at y capten am ddeugain o Iddewon oedd wedi mynd ar eu llw i lofruddio Paul. Y canlyniad oedd i'r awdurdodau Rhufeinig anfon Paul i Gesarea at y rhaglaw, Ffelix, dan warchodaeth gosgordd niferus o filwyr.

Yn Nwylo'r Awdurdodau Rhufeinig
Ddwywaith ym mhenodau 22 a 23 yn Llyfr yr Actau, cafwyd hanes Paul ar brawf gerbron Iddewon. Ond yn awr, yn y tair pennod nesaf, mae Luc yn mynd ymlaen i roi ei hanes yn ei amddiffyn ei hun gerbron y Cenhedloedd a'u hawdurdodau. Anfonwyd llythyr ffurfiol at Ffelix, Rhaglaw Jwdea, i grynhoi ei hanes ac i egluro pam yr oedd yn cael ei anfon ymlaen ato.

Penodwyd Ffelix yn Rhaglaw tua 52o.c.   Er ei fod ar un adeg yn gaethwas, roedd wedi ei ryddhau gan yr Ymerawdwr Claudius, ac fe'i dyrchafwyd yn annisgwyl i swydd rhaglaw. Yr oedd yn hynod amhoblogaidd oherwydd ei uchelgais a'i greulondeb. Nid oedd gan yr hanesydd Tacitus air da iddo, ond daliodd ei swydd tan 60 O.C. pryd yr olynwyd ef gan Ffestus.

Daeth yr archoffeiriad Ananias gyda rhai henuriaid a 'dadleuydd' (Act. 24:1), sef twrnai proffesiynol, o'r enw Tertulus, i gyflwyno eu hachos fel Iddewon yn erbyn Paul, yn unol â threfn llysoedd Rhufeinig y cyfnod hwnnw. Swm a sylwedd ei gyhuddiad oedd bod Paul yn aflonyddwr peryglus – cyhuddiad difrifol mewn talaith oedd mewn perygl o lithro i derfysgaeth a gwrthryfel: 'Cawsom y dyn yma yn bla, yn codi ymrafaelion ymhlith yr holl Iddewon trwy'r byd, ac yn arweinydd yn sect y Nasareaid' (Act. 24:5). Cyhuddwyd ef hefyd o fod wedi halogi'r deml, ac roedd hwnnw'n gyhuddiad difrifol iawn yng ngolwg yr Iddewon.

Wrth ei amddiffyn ei hunan, dywedodd Paul na fu yn Jerwsalem ond am amser byr o ddeuddeg diwrnod ac na fu mewn helynt na chythrwbl mewn synagog, nac yn y deml, nac yn y ddinas. Ni allent brofi unrhyw un o'r cyhuddiadau yr oeddent yn eu dwyn yn ei erbyn. Cyfaddefodd 'mai yn null y Ffordd, a alwant hwy yn sect, felly yr wyf yn addoli Duw ein hynafiaid' (Act. 24: 14). Ond nid oedd hynny'n golygu ei fod mewn unrhyw ffordd yn cefnu ar y Gyfraith Iddewig a'i gofynion. I'r gwrthwyneb, yr oedd llawer o'u credoau yn deillio o gredoau'r Phariseaid, yn enwedig eu cred yn atgyfodiad y meirw, pwnc oedd yn achos anghytundeb rhyngddynt a'r Sadwceaid.

Yr oedd disgwyl i Ffelix roi ei ddedfryd – un ai cosbi'r carcharor, neu ei ollwng yn rhydd, neu ohirio ei achos. Ni allai gosbi Paul gan na phrofwyd dim yn ei erbyn. Ofnai ei ollwng yn rhydd am ei fod yn credu y byddai hynny'n achosi cynnwrf ymhlith yr Iddewon, ac yr oedd ganddo eisoes ddigon o drafferthion yn ei dalaith heb achosi mwy. Yr unig ddewis arall oedd gohirio'r achos. O wneud hynny ni wnâi anghyfiawnder â'r carcharor, byddai'n bodloni'r erlynwyr i ryw fesur, a châi yntau amser i ystyried sut i weithredu. Yn y cyfamser, cadwyd Paul dan warchodaeth, ond yr oedd 'i gael peth rhyddid' (Act. 24:23). Yn ôl arfer yr oes, roedd rhaid iddo ddibynnu ar gyfeillion am fwyd a chynhaliaeth o ddydd i ddydd.

Gan fod gan Ffelix ddiddordeb yn nysgeidiaeth Paul, byddai'n galw amdano er mwyn ei glywed yn egluro ei ffydd yn Iesu Grist ac yn trafod pynciau perthnasol eraill, fel cyfiawnder a'r farn oedd i ddod. Cadwodd Paul yn y carchar, gan ohirio ei achos am ddwy flynedd, er mwyn ennill ffafr yr Iddewon. Ond dywed Luc wrthym yr un pryd na chafodd Ffelix ddim bai ynddo.

Yna, galwyd Ffelix yn ôl i Rufain i ateb cyhuddiadau o greulondeb a wnaed yn ei erbyn. Ei olynydd oedd Porcius Ffestus. Roedd gan hwnnw enw o fod yn ddyn cyfiawn a theg. O fewn tridiau iddo gyrraedd Cesarea, aeth i Jerwsalem i gyfarfod ag arweinyddion y genedl. Gwelodd yr Iddewon gyfle i bwyso arno i ail-agor achos Paul, ac i wneud hynny yn Jerwsalem. Ond atebodd Ffestus mai yng Nghesarea y cedwid Paul: 'Gadewch i'r gŵyr sydd ag awdurdod yn eich plith ddod i lawr gyda mi a'i gyhuddo ef, os yw'r dyn wedi gwneud rhywbeth o'i le' (Act. 25:5). Yn union wedi iddo ddychwelyd i Gesarea, galwodd Ffestus ei lys ynghyd a gorchymyn dod â Paul gerbron. Unwaith eto, daeth Iddewon i lawr o Jerwsalem 'gan ddwyn llawer o gyhuddiadau difrifol yn ei erbyn' (Act. 25:7). Ni wyddom beth oedd y 'cyhuddiadau difrifol' hynny, ac nid oes sôn am ddod â thystion i'w profi. Yn sicr, yr oedd yn amhosibl iddynt eu profi yn wyneb amddiffyniad Paul. Atebodd ef yn bendant, 'Nid wyf fi wedi troseddu o gwbl, nac yn erbyn Cyfraith yr Iddewon, nac yn erbyn y deml, nac yn erbyn Cesar' (Act.25:8).

Mae'n bur debyg nad oedd Ffestus yn deall y dadleuon astrus ynglŷn â chadw'r Gyfraith Iddewig na beth oedd sylwedd y cyhuddiad yn erbyn Paul. Er mwyn bodloni'r Iddewon, awgrymodd y gellid gwrando'r achos yn Jerwsalem. Gofynnodd i Paul a oedd yn barod i dderbyn yr awgrym, ond gwrthod yn bendant a wnaeth Paul. Manteisiodd ar y camgymeriad a wnaeth yr arweinwyr Iddewig trwy gynnwys trosedd yn erbyn Cesar ymhlith eu cyhuddiadau. Pe byddent wedi cyfyngu'r achos i droseddau yn erbyn Cyfraith Moses, neu drosedd o halogi'r deml, buasai'n rhesymol trosglwyddo'r mater i Lys y Sanhedrin yn Jerwsalem. Ond gan ei fod yn cael ei gyhuddo hefyd o droseddu yn erbyn Cesar, gerbron Cesar y dylid gwrando'r achos yn ei erbyn. Pe byddai Cesar yn ei ddyfarnu'n euog, byddai'n barod i wynebu marwolaeth. A chan fod cyhuddiadau'r Iddewon yn ei erbyn yn gwbl ddi-sail, ni allai Ffestus ei drosglwyddo iddynt hwy 'fel ffafr'. Gorffennodd Paul gyda'i ddatganiad dramatig, '*Appello Caesarem*', 'Yr wyf yn apelio at Gesar' (Act. 25:11).

Gallwn ddychmygu fod Ffestus yn falch o glywed geiriau Paul. Roedd yn ffordd o osgoi penderfyniad anodd iddo ef, ac yn gyfle i Paul gael mynd i Rufain fel yr oedd wedi dymuno. Felly, wedi ymgynghori â'i swyddogion, meddai Ffestus, 'at Gesar y cei fynd' (Act. 25:12).

Cwestiynau i'w trafod

1. A oedd Paul yn euog o gyfaddawdu yn ei agwedd at y Gyfraith er mwyn plesio'r Iddewon mwyaf tanbaid?

2. O ystyried ffyrnigrwydd yr awdurdodau Iddewig, pam mae crefydd yn gwneud rhai mor anoddefgar tuag at eraill?

3. A wnaeth Paul yn gywir i apelio at Gesar am ei fod yn ddinesydd Rhufeinig?

10. Y Fordaith i Rufain

Actau 27 – 28

Ychydig ddyddiau wedi i Paul ddatgan ei ddymuniad i'w achos fynd gerbron Cesar, daeth Agripa II, brenin Iddewig, a'i chwaer Bernice, i ymweld â Chesarea. Roedd ef yn frawd i Drusila, gwraig Ffelix, sef rhagflaenydd Ffestus fel Rhaglaw Jwdea. Roedd teyrnas Agripa i'r gogledd-ddwyrain o diriogaeth Ffestus ac yn cynnwys Iturea, Trachonitis ac Abilene. Daeth i Gesarea i groesawu'r rhaglaw newydd. Gan ei fod yn hyddysg yng nghrefydd yr Iddewon dywedodd wrth Ffestus am sefyllfa Paul, a gofynnodd Agripa am gael gwrando arno.

Araith Paul gerbron Agripa

Pan ddaeth cyfle Paul i annerch Agripa, dywedodd ei fod yn falch o'r cyfle i adrodd ei stori wrth un a oedd yn deall ac yn gwybod rhyw gymaint am gefndir a chynnwys ei amddiffyniad. Nid oedd arno gywilydd cyffesu ei fod wedi troi oddi wrth fywyd Iddew uniongred at y bywyd newydd yng Nghrist. Er hynny, ni pheidiodd â bod yn Iddew ac adwaenid ef fel un o'r Phariseaid mwyaf selog. Yr oedd yn awr ar brawf yn rhannol oherwydd ei gred yn atgyfodiad y meirw. Ond pam oedd Iddewon yn cwestiynu fod Duw yn codi'r meirw? Mor danbaid oedd ei sêl fel Phariead nes iddo ddod i erlid dilynwyr Iesu o Nasareth. Yn ddiddorol, mae'n cyfeirio atynt fel 'saint', term a ddefnyddid yn arferol am Iddewon, ond a ddaeth i ddynodi Cristnogion am eu bod hwy wedi etifeddu addewidion Duw i'r hen genedl. Dywed iddo fod yn enbyd o ffyrnig yn eu herbyn, gan eu herlid ymhell ac agos.

Ar daith i erlid y 'saint' yn Namascus yr oedd pan gafodd y weledigaeth fawr a newidiodd gwrs ei fywyd. Mae Luc yn cynnwys hanes tröedigaeth Paul dair gwaith yn Llyfr yr Actau.

Luc sy'n adrodd y stori yn Act. 9:1–18, ond Paul ei hun yw'r adroddwr yn 22:1–16 ac yn 26:12–18. Dengys hynny pa mor sylfaenol bwysig iddo oedd profiad ffordd Damascus. Y profiad hwn oedd sail a man cychwyn ei fywyd newydd, ei genhadaeth i'r Cenhedloedd, a'i athrawiaeth.

Yn dilyn ei ddisgrifiad o'i weledigaeth, mae Paul yn crynhoi'r comisiwn dwyfol a roddwyd iddo, sef yr alwad i 'gyhoeddi i drigolion Damascus yn gyntaf, ac yn Jerwsalem, a thrwy holl wlad Jwdea, ac i'r Cenhedloedd, eu bod i edifarhau a throi at Dduw, a gweithredu yn deilwng o'u hedifeirwch' (Act. 26:20). Mae'n mynnu nad yw'n dweud dim ond y pethau a ddywedodd y proffwydi o'i flaen a fyddai'n digwydd, sef bod rhaid i'r Meseia ddioddef a marw ac atgyfodi oddi wrth y meirw. Roedd ei genadwri yn oleuni i Israel ac i'r Cenhedloedd.

Wedi gwrando ar Paul yn traethu, dyfarniad Ffestus oedd ei fod yn wallgof a bod ei fawr ddysg wedi ei ddrysu'n feddyliol. Ond atebodd Paul ei fod yn llefaru 'geiriau gwirionedd a synnwyr', ac y byddai'r Brenin Agripa'n deall hynny. Er nad Iddew oedd Agripa, gwyddai Paul ei fod yn hyddysg yn nysgeidiaeth y proffwydi. Atebodd Agripa, 'Mewn byr amser yr wyt am fy mherswadio i fod yn Gristion!' (Act. 26:28). Mae'n anodd iawn deall ac esbonio geiriau Agripa. Dywed rhai esbonwyr fod y brenin yn cydnabod fod Paul bron â'i berswadio i fod yn Gristion. Dywed eraill ei fod yn chwerthin ei ffordd allan o gongl anodd, gan fod tystiolaeth Paul wedi gwneud argraff anghyffredin arno ond nad oedd ef am gydnabod hynny gerbron Ffestus. Nid yw Paul yn cuddio'r ffaith mai ei ddymuniad fyddai i Agripa a phawb arall ddod i gredu yn Iesu Grist.

Effaith yr araith oedd cadarnhau barn Ffestus ac Agripa nad oedd Paul wedi gwneud dim i haeddu marwolaeth na charchar. Ychwanegodd Agripa, 'Gallasai'r dyn yma fod wedi cael ei ollwng yn rhydd, oni bai ei fod wedi apelio at Gesar' (Act. 26:32). Ond i Paul ei hun, roedd y cyfan yn arwain at gyflawni bwriad Duw a'r broffwydoliaeth yn Act. 23:11, fod 'rhaid iti dystiolaethu yn Rhufain hefyd'.

Mentro i'r Môr

Mae'r penodau yn Llyfr yr Actau sy'n adrodd hanes mordaith Paul a'i gyd-garcharorion i Rufain ymhlith adrannau mwyaf disgrifiadol y Beibl cyfan. Maent yn amlwg wedi eu hysgrifennu gan lygad dyst i'r digwyddiadau. Ond ceir amrywiaeth barn ymhlith esbonwyr ynglŷn ag awduraeth y penodau hyn, sy'n un o 'adrannau-ni' Llyfr yr Actau. Mae rhai'n tybio mai un o gyd-deithwyr Paul ar y fordaith oedd yr awdur, ac eraill o'r farn mai Luc yw'r awdur mwyaf tebygol.

Roedd yn gas gan yr Iddew'r môr; roedd yn ei ystyried yn bŵer afreolus a oedd yn barhaus yn ymladd yn erbyn Duw. Antur beryglus oedd morio yn y cyfnod hwnnw, yn enwedig o gofio fod llongau yn fychain ac anghysurus ac anniogel, ac yn hwylio heb fath o gwmpawd, a hynny ond pan fyddai'r gwynt o'u plaid. A phan fyddai'r sêr o'r golwg dan gymylau duon, roedd y llongau'n hwylio'n ddall.

Cwmni cymysg oedd ar y llong, a rhoddodd hynny gyfle i Paul genhadu. Canwriad o'r fintai ymerodrol o'r enw Jwlius oedd yn gofalu am y carcharorion. Gyda Paul yr oedd Luc a chyfaill iddynt o'r enw Aristarchus, Macedoniad o Thesalonica. Roedd Aristarchus gyda Paul yn ystod y terfysg yn Effesus, a daeth i fyny gydag ef i Jerwsalem. Geilw Paul ef yn 'gyd-garcharor' (Col. 4:10), a chyfeirir ato yn Philemon 24. Rhaid ei fod yn gyfaill agos i Paul.

Mae'n fwy na thebyg fod Luc ac Aristarchus wedi eu cofrestru fel gweision (neu gaethweision) i Paul, oherwydd ni chaniateid iddynt gyd-deithio ag ef dan unrhyw amod arall. Mae'n amlwg iddynt lwyddo i argyhoeddi'r canwriad fod Paul yn ŵr o sylwedd ac o bwys, oherwydd dywedir iddo fod yn garedig wrth Paul, 'a rhoddodd ganiatâd iddo fynd at ei gyfeillion, iddynt ofalu amdano' (Act. 27:3). Yr oedd nifer o garcharorion eraill ar y llong, rhai ohonynt fel Paul wedi apelio at Gesar, ac eraill wedi eu condemnio i farw ac yn cael eu cludo i Rufain i farw yn yr arena er difyrrwch y dinasyddion.

Hwyliodd y llong o Adramytium, porthladd Cesarea. Yr oedd y llong gymharol fechan yn dilyn arfordir Asia Leiaf. Wedi codi angor, hwyliodd i fyny'r arfordir i Sidon, ac yna cychwyn ar draws y môr gan ddilyn arfordir gogleddol Ynys Cyprus ar y naill law a glannau Cilicia a Phamffylia ar y llaw arall nes cyrraedd Myra yn Lycia.

Ym Myra, cawsant long arall a deithiai o Alexandria i Rufain – mwy na thebyg un o'r llongau gwenith a gludai wenith o'r Aifft i Rufain. Roedd hon yn llong fawr a gariai gymaint â mil o dunelli o wenith. Ni fu'r canwriad yn hir cyn trosglwyddo'i garcharorion o un llong i'r llall. Dywed Luc fod dau gant saith deg a chwech o deithwyr ar y llong, rhwng pawb (Act. 27:37). Caled ac araf fu'r hwylio o Myra, a chawsant drafferth i gyrraedd Cnidus, am fod y gwynt yn chwythu'n barhaus o'r gorllewin. Llwyddwyd i hwylio i gysgod Ynys Creta, gyferbyn â phorthladd Salmone, a thrwy gadw yng nghysgod arfordir deheuol yr ynys daethant i'r Porthladdoedd Teg, ger tref Lasaia. Yno, roedd dewis o'u blaen: naill ai bwrw'r gaeaf yno, neu fynd ymlaen â'r daith er gwaetha'r tywydd garw a'r gwyntoedd croes. Cyngor Paul oedd iddynt aros. Credai y byddai mynd ymlaen yn beryglus ac 'yn sicr o beri difrod a cholled enbyd, nid yn unig i'r llwyth ac i'r llong, ond i'n bywydau ni hefyd' (Act. 27:10). Ond roedd y rhan fwyaf o blaid parhau â'r fordaith yn y gobaith y gallent gyrraedd Phenix, porthladd ar ochr dde-orllewin Ynys Creta, gan y byddai'n fwy addas bwrw'r gaeaf yno.

Gan fod peilot a pherchennog y llong yn awyddus i barhau â'r fordaith, cydsyniodd y canwriad. Cododd deheuwynt cynnes o gyfeiriad Affrica. Hwn oedd eu cyfle, a hwyliwyd yn ddiymdroi gan gadw mor agos â phosibl at arfordir Creta, o ran diogelwch pe newidiai'r gwynt. Yn sydyn, troes y gwynt a chodod fel tymestl enbyd o'r gogledd-ddwyrain. Daeth o gyfeiriad mynydd Ida ar Ynys Creta. Roedd i'r gwynt hwnnw enw, sef *Ewraculon,* hen elyn adnabyddus i forwyr. Roedd ystyr yr enw yn y ddau air *ewro* (dwyrain) ac *acwylo* (gogledd), sef gwynt o'r gogledd-ddwyrain. Disgynnodd y gwynt arswydus hwn ar y llong a'i hysgwyd yn ddidrugaredd. Roedd ymdrechion y morwyr i ddal ei phen i gyfeiriad Phenix yn gwbl ddiwerth. Pwy allai wrthsefyll corwynt o'r fath?

Fe wnaethant bedwar peth i geisio arbed y llong a'u bywydau. Yn gyntaf, fe godwyd y bad o'r dŵr. Yr arferiad oedd llusgo'r bad y tu ôl i'r llong, ond â hwnnw'n llenwi â dŵr gallai rwystro'r morwyr rhag llywio'r llong. Yn ail, aed ati i amlwregysu'r llong, sef pasio rhaffau cryfion oddi tani a'u rhwymo'n dynn er mwyn ceisio atal y planciau yng nghorff y llong rhag hollti. Yn drydydd, gostyngwyd yr hwyl. Roedd perygl i'r llong gael ei gyrru gan y gwynt i gyfeiriad y Syrtis, sef traethau peryglus gogledd Affrica. Canlyniad tynnu'r hwyl i lawr oedd gadael i'r llong fynd efo'r lli yn hytrach na chael ei gyrru'n wyllt gan y gwynt. Yn bedwerydd, taflwyd dros ochr y llong bopeth dianghenraid er mwyn ysgafnhau'r llong. Ond gwaethygu wnai'r storm, a 'heb na haul na sêr i'w gweld am ddyddiau lawer' nid oedd modd barnu ym mhle'r oeddent. Meddai Luc; 'a'r storm fawr yn dal i'n llethu, yr oedd pob gobaith am gael ein hachub bellach yn diflannu' (Act. 27:20).

Paul oedd yr unig un ar y llong nad oedd wedi ei lethu gan anobaith. Cyhoeddodd nad oedd eisiau i neb ofni am ei fywyd; byddai pawb yn cael eu hachub. Byddai'r llong yn cael ei cholli, ond colled fechan fyddai honno o'i chymharu â cholli bywyd. Galwodd ar bawb i godi eu calonnau. Nid optimistiaeth ffôl oedd sail cenadwri Paul, ond gweledigaeth, neu freuddwyd a gafodd o angel Duw yn dweud wrtho mai bwriad Duw oedd iddo sefyll gerbron Cesar. Felly, byddai ef a phawb oedd yn morio gydag ef yn cael eu hachub, er y byddai'n rhaid iddynt gael eu bwrw ar ryw ynys. Sut bynnag yr esboniwn weledigaeth Paul, yr hyn oedd o bwys oedd ei fod yn credu â'i holl galon fod Duw yn ei arwain a'i ddiogelu, a bod Duw wedi addo y câi ymddangos gerbron Cesar ac na allai'r stormydd ffyrnicaf ei rwystro.

Yn y cyfamser, aeth y llong gyda'r lli ar draws Môr Adria, sef y cefnfor rhwng yr Eidal, Melita, Creta a Gwlad Groeg. Cymerodd tua phedwar diwrnod ar ddeg i ddrifftio o Greta i Melita. Gan dybio eu bod yn agos at dir, penderfynodd y morwyr daflu pedair angor o'r starn rhag i'r llong gael ei chario'n rhy gyflym i'r lan. Cynghorodd Paul bawb i gymryd bwyd gan eu bod wedi treulio dyddiau lawer heb fwyta: 'oherwydd y mae eich gwaredigaeth yn dibynnu ar hynny' (Act. 27:34). Mae'r gair a gyfieithir 'gwaredigaeth' yn golygu mwy nag arbed corff a meddwl. Mae'n golygu achubiaeth yn yr ystyr ehangach. Wedi dweud hyn cymerodd Paul fara, a diolchodd i Dduw fel y gwnâi pob Iddew cyn bwyta. Yr un pryd, yr oedd yr hyn a wnaeth Paul yn debyg iawn i sacrament Swper yr Arglwydd. Wrth droi ei feddwl at y waredigaeth oedd i ddod drannoeth, mae'n bosibl fod Paul wedi meddwl hefyd am y waredigaeth fawr a gafwyd ar y groes. Ond yr oedd hyn yn digwydd yng ngŵydd pawb, a phawb yn bwyta.

Llongddrylliad a chyrraedd Ynys Melita

O'r diwedd daeth y dydd. Yr unig obaith bellach oedd dod â'r llong i'r lan, ond rhwystrwyd hwy rhag hwylio i mewn i gilfach lle'r oedd traeth gan fod pen blaen y llong wedi ei dal pan ddaeth dau fôr i gyfarfod â'i gilydd. Glynodd y pen blaen ar y creigiau a dechreuodd starn y llong gael ei falurio dan bwysau'r gwynt a nerth y tonnau. Ymateb rhai o'r milwyr oedd dweud y dylid lladd y carcharorion yn y fan a'r lle rhag iddynt ddianc, ond rhwystrwyd hwy gan y canwriad, a hynny yn ôl Luc am ei fod yn awyddus i achub Paul er mwyn iddo gyrraedd Rhufain. Rhoddodd hwnnw orchymyn i'r rhai a fedrai nofio i neidio oddi ar y llong, ac i'r gweddill gymryd ystyllod o ddarnau o'r llong a glynu wrthynt. 'Ac felly y bu i bawb ddod yn ddiogel i dir' (Act. 27:44).

Ar ôl glanio, buan y sylweddolodd y teithwyr mai ar Ynys Melita (sef *Malta*) yr oeddent. Cawsant dderbyniad a chroeso cynnes gan y brodorion. Yr enw Groeg a roed arnynt oedd *barbarous*, sef term a ddefnyddid i ddisgrifio pobl nad oeddent yn siarad yr iaith Roeg, ond eu tafodiaith eu hunain. Ond os yn farbariaid o ran iaith, roeddent yn garedig o ran ymddygiad. Cyneuasant dân i'r trueiniaid a daflwyd o'r môr yn wlyb ac yn anghysurus, a rhai ohonynt wedi eu hanafu. Aeth Paul ati i gasglu tanwydd ar gyfer y tân, heb sylweddoli fod gwiber hefyd yn y tanwydd. Adfywiodd hwnnw yng ngwres y tân, a glynodd wrth law Paul. Credai'r brodorion fod barn wedi disgyn ar Paul a'i fod yn cael ei gosbi gan y dduwies *Dikë,* (Cyfiawnder), ond pan welwyd nad oedd ei fraich yn troi'n ddu gan wenwyn ac nad oedd yn syrthio'n farw, ond ei fod yn hytrach yn ysgwyd y neidr oddi ar ei fraich i'r tân, aethant i gredu ei fod yn dduw.

Cafodd Paul a'i gyd-deithwyr letygarwch am dridiau gan dirfeddiannwr o'r enw Poplius. Roedd tad Poplius yn wael, 'yn dioddef gan byliau o dwymyn a chan ddisentri' (Act. 28:8).

Unwaith eto, gwelwn ddiddordeb Luc y meddyg. Aeth Paul at y claf a'i iacháu, trwy weddi ac arddodiad dwylo. Wrth ysgrifennu at eglwys Corinth (1 Cor. 12), cyfeiria Paul at rai yn yr eglwys a chanddynt ddawn iacháu, a gwelai'r weinidogaeth iacháu yn gweithio'n naturiol yn yr Eglwys Fore. Taenwyd yr hanes am iachâd tad Poplius ar led, a chludwyd cleifion o bob rhan o'r ynys at Paul i gael gwaredigaeth o'u clefydau. Llwythwyd Paul a'i gyfeillion ag anrhydeddau a rhoddion. Gan iddynt golli eu dillad a'u holl eiddo yn y llongddrylliad mae'n siŵr fod trigolion Melita wedi darparu pethau angenrheidiol o'r fath iddynt.

Buont ar ynys Melita am dri mis dros y gaeaf, o tua chanol Tachwedd hyd ganol Chwefror. Byddai'n ddiddorol gwybod sut y treuliodd Paul y misoedd hynny. Byddai'n sicr o fod wedi cenhadu a sefydlu eglwysi. Credir mai ar ynys fechan Salmonetha, neu Ynys Sant Paul, y digwyddodd y llongddrylliad. Ar yr ynys honno heddiw saif cerflun o Paul, yn bennoeth, a'i fraich dde wedi ei chodi a'i wyneb tua'r môr agored. Mae'n ddiddorol mai Publius a ystyrir fel esgob cyntaf Melita. Bu fyw tan 125 O.C. pan gafodd ei ferthyru yn ystod yr erledigaeth dan yr ymerawdwr Hadrian.

Cyrraedd Rhufain

Hwyliodd Paul a'i gyfeillion o Melita ar un o'r llongau oedd yn cludo ŷd o Alexandria i Rufain. Galwodd heibio i borthladdoedd Sisili a gwaelod de-orllewin yr Eidal. Disgynnai'r teithwyr i Rufain yn Putieoli, oddeutu pum diwrnod o gerdded o Rufain. Roedd eglwys eisoes wedi ei sefydlu yn Putieoli, a bu Paul yn aros gyda'r credinwyr yno am saith diwrnod. 'A dyna sut y daethom i Rufain,' meddai Luc (Act. 28:14). Pan glywodd Cristnogion Rhufain eu bod ar y ffordd aethant allan i'w cyfarfod, er mawr lawenydd i Paul. Wedi cyrraedd y ddinas cafodd letya ar ei ben ei hun, ond bod milwr yn ei warchod.

Yn yr olygfa olaf a geir gan Luc, mae Paul yn pregethu, nid i baganiaid Rhufain, ond i'w gyd-Iddewon, a'r rheini'n rhoi gwrandawiad teg a chwrtais iddo. 'Byddai'n derbyn pawb a ddôi i mewn ato, gan gyhoeddi teyrnas Dduw a dysgu am yr Arglwydd Iesu Grist yn gwbl agored, heb neb yn ei wahardd' (Act. 28: 30–31).

Cwestiynau i'w trafod

1. Pa nodweddion o gymeriad Paul a ddaw i'r amlwg yn hanes y fordaith i Rufain?

2. Ar ba sail y credai Paul y byddai pob un o'r teithwyr yn dod i'r lan yn ddiogel?

3. Beth dybiwch chi yw ystyr 'teyrnas Dduw' ym mhregethu Paul yn Rhufain?

11. Paul y Llythyrwr

Philipiaid 4: 10–23

Nid un llyfr yw'r Testament Newydd, ond casgliad o saith ar hugain o ddogfennau a ysgrifennwyd gan wahanol awduron dros gyfnod o hanner can mlynedd a mwy. Mae'r dogfennau hynny'n ymrannu'n *efengylau*, *hanes* (Llyfr yr Actau), *llythyrau* (yn cynnwys llythyrau Paul), a *llên apocalyptaidd* (sef Datguddiad Ioan, â'i weledigaethau rhyfeddol a'i symbolaeth a delweddau esoterig sy'n rhagfynegi'r dyfodol). Llythyrau yw'r ffurf lenyddol bwysicaf yn y Testament Newydd. O'r ddau ddeg a saith o 'lyfrau', mae dau ddeg un ohonynt yn llythyrau. O'r rheini, mae tri ar ddeg wedi eu hysgrifennu yn enw'r Apostol Paul, a'r cyfarchiad ar ddechrau pob un o'r rhain yn cychwyn â'r enw *Paul.*

Awduraeth y Llythyrau
Yng nghyfnod yr Eglwys Fore y dechreuodd yr arfer o gopïo'r llythyrau dan deitlau fel 'Epistol Paul at y Rhufeiniaid', neu 'Epistol Cyntaf Paul at y Corinthiaid' ac yn y blaen. Ac er na chyfeirir at Paul yn y Llythyr at yr Hebreaid ac nad oes unrhyw beth yn nhestun y llythyr i gyfiawnhau ei briodoli i Paul, aed ati o'r drydedd ganrif O.C. ymlaen i gynnwys y teitl 'Epistol Paul at yr Hebreaid' uwchben y llythyr hwnnw hefyd. Erbyn hyn, cytunir yn gyffredinol *nad* Paul oedd awdur Hebreaid ac na ddylid ei gynnwys yng nghorff y llythyrau Paulaidd – y *Corpus Paulinorum.*

Bu rhai ysgolheigion yn cwestiynu dilysrwydd rhai o'r llythyrau eraill, Effesiaid, 1 a 2 Timotheus a Titus er enghraifft. Ond o leiaf y mae pob un o'r llythyrau hyn yn nodi mai Paul yw'r awdur. Er i ambell feirniad hawlio fod yr arddull yn amrywio yn rhai o'r llythyrau, rhaid cofio fod pob awdur yn defnyddio arddull gwahanol wrth ysgrifennu at gyfaill ac at grŵp neu gymdeithas o bobl, megis eglwys. Rhaid cofio hefyd fod llythyrau Paul yn amrywio o ran eu cynnwys ac amgylchiadau eu hysgrifennu, a bod hynny'n debygol o fod wedi dylanwadu ar ei arddull i raddau.

Daw amrywiaeth eu cynnwys i'r golwg pan gofiwn mai trwy ei lythyrau y cadwodd Paul ei gysylltiad ag eglwysi unigol, yn enwedig y rhai a sefydlwyd o ganlyniad i'w waith cenhadol ef ei hun. Byddai'n anfon ei gofion atynt, yn mynegi ei werthfawrogiad o'u gwaith a'u hymroddiad, yn eu beirniadu pan oedd galw am hynny, yn cyfeirio at ddiffygion yn eu cymdeithas a'u bywyd, ac yn trafod agweddau ar eu cred a'u hymddygiad fel dilynwyr Iesu.

Ar ben hynny hefyd, gwyddom oddi wrth gyfeiriadau gan Paul ei hun ei fod ar adegau yn arddweud ei lythyrau i ysgrifennydd (*amanuensis*). O ganlyniad, gallai ei ddull o arddweud amrywio o lythyr i lythyr. Weithiau, byddai'n arddweud yn ofalus, air am air. Ar adegau eraill, efallai, rhoddai ar ddeall i'w ysgrifennydd beth a ddymunai ei ddweud a gadael i hwnnw wedyn ei roi yn ei eiriau ei hun; er enghraifft, 'Ac yr wyf finnau, Tertius, sydd wedi ysgrifennu'r llythyr hwn, yn eich cyfarch yn yr Arglwydd' (Rhuf. 16:22).

Yn ychwanegol at awduraeth y llythyrau a briodolir i Paul, mae'n bwysig hefyd ystyried *cefndir* pob llythyr a gofyn a yw'n gyfanwaith neu'n gyfuniad o rannau a gyfansoddwyd yn annibynnol ar ei gilydd? Ar gyfer pa ddarllenwyr y bwriadwyd y llythyr? Pa bryd ac ymhle yr ysgrifennwyd y gwaith? Beth oedd yr achlysur a gymhellodd yr awdur i'w gyfansoddi? Pa amcan neu amcanion oedd ganddo mewn golwg wrth ysgrifennu?

O ran cynllun y llythyrau, maent yn dilyn patrwm cyffredin ymysg llythyrwyr yn yr hen fyd, fel y gwelir o gymharu llythyrau Paul â llythyrau *papyrus* sydd wedi goroesi o law awduron eraill fel Pliny a Seneca. Er bod Paul yn ei lythyrau yn cyfarch unigolion ac yn anfon cofion oddi wrth ffrindiau a chydnabod, bwriadwyd y rhan fwyaf o'i lythyrau i'w darllen yn yr eglwysi. Er enghraifft, wrth ddiweddu ei lythyr at y Colosiaid dywed, 'A phan fydd y llythyr hwn wedi ei ddarllen yn eich plith chwi, parwch iddo gael ei ddarllen hefyd yn eglwys y Laodiceaid. Yr ydych chwithau hefyd i ddarllen y llythyr o Laodicea' (Col. 4: 16). Y mae'r Llythyr at y Colosiaid gennym, ond un o ddirgelion mawr y Testament Newydd yw beth a ddaeth o'r Llythyr i'r Laodiceaid.

Awgrymwyd sawl posibilrwydd gan esbonwyr. Un ohonynt yw bod y llythyr hwn at eglwys Laodicea wedi mynd ar goll, ac o bosibl fod hynny wedi digwydd hefyd i lythyrau eraill a ysgrifennodd Paul. O ystyried mai tri ar ddeg o lythyrau Paulaidd sydd gennym yn y Testament Newydd, a bod y rheini wedi eu hysgrifennu dros gyfnod o bymtheg mlynedd, mae'n fwy na phosibl fod nifer o lythyrau eraill o'i waith wedi mynd ar goll. Damcaniaeth arall yw mai'r Llythyr at yr Effesiaid, dan enw gwahanol, yw'r Llythyr at y Laodiceaid, a hynny oherwydd mai cylchlythyr (*encyclical*) y bwriadwyd iddo gael ei ddarllen ymysg holl eglwysi Asia Leiaf oedd Effesiaid, ac nid llythyr at eglwys Effesus yn unig. Mae eraill wedi awgrymu mai'r Llythyr at Philemon yw'r Llythyr at y Laodiceaid. Mae'r dirgelwch yn aros. Ond y pwynt pwysig yw mai arferiad cyffredin oedd anfon llythyrau Paul o eglwys i eglwys i'w darllen.

Dilynodd Paul batrwm tebyg i lythyrwyr eraill ei gyfnod wrth gyfansoddi ei lythyrau sef, cychwyn gyda *chyfarchiad,* gan gyfeirio at eglwys benodol neu unigolyn; ei gyflwr a'i amgylchiadau ei hunan, er enghraifft ei fod yn ysgrifennu o garchar; ac ychwanegu cyfarchiad ysbrydol: 'Gras a thangnefedd i chwi oddi wrth Dduw ein Tad a'r Arglwydd Iesu Grist'. Mae'r gair *gras* yn dynodi ymwneud Duw â hwy mewn cariad a thynerwch, a'r gair *tangnefedd* yn cyfateb i'r cyfarchiad Iddewig *shalom.* Mae'n bosibl fod Paul yn fwriadol yn cynnwys Iddewon a Chenedl-ddynion yn ei gyfarchiad. Yn ail, geiriau o *ddiolchgarwch,* i ddiolch i Dduw am ei ras a'i gariad; canmoliaeth i'r eglwys neu'r unigolion am eu ffyddlondeb i'r Efengyl a'u hymroddiad drosti; ac anogaeth i ddyfalbarhau. Mae am iddynt wybod ei fod yn cofio amdanynt yn gyson yn ei weddïau. Yn drydydd, *corff y llythyr,* sef y materion diwinyddol a moesol y dymuna dynnu sylw atynt. Hon yw adran bwysicaf pob llythyr, a gall ymestyn dros nifer o benodau fel yn y Llythyrau at y Rhufeiniaid a'r Corinthiaid gan ddelio ag amrywiaeth eang o bynciau athrawiaethol ac ymarferol. Yn bedwerydd, *anogaethau,* yn cynnwys cyfarwyddiadau ymarferol a gwybodaeth am symudiadau ei gydweithwyr. Yn olaf, *mawl a bendith,* sef moliant i Dduw am ei ofal ac am fendithion a grasusau'r Efengyl.

Llythyrau Paul a'i Deithiau

Nid yw'n hawdd deall pa bryd yn ystod ei yrfa genhadol y cyfansoddodd Paul ei lythyrau. Mae llawer yn dibynnu ar ein hagwedd at Actau'r Apostolion fel adroddiad hanesyddol am flynyddoedd cynnar yr Eglwys Gristnogol, ac at gwestiwn cysondeb yr hanesion yn yr Actau â'r cyfeiriadau a geir yn llythyrau Paul ei hun. O wybod pa mor ofalus oedd Luc fel hanesydd, yn ei efengyl yn ogystal ag yn Llyfr yr Actau, gallwn ragdybio fod ei adroddiad o dwf yr Eglwys Fore ac o hanes Paul yn ddibynadwy ac y gellir cysoni ei dystiolaeth ef â thystiolaeth Paul yn ei lythyrau.

A oes modd i ni felly lunio amlinelliad o yrfa Paul, o'i dröedigaeth hyd ei farwolaeth, a chanfod pa bryd ac ymhle y cyfansoddodd ei lythyrau? Fel man cychwyn, mae gennym arysgrif a ddarganfuwyd yn ninas Delphi yng Ngwlad Groeg yn 1905, sy'n ein galluogi i ddyddio blwyddyn teyrnasiad Galio yn Achaia rhwng haf 51 O.C. a haf 52 O.C. Dywed Luc wrthym i Paul ymddangos gerbron Galio yng Nghorinth yn ystod ei ail daith genhadol, a hynny oherwydd cyhuddiad o du'r Iddewon fod ei ddysgeidiaeth yn groes i Gyfraith Moses (Act. 18:12–17). Erbyn hynny, roedd Paul wedi bod yng Nghorinth am flwyddyn a hanner. Gallwn felly ddyddio gweinidogaeth Paul yng Nghorinth tua 51–52 O.C. O weithio'n ôl ac ymlaen o'r dyddiad hwnnw, gan ddilyn tystiolaeth Llyfr yr Actau a llythyrau Paul ei hun, gallwn ddilyn ei hanes yn fras a lleoli ei lythyrau oddi mewn i'r hanes hwnnw.

Gallwn ddechrau trwy ddyddio tröedigaeth Paul tua 34 O.C.; ei ymweliad cyntaf â Jerwsalem (Gal. 2:18-19; Act. 9: 26-30) tua 36 O.C.; ei ail ymweliad â Jerwsalem (Gal. 2:1-10; Act. 11:29, 12:25) tua 46 O.C.; ei daith genhadol gyntaf yn Ne Galatia (Act. 13 – 14) tua 47–48 O.C. Yn dilyn y daith honno, cynhaliwyd Cyngor Jerwsalem (Act. 15; Gal. 2:1–10) yn y flwyddyn 49 O.C.. Yn dilyn y Cyngor hwnnw y cyfansoddodd Paul ei Lythyr at y Galatiaid – llythyr sy'n rhoi i ni wybodaeth gan Paul ei hun am ei fywyd cynnar yn erlid yr Eglwys, ei dröedigaeth, ei gyfnod o encilio yn Arabia, ei ymweliad â Jerwsalem a'r tyndra rhyngddo a Phedr. Ond prif thema'r llythyr yw'r anghydfod a achoswyd gan y blaid Iddewig a fynnai fod rhaid i ddychweledigion o blith y Cenhedloedd ufuddhau i'r Gyfraith a derbyn eu henwaedu. Dadl fawr Paul yw bod ffydd yng Nghrist yn rhyddhau'r credadun o hualau'r Gyfraith, ac mai trwy ffydd yn hytrach na gweithredoedd yr oedd canfod bywyd tragwyddol.

Erbyn 50–51 O.C. yr oedd Paul yng Nghorinth yn ystod ei ail daith genhadol (Act. 18:1–18). Mae'n bur debyg mai yn ystod y cyfnod o flwyddyn a hanner a dreuliodd yng Nghorinth yr ysgrifennodd ei ddau lythyr at y Thesaloniaid. Yn 1 Thes. 3:1–2 dywed Paul iddo anfon Timotheus atynt i Thesalonica, eglwys a sefydlwyd ganddo yn ystod ei ail daith genhadol, i'w cadarnhau yn y ffydd. Wedi i Timotheus ddychwelyd, penderfynodd Paul anfon llythyr atynt i'w calonogi ac i fynegi ei werthfawrogiad o'u cynnydd a'u llwyddiant. O fewn blwyddyn neu ddwy, tua 52 O.C., cafodd achos i ysgrifennu eto at y Thesaloniaid; i fynegi ei bryder y tro hwn. Roedd wedi clywed fod syniadau cyfeiliornus am yr ail ddyfodiad wedi arwain rhai o'r credinwyr ar gyfeiliorn. Oherwydd eu bod yn credu fod yr ail ddyfodiad yn agos, roedd rhai wedi rhoi'r gorau i weithio er mwyn disgwyl y diwedd. Roedd eraill yn ymboeni ynghylch tynged y rhai a fyddai wedi marw cyn yr ail ddyfodiad. Roedd awgrym fod awdurdod Paul ei hun dan amheuaeth, a bod hynny'n arwain at raniadau o fewn yr eglwys. Amcan Paul wrth ysgrifennu'r ail lythyr hwn at aelodau'r eglwys hon oedd ceisio'u harwain yn ôl i lwybr y gwirionedd a'u hannog i ddiogelu undod yr eglwys.

Rhwng 52 a 55 O.C. yr oedd Paul, ar ei drydedd daith genhadol, wedi cyrraedd Effesus (Act. 19) lle treuliodd ddwy flynedd yn cenhadu, yn dysgu ac yn wynebu gwrthwynebiad ffyrnig am fod ei waith yn tanseilio masnach y ddinas. Ym marn nifer o esbonwyr amlwg, yn Effesus y cyfansoddodd Paul ei Lythyr at y Philipiaid. Gan mai 'llythyr o garchar' yw Philipiaid, tybiodd llawer mai o Rufain y cafodd ei anfon, ynghyd â'r llythyrau at y Colosiaid, Philemon a'r Effesiaid. Mae cynnwys Philipiaid mor annhebyg i gynnwys y llythyrau hyn, ond yn gwbl berthnasol i'r sefyllfa yn Effesus ar y pryd, ac felly ystyrir mai yno y lluniodd Paul y gwaith. O'r disgrifiad o'r cynnwrf yn ninas Effesus, mae'n ddigon tebyg mai yn ystod cyfnod yr helynt hwnnw y cafodd ei garcharu.

Y mae cytundeb cyffredinol mai yn Effesus, yn 55 O.C., y cyfansoddodd Paul ei lythyrau at y Corinthiaid. Yr oedd newyddion wedi ei gyrraedd fod ymgecru rhwng gwahanol garfannau yn rhwygo'r eglwys, a bod aelodau yn ymhél ag arferion anfoesol y gymdeithas baganaidd o'u hamgylch. Mae'n amlwg fod Paul wedi ceisio rhoi cyngor a chyfarwyddyd i'r eglwys mewn llythyr blaenorol. Meddai yn 1 Cor. 5:9, 'Ysgrifennais atoch yn fy llythyr, i ddweud wrthych am beidio â chymysgu â phobl sy'n cyflawni anfoesoldeb rhywiol'. Barn y rhan fwyaf o esbonwyr yw bod y llythyr hwn wedi ei golli. Mae eraill yn credu fod rhan ohono wedi ei gynnwys yn yr Ail Lythyr at y Corinthiaid, sef 6:14 – 7:1. Heb os, mae cynnwys yr adnodau hyn yn cyfateb i'r hyn sydd gan Paul dan sylw. Mae esbonwyr yn cyfeirio at y llythyr cyntaf coll fel *Y Llythyr Blaenorol.* Gwaith anodd yw ceisio datrys cymhlethdod gohebiaeth ac ymweliadau Paul ag eglwys Corinth. Ar gyfer ein pwrpas ni, digon yw nodi mai'r llythyrau hyn sy'n rhoi i ni'r darlun mwyaf cyflawn o Paul fel bugail ac arolygwr eglwys. Ynddynt, mae'n delio â nifer fawr o broblemau moesol ac ymarferol, ac yn rhoi i'w ddarllenwyr arweiniad clir i'r ffordd Gristnogol o fyw mewn amgylchfyd paganaidd.

Yn y blynyddoedd 55 a 56 O.C. bu Paul yn teithio ym Macedonia ac Achaia ac yn ymweld eto â Chorinth. Mae'n berffaith bosibl mai yng Nghorinth, yn ystod un o'i ymweliadau, y cyfansoddodd ei Lythyr at y Rhufeiniaid. Dywed ei fod yn edrych ymlaen yn eiddgar at wireddu ei uchelgais o ymweld â'r eglwys yn Rhufain. Ond yn ychwanegol at ei hysbysiad ei fod yn bwriadu ymweld â Christnogion Rhufain, aeth i'r drafferth o gyfansoddi llythyr maith yn trafod athrawiaethau ac egwyddorion sylfaenol y Ffydd Gristnogol. Meddai'r Athro Owen E. Evans, 'Prin y cafodd unrhyw ddogfen arall a gyfansoddwyd erioed ddylanwad mwy pwysfawr a phellgyrhaeddol ar hanes Cristionogaeth, neu hyd yn oed ar hanes y byd, nag a gafodd y ddogfen hon'. Yr hyn a'i cymhellodd i gyfansoddi dehongliad mor llawn o'r Efengyl oedd ei fod eisiau i Gristnogion Rhufain wybod beth yn union oedd ei safbwynt ar hanfod ei ffydd: 'yr Efengyl yr wyf fi'n ei phregethu' (Rhuf. 2:16). Hwyrach ei fod hefyd am rybuddio ei ddarllenwyr am ffurfiau eraill ar athrawiaeth gau oedd yn blino rhai o'r eglwysi.

Y Llythyrau o Garchar

Yn ystod y blynyddoedd 55 i 60 O.C. bu Paul ar ei ymweliad olaf â Jerwsalem (Act. 21:17–40); cafodd ei ddal a'i garcharu yng Nghesarea am dros ddwy flynedd (Act. 23 – 26); a chychwynnodd ar ei fordaith i Rufain (Act. 27). Rhwng 60 a 62 O.C. yr oedd yn garcharor yn Rhufain, wedi ei gyfyngu i'w lety mewn cadwynau, gyda milwr yn ei warchod (Act. 28). Cai dderbyn ymwelwyr, a byddai'n dal ar bob cyfle i 'dystiolaethu am deyrnas Dduw, a mynd ati i'w hargyhoeddi ynghylch Iesu ar sail Cyfraith Moses a'r proffwydi' (Act.28:23). I'r cyfnod hwn y priodolir y tri llythyr, Colosiaid, Philemon ac Effesiaid, a adweinir fel 'y llythyrau o garchar'.

Er bod rhai ysgolheigion wedi cwestiynu awduraeth Paul o'r Llythyr at y Colosiaid a bod rhai wedi amau ai yn Rhufain y cyfansoddwyd y gwaith, gan y gallai fod wedi ei ysgrifennu pan oedd Paul yn garcharor yn Effesus neu yng Nghesarea, barn y mwyafrif yw mai Rhufain oedd man ysgrifennu'r llythyr. Yr oedd eglwys Colosae yn cael ei phoeni gan athrawiaeth gau – a elwid yn 'heresi Colosae', sef cymysgedd o syniadau Iddewig, Groegaidd a Gnosticaidd. Amcan Paul yw rhybuddio'r aelodau rhag cael eu hudo gan y fath syniadau cyfeiliornus, a'u hannog i lynu wrth y gwirionedd.

Mae'n debygol fod y Llythyr at yr Effesiaid wedi'i fwriadu i fod yn gylchlythyr at nifer o eglwysi, yn cynnwys eglwys Effesus. Mae'n adlewyrchu'r agweddau hynny ar y ffydd a oedd fwyaf ym meddwl Paul tua diwedd ei yrfa: person Crist a'i berthynas â'r Eglwys ac â'r ddynolryw ac â'r cyfanfyd; undod yr Eglwys, a'r pwrpas aruchel y mae Duw yn ei gyflawni trwyddi; a breintiau a chyfrifoldeb Cristnogion unigol yn eu bywyd yn y byd.

Llythyr llawer mwy personol ei gynnwys yw Philemon, sef apêl Paul i'w gyfaill Philemon, un o arweinwyr eglwys Colosae, iddo dderbyn yn ôl ei gaethwas Onesimus a oedd wedi dianc oddi wrtho. Yr oedd Onesimus, ar ôl ffoi, wedi cyrraedd Rhufain ac wedi cyfarfod â Paul yno. Roedd Paul yntau wedi addo ysgrifennu ar ei ran at ei feistr.

Y mae'r ddau lythyr at Timotheus a'r llythyr at Titus mewn dosbarth ar wahân i brif lythyrau Paul gan iddynt gael eu cyfeirio at unigolion yn hytrach nag eglwysi, ac oherwydd eu natur a'u cynnwys. Er na cheir yn Llyfr yr Actau hanes dyddiau olaf Paul yn Rhufain mae lle i gredu iddo gael ei ryddhau o'i garchariad ac iddo ymweld ag Effesus, Creta a Macedonia, ac yna dychwelyd i Rufain, i'w garcharu eilwaith. Mae'n bosibl hefyd mai yn ystod ei ail garchariad, tua 62 neu 63 O.C, ychydig cyn ei ferthyru, y cyfansoddodd y llythyrau hyn. Eu pwysigrwydd yw eu bod yn awgrymu fel yr oedd bywyd a threfn yr Eglwys yn datblygu erbyn ail hanner y ganrif gyntaf.

Cwestiynau i'w trafod

1. Pa fath o ddarlun o Paul fel bugail ac arweinydd eglwys a geir o'i lythyrau?

2. Pa broblemau a godai i eglwysi ifanc wedi i Paul ymadael â hwy?

3. Beth a ddysgwn am Paul o'i lythyrau mwy personol at ei gyfeillion?

12. Paul y Diwinydd

Galatiaid 1: 11–17; 1 Corinthiaid 15:1–8

Yr oedd yr Apostol Paul nid yn unig yn ddisgybl ffyddlon i'r Arglwydd Iesu Grist ac yn genhadwr dewr a blaengar, yr oedd hefyd yn un o'r mwyaf o ddiwinyddion yr Eglwys Gristnogol. Cafodd ddylanwad pellgyrhaeddol ar yr Eglwys Fore yn ystod ei fywyd, ond ymledodd ei ddylanwad hefyd dros holl ganrifoedd cred. O Awstin o Hippo yn y bedwaredd ganrif, hyd at Luther a Calfin yn yr unfed ganrif ar bymtheg a diwinyddion rhyddhad America Ladin yn yr ugeinfed ganrif, cafodd saint, diwygwyr a diwinyddion yr oesau eu herio a'u hysbrydoli gan ei weithiau. Yn hanesyddol, saif Paul yn ail i Iesu'n unig fel meddyliwr arloesol y cymunedau Cristnogol cynnar a'r Eglwys fyd-eang ym mhob oes.

Llythyru a diwinydda

Beth, felly, yw cynnwys ffydd a neges Paul? Haws gofyn y cwestiwn na'i ateb. Er mai Paul oedd awdur y drydedd ran o lyfrau'r Testament Newydd, ni ellir ystyried yr un ohonynt yn ddogfen ddiwinyddol sy'n egluro'n systematig ei ddehongliad o'r Ffydd Gristnogol. Wrth geisio esbonio a gosod dysgeidiaeth Paul mewn trefn, yr ydym yn mentro gwneud yr hyn na wnaeth Paul ei hun. Dewisodd fynegi ei safbwynt ar nifer o wahanol bynciau mewn llythyrau yn hytrach na thraethodau neu lyfrau diwinyddol, a'r rheini'n llythyrau at bobl arbennig ac yn ymdrin â sefyllfaoedd arbennig. Wrth iddo ymateb i amgylchiadau a phroblemau eglwysi penodol y deuwn i ddeall beth oedd ei safbwynt ar nifer o wahanol agweddau ar ffydd a buchedd y Cristion.

Wrth iddo ddod i wrthdrawiad â'r Iddewon ceidwadol yn eglwysi Asia Leiaf – yn ei Lythyr at y Galatiaid – y deuwn i wybod ei safbwynt ar berthynas y Cristion â gofynion Cyfraith Moses. Oni bai iddo fynd i'r afael â'r rhaniadau yn eglwys Corinth – yn 1 a 2 Corinthiaid – ni fyddem wedi elwa ar ei ddehongliad o'r Eglwys fel corff Crist, a'i bwyslais ar undod rhwng credinwyr. Wrth iddo – yn ei Lythyr at y Colosiaid – rybuddio aelodau'r eglwys honno o beryglon yr heresi oedd yn ymledu yn eu plith y gwnaeth un o'i ddatganiadau mwyaf aruchel am fawredd a gogoniant y Crist cosmig. Allan o'i brofiad fel cenhadwr, bugail ac arweinydd eglwysig, a'i ymdrechion i osod trefn ar fywyd a thystiolaeth y cymunedau Cristnogol cynnar, y datblygodd ei ddysgeidiaeth a'i argyhoeddiadau am waith achubol Duw yn Iesu Grist. Ni fwriadodd erioed i'w lythyrau fod yn esboniad cynhwysfawr o'i gred bersonol nac ychwaith yn fath o 'gyffes ffydd' i'r Eglwys Fore. Ac felly, mae arnom angen gofal a sensitifrwydd wrth geisio dadansoddi cynnwys ei lythyrau a phlethu cyfeiriadau at brif bynciau'r ffydd sydd ganddo yn ei wahanol lythyrau i greu patrwm cynhwysfawr o'r hyn y gellid ei alw yn 'ddiwinyddiaeth yr Apostol Paul'. Wedi dweud hynny, gellir canfod y prif elfennau yn ei gred a'i ddysgeidiaeth.

Ym mlynyddoedd cynnar yr Eglwys, dechreuodd Cristnogion ddiffinio cynnwys eu cred. Ar y pryd nid oedd na chredo swyddogol na chyffes ffydd i'w cael. Allan o'u profiadau personol o'r Crist byw, atgofion y disgyblion cyntaf a'u casgliadau o ddywediadau Iesu a hanesion amdano, eu hymwybyddiaeth o waith yr Ysbryd Glân yn eu plith, eu cefndir Iddewig, ac yn arbennig ddysgeidiaeth y proffwydi yr aeddfedodd eu ffydd a'u cyffes fel dilynwyr Iesu – y rhoed iddynt yn gynnar iawn yr enw 'Cristionogion' (Act. 11:26). Un gŵr a wnaeth gyfraniad nodedig i'r broses o ddiffinio Ffydd yr Eglwys yn y blynyddoedd cynnar hynny oedd yr Apostol Paul.

Seiliau Ffydd Paul

Beth oedd seiliau ffydd Paul? Pa ffactorau oedd yn gyfrifol am ffurfio craidd ei gred Gristnogol? O'r hanes amdano yn Llyfr yr Actau, ac o'r dystiolaeth a geir yn ei lythyrau gellir nodi tair ffactor.

Y ffactor cyntaf oedd *ei brofiad ar ffordd Damascus*. Newidiwyd holl gwrs ei fywyd a natur ei ffydd gan ddigwyddiadau'r diwrnod tyngedfennol hwnnw. Pan adawodd Paul Jerwsalem i fynd i ddal a chosbi 'pobl y Ffordd' (Act. 9:2) yr oedd yn Iddew o argyhoeddiad. Yr oedd yn gwbl sicr mai ffydd hynafol ei genedl – Cyfraith Moses a dehongliad y Phariseaid ohoni – oedd hanfodion gwir grefydd. Wedi gwrando ar gyffes Steffan a rhai o arweinwyr eraill sect newydd dilynwyr y Nasaread, cafodd ei gynddeiriogi gan y syniad y gallai proffwyd crwydrol, di-nod o Galilea, a fu farw mewn cywilydd ar groesbren, ddisodli'r Gyfraith, heb sôn am syniad gorffwyll ei ddilynwyr mai hwn oedd Meseia hir-ddisgwyliedig Israel. I Paul, ffyddlondeb i ofynion y Gyfraith ac i ddefodau Iddewiaeth oedd yr unig ffordd o gyflawni ewyllys Duw. O ganlyniad, roedd yn benderfynol o wneud yr hyn a allai i ddadwreiddio ac i roi terfyn ar syniadau cyfeiliornus dilynwyr Iesu.

Roedd Paul y Pharisead yn adnabyddus am ei ymrwymiad i Iddewiaeth a'i benderfyniad i erlid yr Eglwys. Meddai yn ei Lythyr at y Galatiaid, 'Fe glywsoch am fy ymarweddiad gynt yn y grefydd Iddewig, imi fod yn erlid eglwys Dduw i'r eithaf ac yn ceisio'i difrodi hi, ac imi gael y blaen, fel crefyddwr Iddewig, ar gyfoedion lawer yn fy nghenedl, gan gymaint mwy fy sêl dros draddodiadau fy hynafiaid' (Gal. 1:13–14).

Felly, roedd yr hyn a ddigwyddodd iddo ar y ffordd i Ddamascus yn gwbl annisgwyl. O ganlyniad i'w gyfarfyddiad â'r Iesu byw newidiwyd ei ffydd, ei werthoedd, ei agwedd at y credinwyr Cristnogol a'i fwriad i'w herlid, a throes oddi wrth fod yn elyn i ddilynwyr Crist at fod yn gefnogwr ac yn genhadwr drosto. Roedd yn gwbl naturiol, felly, i'r fath newid radical fod yn fan cychwyn i'w ffydd a'i ddehongliad o arwyddocâd Iesu fel Mab Duw a Meseia. Dywed ei hun fod yr Efengyl a bregethai yn ganlyniad datguddiad uniongyrchol iddo: 'Yr wyf am roi ar ddeall i chwi, gyfeillion, am yr Efengyl a bregethwyd gennyf fi, nad rhywbeth dynol mohoni. Oherwydd nid ei derbyn fel traddodiad dynol a wneuthum, na chael fy nysgu ynddi chwaith; trwy ddatguddiad Iesu Grist y cefais hi' (Gal. 1:11–12).

Er iddo hawlio mai trwy ddatguddiad y daeth i weld ystyr yr Efengyl, roedd ei ddealltwriaeth o'r Efengyl honno'n gwbl gyson â chenadwri Iesu ei hun ac â chyffes a thystiolaeth y Cristnogion cynnar o'i flaen. Ond trwy gydol ei yrfa byddai'n cyfeirio'n ôl at brofiad ffordd Damascus fel man cychwyn ei ffydd a'i symbyliad i genhadu. Yn ei amddiffyniad gerbron ei gyd-Iddewon yn Jerwsalem (Act. 22:1–16), a cherbron y Brenin Agripa yng Nghesarea (Act. 26:12–18), mae'n esbonio'r modd y cyfarfu â'r Iesu byw pan oedd ar ei ffordd i Ddamascus i ddal a charcharu dilynwyr yr Iesu hwnnw. Wrth adrodd yr hanes gerbron Agripa, ychwanegodd fod Iesu wedi ei benodi wedyn yn was ac yn dyst iddo'i hun, a'i fod yntau wedi ufuddhau i'r gorchymyn i bregethu i Iddewon ac i Genedl-ddynion fel ei gilydd.

Y gwirioneddau a wawriodd arno o ganlyniad i'w dröedigaeth ysgytiol oedd bod Iesu'n fyw; mai Iesu oedd Mab Duw a'r Meseia a ddisgwyliai'r Iddewon; ei fod ar waith trwy ei ddilynwyr, yr Eglwys (oherwydd wrth eu herlid hwy yr oedd mewn gwirionedd wedi erlid Iesu ei hun); fod Paul ei hun wedi ei alw i bregethu'r newyddion da am Iesu'n dod i waredu pobl o'u tywyllwch; a bod angen i bobl edifarhau a derbyn maddeuant pechodau (Act. 26:17–18). O brofiad ffordd Damascus y deilliodd yr holl agweddau hyn ar yr Efengyl.

Yr ail ffactor a fu'n sail i ffydd Paul oedd *yr hyn a glywodd gan eraill am Iesu a'i waith.* Hawliai Paul i'w gred yn Iesu fel Arglwydd a Meseia ddod iddo trwy weledigaeth uniongyrchol, a dywed am yr Efengyl a bregethwyd ganddo, 'nid ei derbyn fel traddodiad dynol a wneuthum, na chael fy nysgu ynddi chwaith' (Gal. 1:11). Ac eto, mae'n gwbl naturiol y byddai wedi dysgu rhywfaint am Iesu oddi wrth yr hyn a glywsai o enau'r credinwyr y bu'n eu dal a'u carcharu. A chan fod yr apostolion cynnar yn pregethu'n gyhoeddus yn ninas Jerwsalem, byddai'r stori am Iesu a'r hyn a gredai ei ddilynwyr am ei groeshoeliad a'i atgyfodiad wedi cyrraedd clustiau llawer iawn o'r boblogaeth, yn enwedig felly'r Phariseaid a'r awdurdodau crefyddol, Iddewig. A chofier mai un o'r Phariseaid oedd Paul ei hun.

Gwyddom o Lyfr yr Actau iddo dreulio cyfnod yn Jerwsalem yn astudio'r Gyfraith dan yr athro enwog Gamaliel, ond nid oes unrhyw dystiolaeth iddo weld Iesu erioed. Yn wir, ceir awgrym clir na welodd Iesu yn y cnawd: 'Hyd yn oed os buom yn ystyried Crist o safbwynt dynol, nid ydym yn ei ystyried felly mwyach' (2 Cor. 5:16). Hyd yn oed ar ôl ei dröedigaeth, nid yw Paul yn dweud fawr am fywyd daearol Iesu. Nid yw'n cyfeirio yn ei lythyrau at hanesion am Iesu na'i ddamhegion, ac ychydig iawn yw'r dyfyniadau o'i ddysgeidiaeth. Mae'n bur annhebygol iddo fod yn dyst i groeshoeliad Iesu, ond daeth i wybod digon am ei farwolaeth i ystyried y syniad o Feseia yn marw ar groes yn 'dramgwydd i'r Iddewon ac yn ffolineb i'r Cenhedloedd' (1 Cor. 1:23).

Yn dilyn y weledigaeth a gafodd ar ffordd Damascus dywed Paul ei fod wedi encilio i Arabia, gan dreulio tair blynedd yno cyn dychwelyd i Jerwsalem i'w gyflwyno'i hun i'r apostolion. Y mae'n anodd deall pam y dewisodd gadw draw o Jerwsalem am gyfnod mor hir. Byddem yn tybio y byddai'n awchu i gyfarfod â'r apostolion oedd wedi adnabod yr Arglwydd Iesu ac wedi ei ddilyn trwy gydol ei weinidogaeth, ond mae'n ymddangos nad oedd ganddo ddiddordeb mewn gwneud hynny. Mae'n debyg mai'r prif reswm oedd ei fod am ddangos fod ganddo lawn gymaint o hawl â hwy i gael ei ystyried yn apostol, ar sail y weledigaeth ar ffordd Damascus.

Wedi dweud hynny, ceir awgrymiadau yma a thraw o'i ddyled i'r rhai a welodd Iesu yn y cnawd, yn enwedig y rhai a'i gwelodd yn fyw wedi'r atgyfodiad. Meddai, wrth drafod hanes ac arwyddocâd yr atgyfodiad yn ei Lythyr cyntaf at y Corinthiaid: 'Oherwydd yn y lle cyntaf, traddodais i chi yr hyn a dderbyniais: i Grist farw dros ein pechodau ni, yn ôl yr Ysgrythurau; iddo gael ei gladdu, a'i gyfodi y trydydd dydd, yn ôl yr Ysgrythurau; ac iddo ymddangos i Ceffas, ac yna i'r Deuddeg. Yna, ymddangosodd i fwy na phum cant o'i ddilynwyr ar unwaith – ac y mae'r mwyafrif ohonynt yn fyw hyd heddiw, er bod rhai wedi huno. Yna, ymddangosodd i Iago, yna i'r holl apostolion. Yn ddiwethaf oll, fe ymddangosodd i minnau hefyd, fel i ryw erthyl o apostol' (1 Cor. 15:3–8).

Sut y byddai Paul yn gwybod am yr ymddangosiadau gwahanol hyn oni bai iddo gael yr hanes o enau Ceffas, y Deuddeg, Iago ac eraill o'r apostolion? Y geiriau arwyddocaol yn yr adran hon yw *traddodais* a *derbyniais*. Yn y blynyddoedd cynnar, cyn gosod dywediadau a dysgeidiaeth Iesu mewn ysgrifen, a chyn i'r un o'r pedair efengyl ymddangos, trwy'r gair llafar y traddodwyd hanes a neges Iesu ac atgofion yr apostolion amdano, yn enwedig yr hanes am ei groeshoeliad a'i atgyfodiad. Trwy'r *traditio* (sy'n rho i ni'r gair *traddodiad*) y gwnaed y newyddion da am Iesu yn hysbys wrth i'r naill dyst a'r llall rannu eu hatgofion. A byddai Paul yn sicr yn gyfarwydd â'r sôn am Iesu cyn ac ar ôl ei dröedigaeth.

Enghraifft arall o'r *traditio* ar waith yw disgrifiad Paul o sefydlu Swper yr Arglwydd. 'Oherwydd fe dderbyniais i oddi wrth yr Arglwydd yr hyn hefyd a draddodais i chwi ...' (1 Cor. 11:23). Traddodwyd i Paul, ac i gredinwyr newydd, yr hanes am y Swper Olaf a gorchymyn Iesu i'w ddilynwyr, 'Gwnewch hyn er cof amdanaf' (1 Cor. 11:24). Er bod Paul yn ymarhous i gydnabod ei ddyled i'r apostolion ac i'r traddodiad llafar cynnar, byddai'n sicr wedi derbyn llawer o wybodaeth oddi wrth eraill oedd wedi bod yn llygad-dystion i fywyd, croeshoeliad ac atgyfodiad Iesu.

Ei Etifeddiaeth Iddewig

Trydydd ffactor a oedd yn sail i gred Gristnogol Paul, ac un yr oedd yn fwy parod i'w chydnabod, oedd *ei etifeddiaeth Iddewig.* Bu'n rhaid i Paul fynd i'r afael â nifer o gwestiynau dyrys a godai wrth ystyried perthynas crefydd Crist â'r grefydd Iddewig a'i gofynion. Ar y naill law cyfaddefai ei ddyled i'w etifeddiaeth Iddewig, ond ar y llaw arall bu'n rhaid iddo gydnabod yn y diwedd fod ffydd yng Nghrist yn dirymu'r Gyfraith ac yn disodli'r hen drefn.

Ei ffydd Iddewig oedd yn galluogi Paul i ddeall arwyddocâd *Meseianaidd Iesu Grist.* Iddew oedd Iesu, ond yng ngoleuni ei aberth ar y groes a'i atgyfodiad, daeth Paul i weld mai ef oedd Meseia hir-ddisgwyliedig Israel. Fel eraill o'i gyd-Iddewon, gweddïai Paul am ddyfodiad y Meseia a fyddai'n cychwyn oes newydd o heddwch a chyfiawnder i Israel. Heb amheuaeth, byddai wedi meddwl am y Meseia fel arweinydd milwrol a fyddai'n rhyddhau Israel oddi wrth orthrwm ei gelynion. Ond yn ei brofiad ar ffordd Damascus daeth i weld fod Duw wedi dewis datguddio ei Fab iddo (Gal. 1:15–16). Disgrifiodd y profiad hwn fel goleuni yn llewyrchu mewn tywyllwch: 'Oherwydd y Duw a ddywedodd, "Llewyrched goleuni o'r tywyllwch," a lewyrchodd yn ein calonnau i roi i ni wybodaeth am ogoniant Duw yn wyneb Iesu Grist'. O hynny ymlaen, a thrwy bob un o'i lythyrau, rhoddai i Iesu'r teitl a gedwid cyn hynny i Dduw yn unig, sef 'yr Arglwydd'.

Syniad Iddewig arall a fu o gymorth i Paul wrth iddo gyflwyno'r Efengyl i'w gyd-Iddewon oedd y *Cyfamod*. Sail y Cyfamod oedd addewid Duw i Abraham ac i'w bobl ym mhob oes y byddai Duw'n ffyddlon iddynt ac y byddai yn y diwedd yn eu gwaredu. Ond i fod yn rhan o'r Cyfamod, roedd gofyn i bob Iddew gadw Cyfraith Moses yn ei holl fanylion, rhywbeth y gwyddai Paul o brofiad oedd yn gwbl amhosibl. Yr unig un a lwyddodd i ufuddhau'n llwyr i Gyfraith Duw oedd Iesu. Trwy ei groes a'i atgyfodiad, cymerodd Iesu arno'i hun fethiant a chywilydd y ddynolryw trwy ddiddymu grym y Gyfraith. Ni roddodd Paul esboniad boddhaol o'r modd yr oedd y groes yn rhyddhau pobl o hualau'r Gyfraith, ond yr oedd yn gwbl sicr o'i effeithiau: 'A ninnau yn awr wedi ein cyfiawnhau trwy ei waed ef, y mae'n sicrach fyth y cawn ein hachub trwyddo ef rhag y digofaint' (Rhuf. 5:9). Roedd esboniad o'r fath yn gwbl ystyrlon i Iddewon, ac yn enghraifft o Iddewiaeth Paul yn gymorth iddo ddeall a chyhoeddi'r newyddion da am Iesu.

Thema Iddewig arall a fu o gymorth i Paul ddeall ystyr dyfodiad Iesu i'r byd oedd y syniad y byddai Duw'n ymweld â'i bobl ar *Ddydd yr Arglwydd* – digwyddiad a fyddai'n rhannu amser rhwng 'yr oes bresennol' a'r 'oes i ddyfod'. Ystyriwyd 'yr oes bresennol' yn gyfnod tywyll, pechadurus, gyda'r drygionus yn llwyddo a'r ffyddloniaid yn cael eu gormesu. Byddai'r 'oes i ddyfod' yn gyfnod o adfer y genedl, o wasgaru gelynion Israel ac o sefydlu heddwch a chyfiawnder ar y ddaear. Rhwng y ddwy oes, ceid Dydd yr Arglwydd pan fyddai Duw'n ymddangos mewn gogoniant a barn i sefydlu'r 'oes i ddyfod', neu deyrnas Dduw. Gwelai Paul fod oes y deyrnas wedi cychwyn gyda dyfodiad yr Arglwydd Iesu. Ond nid oedd y deyrnas wedi dod yn ei llawnder eto; digwyddai hynny pan wawriai Dydd yr Arglwydd, sef ailddyfodiad Iesu mewn gogoniant: 'Erbyn hyn, y mae ein hiachawdwriaeth yn nes atom nag oedd pan ddaethom i gredu. Y mae'r nos ar ddod i ben, a'r dydd ar wawrio. Gadewch inni, felly, roi heibio weithredoedd y tywyllwch, a gwisgo arfau'r goleuni' (Rhuf. 13:11–12). Yn nyfodiad Iesu y caiff gobaith apocalyptaidd Israel ei wireddu.

Cwestiynau i'w trafod

1. *Beth a olygwn wrth y gair 'diwinydd'?*

2. *'Profiad personol yw'r elfen bwysicaf mewn ffydd.' Ydych chi'n cytuno?*

3. *Sut ddylem ni heddiw fod yn 'traddodi' ein ffydd Gristnogol i'r genhedlaeth sy'n codi?*

13. Duw Israel a Thad yr Arglwydd Iesu

Rhufeiniaid 1:18–23; 8:14–17

Wrth geisio dehongli meddwl yr Apostol Paul rhaid cychwyn gyda'i gred yn Nuw. Duw yw sail a man cychwyn ei ffydd, ei weithgarwch a'i ddiwinyddiaeth. Prif gymhelliad ei waith cenhadol a'i lythyru yw ufuddhau i alwad ac ewyllys Duw: 'Paul, gwas Iesu Grist, sy'n ysgrifennu, apostol trwy alwad Duw, ac wedi ei neilltuo i wasanaeth Efengyl Duw' (Rhuf.1:1); 'Paul, apostol Crist Iesu trwy alwad a thrwy ewyllys Duw' (1 Cor. 1:1); 'Paul, apostol – nid o benodiad dynol, na chwaith trwy awdurdod neb dynol, ond trwy awdurdod Iesu Grist a Duw Dad' (Gal. 1:1). Defnyddia Paul y gair *Duw* 548 o weithiau yn ei lythyrau; 153 gwaith yn Rhufeiniaid yn unig. Mae cyfeiriadau di-rif at 'Fab Duw', 'anwylyd Duw', 'digofaint Duw', 'ewyllys Duw', 'gogoniant Duw', 'nerth Duw', 'cyfiawnder Duw', 'barn Duw' a 'gwirionedd Duw' yn frith yn ei Lythyr at y Rhufeiniaid. Ond er yr holl gyfeiriadau hyn, nid yw Paul yn gwneud unrhyw ymgais i ddiffinio'i gred am Dduw, na'i syniadau am natur a chymeriad Duw mewn unrhyw ddull systematig. Y rheswm am hynny oedd bod ei gred mor gyffredin yn ei gyfnod fel nad oedd angen iddo ddehongli na chyfiawnhau'r gred honno. Yr oedd yn egwyddor sylfaenol ac yn wireb a gymerwyd yn gwbl ganiataol ganddo ef a'i gyd-Iddewon, a'i gyd-gristnogion hefyd.

Un Duw Sydd

I ddeall y cyswllt rhwng cyfeiriadau amrywiol Paul at Dduw, ac i geisio eu gosod mewn patrwm cydlynol, rhaid eu gweld yng nghyd-destun y gred am Dduw oedd yn gyffredin i'w gyfoedion a'i ddarllenwyr, yn enwedig felly ei gyd-Iddewon. Blas Iddewig sydd ar lawer o'i gyfeiriadau at Dduw yn y Llythyr at y Rhufeiniaid. Er enghraifft, 'bendigedig yw ef am byth' (Rhuf. 1:25), 'y Duw sy'n barnu'r byd' (Rhuf. 3:5), 'y Duw sy'n gwneud y meirw'n fyw' (Rhuf. 4:17), Duw 'sy'n chwilio calonnau dynol' (Rhuf. 8:27) ac yn y blaen. Ni newidiwyd ei gred yn Nuw gan ei dröedigaeth. Duw Genesis, y Creawdwr, yw'r un a lewyrchodd oleuni ei ogoniant arnom yn Iesu Grist (2 Cor. 4:6; gw. Gen. 1:3). Y Duw a alwodd Jeremeia oedd yr un Duw a'i galwodd yntau (Gal. 1:15; gw. Jer. 1:5). Yr un yw Duw ei Gristnogaeth â Duw ei Iddewiaeth.

Y prif elfennau Iddewig yng nghred Paul yn Nuw oedd, undduwiaeth, Duw'r Creawdwr, Duw'r Barnwr a Duw cenedl Israel. Y gyntaf ohonynt yw *undduwiaeth*, sef y gred Iddewig sylfaenol mai un Duw sydd. Fel Iddew da, byddai Paul wedi'i fagu i adrodd yn ddyddiol y *Shema:* 'Gwrando, O Israel: y mae'r Arglwydd dy Dduw yn un Arglwydd. Câr di yr Arglwydd dy Dduw â'th holl galon ac â'th holl enaid ac â'th holl nerth' (Deut. 6:4). Yr un modd, yr oedd y Deg Gorchymyn, y datganiad sylfaenol o ofynion y Gyfraith, yn dechrau gyda'r geiriau, 'Na chymer dduwiau eraill ar wahân i mi' (Ex. 20:3). Gan mai un Duw sydd, bu Iddewiaeth o'r dechrau yn ddigymrodedd yn ei chondemniad o eilunaddoliad.

Rhannai Paul eu hatgasedd o dduwiau dieithr. Wrth rybuddio credinwyr Corinth o'r peryglon o fwyta bwyd wedi ei aberthu i eilunod mae'n eu hatgoffa, 'nad oes "dim eilun yn y cyfanfyd", ac nad oes "dim Duw ond un"' (1 Cor. 8:4). Dywed Luc fod Paul wedi cael ei gythruddo yn Athen 'wrth weld y ddinas yn llawn eilunod' (Act. 17:16). 'Un yw Duw' (Rhuf. 3:30), meddai, wrth fynnu ei fod yn Dduw'r Iddewon a'r Cenhedloedd hefyd. Ac yn annisgwyl yn un o'r diweddaraf o'i lythyrau, sef 1 Timotheus, ceir ganddo'r datganiad cliriaf o undduwiaeth Iddewig: 'Ac i Frenin tragwyddoldeb, yr anfarwol a'r anweledig a'r unig Dduw, y byddo'r anrhydedd a'r gogoniant byth bythoedd!' (1 Tim. 1:17), ac 'Oherwydd un Duw sydd, ac un cyfryngwr hefyd rhwng Duw a dynion' (1 Tim. 2:5). Ac eto, ceir cyfeiriad at 'yr unig Bennaeth bendigedig, Brenin y brenhinoedd, Arglwydd yr arglwyddi' (1 Tim. 6:15).

Nid oedd y cefndir Iddewig i gred Paul yn Nuw yn rhwystr i'r Cenedl-ddynion a ddeuai i gredu yn Iesu gan fod llawer ohonynt eisoes wedi eu denu at Iddewiaeth gan y gred Iddewig mewn un Duw. Roedd llawer ohonynt yn mynychu synagogau Iddewig y Diaspora. I Paul, mae troi at Iesu'n golygu hefyd droi oddi wrth eilunod at y Duw sydd eisoes wedi ei ddatguddio'i hun yn hanes yr Iddewon. Mae'n atgoffa'r

Thesaloniaid o'r 'modd y troesoch at Dduw oddi wrth eilunod, i wasanaethu'r gwir Dduw byw, ac i ddisgwyl ei Fab o'r nefoedd' (1 Thes. 1:9–10). Mae'n feirniadol iawn o'r rhai sy'n colli golwg ar ogoniant Duw am eu bod yn rhoi eu bryd ar eilunod. Dywed eu bod 'wedi troi eu meddyliau at bethau cwbl ofer; ac y mae wedi mynd yn dywyllwch arnynt yn eu calon ddiddeall. Er honni eu bod yn ddoeth, y maent wedi eu gwneud eu hunain yn ffyliaid. Y maent wedi ffeirio gogoniant yr anfarwol Dduw am ddelw ar lun dyn marwol, neu adar neu anifeiliaid neu ymlusgiaid' (Rhuf. 1:21–22).

Yr ail elfen yn y syniad Iddewig am Dduw oedd yn bwysig i Paul oedd mai *Duw'r Creawdwr* yw Duw. Yn ôl Paul, gwnaeth Duw ei hun yn hysbys i bawb yn ei gread: 'er pan greodd Duw y byd, y mae ei briodoleddau anweledig ef, ei dragwyddol allu a'i dduwdod, i'w gweld yn eglur gan y deall yn y pethau a greodd' (Rhuf.1:20). Yn wahanol i'r gogwydd Groegaidd, a oedd yn tueddu i ystyried y byd creedig yn aflan a'r materol yn llygredig, mae agwedd Paul yn adleisio safbwynt Genesis, sef fod popeth a grëwyd gan Dduw yn dda. Y mae dyn wedi ei greu 'ar ddelw Duw ac yn ddrych o'i ogoniant ef' (1 Cor. 11:7). Gellir bwyta 'popeth a werthir yn y farchnad gig ... Oherwydd eiddo'r Arglwydd yw'r ddaear a'i llawnder' (1 Cor. 10:25–26, yn dyfynnu o Salm 24:1). 'Mi wn i sicrwydd yn yr Arglwydd Iesu, nad oes dim yn aflan ohono'i hun' (Rhuf. 14:14). Mae'n tanlinellu'r un gwirionedd yn y geiriau hyn eto; 'Oherwydd y mae pob peth a greodd Duw yn dda' (1 Tim. 4:4).

Ac felly mae'n dilyn fod gweithred Duw yn atgyfodi'r meirw, uchafbwynt ei bwrpas achubol, yn wedd arall ar ei waith yn creu. Ef yw'r 'Duw sy'n gwneud y meirw'n fyw, ac yn galw i fod yr hyn nad yw'n bod' (Rhuf. 4:17). Mae gwaith Duw yn creu yn un â'i waith yn achub. Yn Iesu 'y crëwyd pob peth yn y nefoedd ac ar y ddaear' a thrwyddo ef, wedi gwneud heddwch trwy ei waed ar y groes, y gwelodd Duw yn dda 'i gymodi pob peth ag ef ei hun, y pethau sydd ar y ddaear a'r pethau sydd yn y nefoedd' (Col. 1:16, 20). Mae gwaith achubol Duw yn cynnwys cymodi 'pob peth' ag ef ei hun – y materol a'r ysbrydol, y byd hwn a'r nefoedd – ac adnewyddu popeth ar ddelw'r Creawdwr. Yr un yw Duw'r Creawdwr â Duw'r Gwaredwr.

Duw y Genedl a'r Cenhedloedd

Y drydedd elfen yn y syniad Iddewig am Dduw oedd yn dylanwadu ar feddwl Paul oedd mai *Duw Israel* yw Duw. Roedd pob Iddew yn ystyried fod yr Un Duw, sy'n Greawdwr ac yn Waredwr, hefyd yn Dduw Israel, a hynny nid yn unig o ran bod yr Iddewon yn ei gyffesu a'i addoli fel y gwir Dduw, ond am eu bod wedi eu dewis yn benodol i fod yn bobl arbennig iddo. 'Y mae'r Arglwydd eich Duw wedi eich dewis o blith yr holl bobloedd sydd ar wyneb y ddaear, i fod yn bobl arbennig iddo ef' (Deut. 7:6). Hynny yw, mae'r un Duw nid yn unig wedi ei ddatguddio'i hun i bobl Israel trwy Moses a'r tadau, y mae hefyd wedi dewis Israel i fod mewn perthynas unigryw ag ef ei hun.

Yn anorfod, roedd y syniad hwn yn creu tensiwn o fewn y meddwl Iddewig rhwng neilltuoldeb ar y naill law (sef fod Duw yn Dduw Israel yn unig), a chyffredinoliaeth ar y llaw arall (sef ei fod yn Dduw i bawb). Roedd y proffwydi'n ymwybodol o'r tyndra rhwng perthynas arbennig Duw ag Israel a'r weledigaeth o holl genhedloedd y ddaear yn esgyn i fynydd yr Arglwydd ac i'r deml: 'Dylifa'r bobloedd ato, a daw cenhedloedd lawer, a dweud, "Dewch, esgynnwn i fynydd yr Arglwydd, i deml Duw Jacob, er mwyn iddo ddysgu inni ei ffyrdd ac i ninnau rodio yn ei lwybrau"' (Mic. 4:2).

Gwyddai Paul yntau am y tensiwn hwn, ac o ganlyniad i'w ffydd newydd yng Nghrist daw i weld yn gliriach fyth fod Duw Israel hefyd yn Dduw i bob cenedl. Wrth ysgrifennu at y Rhufeiniaid gofynna, 'Ai Duw'r Iddewon yn unig yw Duw? Onid yw'n Dduw'r Cenhedloedd hefyd? Ydyw, yn wir, oherwydd un yw Duw, a bydd yn cyfiawnhau'r enwaededig trwy ffydd, a'r dienwaededig trwy'r un ffydd' (Rhuf. 3:29–30). Byddai mwyafrif Iddewon y cyfnod yn cytuno â'r gred fod Duw yn Dduw'r holl genhedloedd. Yr hyn a achosai helynt yn yr eglwysi, ac i Paul yn bersonol, oedd barn gadarn rhai o'r Cristnogion Iddewig y dylai credinwyr o blith y Cenhedloedd gymryd eu henwaedu ac ymrwymo i ufuddhau i orchmynion y Ddeddf. Ond i Paul, ffydd oedd unig amod derbyniad i'r Eglwys. Trwy ffydd, gallai'r Cenhedloedd bellach rannu yn yr holl fendithion a addawodd Duw i Israel cyn hyn.

Duw Iesu Grist

Yn ganolog i gysyniad Paul o Dduw oedd ei gred fel Iddew mewn un Duw, y Duw oedd yn Greawdwr ac yn Waredwr, ac yn Dduw a oedd mewn perthynas arbennig â chenedl Israel. Ni chefnodd Paul ar yr egwyddorion sylfaenol hyn. Ond wedi ei dröedigaeth, rhoddodd iddynt ddehongliad newydd ac ehangach. Sut y bu i'w ffydd yn Iesu fel Arglwydd a Meseia effeithio ar ei ddarlun o Dduw?

Yn gyntaf, rhoddodd ystyr ehangach i'r ymadrodd *teyrnas Dduw* – ymadrodd canolog yn nysgeidiaeth Iesu. Yn Nameg Barnu'r Cenhedloedd, sonia Iesu am y rhai, dan fendith ei Dad, a fyddai'n 'etifeddu'r deyrnas' (Mth. 25:34) a baratowyd iddynt er seiliad y ddaear. Ond yn yr Hen Destament, 'i bobl saint y Goruchaf', sef cenedl Israel, y rhoddir y deyrnas dragwyddol, 'a bydd pob teyrnas yn eu gwasanaethu ac yn ufuddhau iddynt' (Dan. 7:27). Ar y llaw arall, gwelai Iesu 'lawer o'r dwyrain a'r gorllewin [yn dod] a chymryd eu lle yn y wledd gydag Abraham ac Isaac a Jacob yn nheyrnas nefoedd' (Mth. 8:11). Ac yn Nameg y Winllan a'r Tenantiaid, dywed y byddai perchennog y winllan yn dychwelyd ac yn 'difetha'r tenantiaid' (sef yr Iddewon) ac yn rhoi'r winllan i eraill (sef y Cenedl-ddynion). Mae'r cyfeiriadau at 'deyrnas Dduw' yn llythyrau Paul yn dangos ei fod yntau wedi cefnu ar bob dehongliad cenedlaethol o'r deyrnas ac wedi mabwysiadu cyffredinoliaeth dysgeidiaeth Iesu. Y rhai sy'n etifeddu'r deyrnas yw'r 'cyfiawn' – y rhai sydd wedi eu sancteiddio a'u cyfiawnhau trwy enw'r Arglwydd Iesu Grist (1 Cor. 6:11).

Yn ail, yn dilyn y profiad o dröedigaeth ac o adnabod y Crist byw derbyniodd Paul *ddatguddiad* uniongyrchol. Dywed iddo dderbyn yr Efengyl trwy ddatguddiad, ac i Dduw 'ddatguddio ei Fab ynof fi' (Gal. 1:12, 16). Eto, yn 2 Corinthiaid 4: 6, dywed fod Duw wedi gorchymyn i oleuni lewyrchu o'r tywyllwch, 'a Duw ... a lewyrchodd yn ein calonnau i roi i ni oleuni'r wybodaeth am ogoniant Duw yn wyneb Iesu Grist'. Trwy ddatguddiad eto y daeth 'dirgelwch' yr Efengyl yn hysbys iddo. 'Yn y cenedlaethau gynt, ni chafodd y dirgelwch hwn mo'i hysbysu i blant dynion, fel y mae yn awr wedi ei ddatguddio gan Ysbryd Duw i'w apostolion sanctaidd a'i broffwydi' (Eff. 3:5). Dywed eto mai rhodd gras

Duw iddo yw'r Efengyl a'r fraint o'i chyhoeddi – 'y rhodd raslon hon, i bregethu i'r Cenhedloedd anchwiliadwy olud Crist, ac i ddwyn i'r golau gynllun y dirgelwch a fu'n guddiedig ers oesoedd yn Nuw, Creawdwr pob peth' (Eff. 3:7–8). O ganlyniad i dderbyn ac adnabod Iesu, mae Paul yn hawlio fod dirgelwch cynllun a bwriadau achubol Duw yn cael eu gwneud yn hysbys iddo ef a'r apostolion eraill. Iesu yw'r goleuni sy'n llewyrchu yng nghanol tywyllwch anwybodaeth dyn am Dduw ac yn goleuo dirgelwch ei fodolaeth a'i feddwl.

Mae'n ymddangos fod datguddiad yn dod i Paul yn wrthrychol yn ymddangosiad yr Arglwydd Iesu Grist. Trwy Grist y mae adnabod Duw; 'ac iddynt amgyffred dirgelwch Duw, sef Crist. Ynddo ef y mae holl drysorau doethineb a gwybodaeth yn guddiedig' (Col. 2:2–3). Yr un pryd, daw datguddiad iddo'n bersonol trwy 'weledigaethau a datguddiadau' (2 Cor.12:1). Dywed iddo gael ei gipio i fyny i'r drydedd nef, i Baradwys, heb wybod yn iawn ai yn y corff neu allan o'r corff y digwyddodd hynny. Yn y profiad hwn, cafodd glywed 'draethu'r anhraethadwy, geiriau nad oes hawl gan neb dynol eu llefaru' (2 Cor. 12:4). Awgrymir y syniad o allu goruwchnaturiol yn gafael ynddo ac yn ei godi, megis o'r ddaear i'r nefoedd uwchben – darlun digon cyfarwydd yn yr Hen Destament ac wedi hynny ym mhrofiad a gweithiau'r cyfrinwyr. Nid yw'n adrodd ei brofiad er mwyn ymffrostio. I'r gwrthwyneb, nid rhywbeth a gyrhaeddodd ato trwy rinwedd neu ymdrech bersonol oedd y profiad rhyfeddol hwn, ond 'gweledigaethau a datguddiadau a roddwyd i mi gan yr Arglwydd' (2 Cor. 12:1). Canlyniad adnabod Iesu Grist oedd derbyn y rhoddion cyfriniol hyn.

Yn drydydd, rhodd arall a dderbyniodd Paul o ganlyniad i'w ffydd yn Iesu Grist oedd dawn *gweddi.* Perthynas agos â Duw, a bywyd o ddibyniaeth lwyr arno, yw canlyniad ei fywyd ysbrydol dwfn. O'i gymundeb â Duw y tarddai ei hyder a'i allu i gyflawni ei waith: 'Dyna'r fath hyder sydd gennym trwy Grist tuag at Dduw. Nid ein bod yn ddigonol ohonom ein hunain; o Dduw y daw ein digonolrwydd ni' (2 Cor. 3:4–5). Dywed wrth Gristnogion Rhufain ei fod yn eu galw i gof yn ei weddïau yn ddi-baid, gan ofyn a gai rwydd hynt i ddod atynt (Rhuf. 1:9–10). O'i ddefosiwn a'i gymundeb cyson â Duw y deilliai bendithion a grasusau'r Efengyl: 'y mae gennym heddwch â Duw trwy ein Harglwydd Iesu Grist', ac 'y mae cariad Duw wedi ei dywallt yn ein calonnau trwy'r Ysbryd Glân y mae ef wedi ei roi i ni' (Rhuf. 5:1, 5), a'i weddi, wrth ddirwyn ei lythyr i ben yw; 'A bydded i Dduw, ffynhonnell gobaith, eich llenwi â phob llawenydd a thangnefedd wrth ichwi arfer eich ffydd' (Rhuf. 15:13).

Yn bedwerydd, yr elfen bwysicaf oll yn amgyffrediad Paul o natur Duw a ddaw iddo o'i berthynas ag Iesu yw bod *Duw fel Tad.* Cyfarchiad cyffredin yn nifer o'i lythyrau yw 'Gras a thangnefedd i chwi oddi wrth Dduw ein Tad a'r Arglwydd Iesu Grist' (Rhuf. 1:7; 1 Cor. 1:3; 2 Cor. 1:2; Gal. 1:3; Phil. 1:2; Col. 1:2 ac ati). Tanlinellir ei bwyslais ar berthynas agos â Duw yn ei ddisgrifiad o gredinwyr fel rhai sydd wedi eu derbyn yn blant Duw ac felly rhai sy'n cael ei gyfarch fel 'Abba! Dad!' (Rhuf. 8:15; Gal. 4:6). Ac wrth iddynt weddïo'r weddi 'Abba! Dad!' cânt gadarnhad oddi mewn eu bod yn blant i Dduw (Rhuf. 8:16).

Trwy ei berthynas ag Iesu y daw Paul i weld ac adnabod Duw fel Tad. Y datguddiad a gafodd ar ffordd Damascus oedd bod Iesu'n Fab Duw. Arweiniodd hynny ar unwaith at adnabyddiaeth o Dduw 'yn wyneb Iesu Grist' (2 Cor. 4:6). Yng Nghrist, daeth i adnabyddiaeth lawnach o Dduw, a honno'n adnabyddiaeth bersonol. Yn wyneb Iesu Grist, llewyrchodd goleuni gogoniant y Duw hwnnw i'w galon. Y goleuni yw'r gwelediad mewnol ac ysbrydol sy'n eiddo i'r credadun trwy ei adnabyddiaeth o Dduw yng Nghrist. Gan mai fel Tad yr oedd Iesu'n adnabod Duw, trwy Iesu y daw Paul yntau i'w adnabod, uwchlaw pob dim, fel ei Dad nefol. Meddai, wrth gloi ei lythyr at y Philipiaid, 'I'n Duw a'n Tad y byddo'r gogoniant byth bythoedd' (Phil. 4:20).

Cwestiynau i'w trafod

1. Beth a olygir wrth eilunaddoliad? A yw'n fygythiad i wir grefydd heddiw?

2. Sut fyddech chi'n egluro 'gweledigaethau a datguddiadau' yr Apostol Paul?

3. Pa wahaniaeth a wnaed i gred Paul yn Nuw o'i adnabod fel Tad?

14. Dyn a'i Gyflwr

Rhufeiniaid 1:18–27; 1 Corinthiaid 6:12–20

G. K. Chesterton a ddywedodd ryw dro, 'Fedrwch chi ddim dweud wrth grocodeil, 'Bydd yn grocodeil!' ond fe fedrwch ddweud wrth ddyn, 'Bydd yn ddyn!' Hyd y gwyddom, dyn yw'r unig greadur sy'n ymwybodol ei fod wedi syrthio'n fyr o'r hyn y dylai fod. Mae teimladau emosiynol – siom, euogrwydd, cywilydd, methiant, israddoldeb ac yn y blaen – yn arwyddion amlwg o'r ymdeimlad ein bod fel bodau dynol yn amherffaith ac ymhell o fod yn cyrraedd ein llawn botensial. Yr un pryd, gwyddom fod gan ddyn y deall a'r gallu i gyflawni gorchestion mewn cymaint o feysydd megis gwyddoniaeth, technoleg, meddygaeth a chelfyddyd; i greu campweithiau rhyfeddol mewn cerddoriaeth, llenyddiaeth a phensaernïaeth; ac i wneud darganfyddiadau sydd dros y blynyddoedd wedi gwella ansawdd bywyd miliynau lawer o'i gyd-ddynion. "Rwy'n wych, rwy'n wael, rwy'n gymysg oll i gyd', meddai R. Williams Parry, "Rwy'n fydol ac ysbrydol yr un pryd'.

Y Tyndra Mewnol

Yr un yn union yw profiad Paul. Yn ei Lythyr at y Rhufeiniaid, dywed fod dwy 'gyfraith' groes i'w gilydd ar waith yn ei fywyd: 'Yr wyf yn cyflawni, nid y daioni yr wyf yn ei ewyllysio ond yr union ddrygioni sy'n groes i'm hewyllys ... Yr wyf yn cael y ddeddf hon ar waith: pan wyf yn ewyllysio gwneud daioni, drygioni sy'n ei gynnig ei hun imi. Y mae'r gwir ddyn sydd ynof yn ymhyfrydu yng Nghyfraith Duw. Ond yr wyf yn canfod cyfraith arall yn fy nghyneddfau corfforol, yn brwydro yn erbyn y Gyfraith y mae fy neall yn ei chydnabod, ac yn fy ngwneud yn garcharor i'r gyfraith sydd yn fy nghyneddfau, sef cyfraith pechod. Y dyn truan ag ydwyf! Pwy a'm gwared i o'r corff hwn a'i farwolaeth?' (Rhuf. 7: 19, 21-24). Dyna gyflwr dryslyd y ddynolryw.

Y mae'r adnodau hyn wedi achosi dadleuon ymysg esbonwyr a diwinyddion, gyda rhai'n cyhuddo Paul o agwedd negyddol ac anghytbwys tuag at y corff dynol, tra bo eraill yn mynnu iddo ddisgrifio natur a chyflwr y ddynolryw i'r dim, sef bod ynddi ogwydd sy'n groes i ewyllys a bwriadau Duw. Y broblem yw'r 'myfi' sydd, yn ôl Paul, yn 'perthyn i fyd y cnawd'. O ganlyniad, nid yw'n cyflawni'r hyn y mae yn ei ewyllysio; y mae'n casáu'r drwg, ac eto i gyd y mae'n ei wneud. Nid disgrifio profiad anarferol, allan o'r cyffredin, a wna Paul ond rhoi i ni gipolwg ar frwydr sy'n mynd ymlaen yn gyson oddi mewn i bob person, fel pe bai rhan ohono'n dweud un peth, a rhan arall yn dweud rhywbeth hollol groes i hynny.

Barn rhai esbonwyr yw bod Paul yn disgrifio ei gyflwr ei hun cyn iddo ddod yn Gristion. Ond barn y mwyafrif yw mai siarad am ei fywyd fel Cristion a wna Paul gan na fyddai neb ond Cristion yn ymwybodol o'r tyndra mewnol rhwng y 'myfi' a'r 'pechod sy'n cartrefu ynof fi' (Rhuf. 7:17). Nid yw'r anghredadun yn ymwybodol o'r un tyndra. Ond nid dadansoddi'r natur ddynol yw prif amcan Paul, ond yn hytrach gyhoeddi dilysrwydd y Gyfraith. Er nad yw'r Gyfraith bellach yn faich ar y Cristion, ac er nad cyflawni gofynion y Gyfraith sy'n ennill ffafr Duw a bywyd tragwyddol, eto y mae i'r Gyfraith ei swyddogaeth, sef dangos i ni beth yw ewyllys Duw, a hefyd dangos ein hanallu i gyflawni'r ewyllys honno. Y mae'r frwydr fewnol rhwng 'Cyfraith Duw' a'r 'gyfraith arall' y mae Paul yn ymwybodol ohoni yn ei gyneddfau corfforol.

Corff, Cnawd ac Ysbryd
Y mae cyfeiriad Paul at 'fy nghyneddfau corfforol' (Rhuf. 7:23) yn ein harwain at y termau sy'n ganolog i'w ddealltwriaeth o natur y ddynolryw, yn enwedig y ddau derm, *corff* a *cnawd*. Fel Iddew yn byw ymysg Cenedl-ddynion, byddai Paul yn gwbl gyfarwydd â thuedd athronwyr Groeg i wahaniaethu rhwng gwahanol elfennau o'r bersonoliaeth – corff *(sôma)*, cnawd *(sarx)*, meddwl *(nous)*, enaid *(psychç)* ac ysbryd, sef ysbryd dynol *(pneuma)*. Mae deall y berthynas rhwng yr agweddau hyn yn allweddol i ddeall meddwl Paul, ac i ddeall fel y mae pobl yn ymateb i'w gilydd ac i Dduw.

Y mae crefydd Paul yn gwbl ymarferol. Nid diwinydda'n haniaethol a wna, ond mae'n ysgrifennu fel cenhadwr a bugail eneidiau yn ogystal â fel meddyliwr a diwinydd. Mae'n ceisio deall y natur ddynol fel y mae, a deall hefyd effeithiau gras a pherthynas â Duw ac ymwneud pobl â'i gilydd ac â'r byd o'u cwmpas.

Yn y lle cyntaf, rhaid gwahaniaethu rhwng y ddau air *corff* a *cnawd,* er mor debyg yw eu hystyron yn y Gymraeg a'r Saesneg. Y mae'r gair *corff (sôma)* yn un o dermau pwysicaf Paul. Fe'i ceir dros 50 o weithiau yn ei lythyrau i gyfeirio at y corff dynol, ond y mae'n ei ddefnyddio hefyd i ddynodi'r 'corff pechadurus' (Rhuf. 6:6); 'corff ei gnawd,' sef croeshoeliad Iesu (Col. 1:22); corff yr atgyfodiad (1 Cor. 15:44); y bara sacramentaidd (1 Cor. 10:16–17); a'r eglwys fel corff Crist (Rhuf. 12:4–5; 1 Cor. 12:12–27; Eff. 4:12–16). Ystyr arferol y gair yw'r corff o gig a gwaed. Ond mwy na hynny hefyd, mae'n golygu'r person wedi ei ymgorffori, neu'r person cyfan, sef yr hyn sy'n ei alluogi i fod mewn perthynas â phersonau eraill ac â'i amgylchfyd. Diffiniad James D. G. Dunn o *sôma* yw 'embodiment', ond mae'n ychwanegu, 'embodiment means more than my physical body: it is the embodied "me", the means by which "I" and the world can act upon each other'.

Mae'r diffiniad ehangach hwn o'r gair *corff* yn rhoi ystyr llawnach i rai o gyfeiriadau Paul at berthynas y corff â Christ ac â'r Ysbryd Glân. Er enghraifft, 'Oni wyddoch mai aelodau Crist yw eich cyrff chwi?' (1 Cor. 6:15), sef cyfeiriad at y berthynas rhwng y credadun fel person a'r Arglwydd Iesu. Gan hynny, ni ddylai lygru'r corff trwy ymlynu wrth butain, oherwydd wrth wneud hynny 'mae'n pechu yn erbyn ei gorff ei hun'. Yn yr un modd y mae'n cyfeirio at y corff fel 'teml yr Ysbryd Glân' (1 Cor. 6:19), sy'n ffordd arall o ddweud 'yr Ysbryd Glân ynoch chwi' – nid yn eich corff o gig a gwaed, ond ynoch fel person. A phan ddywed Paul, 'gogoneddwch Dduw yn eich corff' (1 Cor. 6:20), nid yw'n galw am ddisgyblu chwantau a rheoli buchedd gorfforol yn unig, ond am gysegru'r bersonoliaeth gyfan, a defnyddio pob dawn a gallu i gyflawni ewyllys Duw ac i ogoneddu ei enw. Nid yw Paul yn dibrisio'r corff nac ychwaith yn ystyried y corff yn aflan. Y mae'n eiddo i Dduw, yn deml yr Ysbryd Glân, yn rhan o gorff Crist, yr Eglwys, a chaiff ei atgyfodi yn union fel yr atgyfododd Duw yr Arglwydd Iesu. Ymhle, felly, y mae canfod gwraidd y drwg sy'n arwain dyn ar gyfeiliorn?

Daw hyn â ni at y gair arall a ddefnyddir yn aml gan Paul, sef *cnawd* *(sarx)*.Ymddengys y gair hwn 91 o weithiau yn llythyrau Paul, 26 o weithiau yn Rhufeiniaid. Y mae ystyr eang i'r gair hwn eto, yn amrywio o nodweddion ffisegol y corff dynol i'r syniad o'r cnawd fel pŵer gelyniaethus i Dduw. Cysylltir y cnawd â phechod a marwolaeth – pwerau y mae dyn mewn perygl o ddisgyn i'w crafangau. Gosodir 'cnawd' mewn cyferbyniad i ysbryd *(pneuma),* a 'bod yn y cnawd' fel cyflwr gelyniaethus i 'fod yn yr ysbryd'. Sonia Paul am rai 'sydd â'u bodolaeth ar wastad y cnawd'; hwy sydd â'u bryd 'ar bethau'r cnawd' (Rhuf. 8: 5). Ar y llaw arall ceir rhai sy'n byw 'ar wastad yr Ysbryd', ac o ganlyniad 'ar bethau'r Ysbryd y mae eu bryd'. Y mae i'r naill gyflwr a'r llall ei ganlyniadau: 'y mae bod â'n bryd ar y cnawd yn farwolaeth, ond y mae bod â'n bryd ar yr Ysbryd yn fywyd a heddwch' (Rhuf. 8:6). Y mae Duw wedi delio â chyflwr dryslyd dyn: 'Wrth anfon ei Fab ei hun, mewn ffurf debyg i'n cnawd pechadurus ni, i ddelio â phechod, y mae wedi collfarnu pechod yn y cnawd' (Rhuf. 8:3).

'Cnawd' felly yw'r duedd wrthnysig mewn dyn i ddilyn llwybr pechod, mewn cyferbyniad i'r 'ysbryd' *(pneuma)* neu'r 'deall' *(nous)* sy'n ceisio dilyn llwybr daioni. 'Dyma, felly, sut y mae hi arnaf: yr wyf fi, y gwir fi, â'm deall yn gwasanaethu Cyfraith Duw, ond â'm cnawd yn gwasanaethu cyfraith pechod' (Rhuf. 7:25). Y broblem gyda'r cnawd yw, nid ei fod yn bechadurus ynddo'i hun, ond ei fod yn hawdd i'w ddenu gan hudoliaeth pechod.

Camddealltwriaeth o ddysgeidiaeth Paul a arweiniodd Cristnogion yn y canrifoedd cynnar i ddilorni'r corff ac i ystyried corff a chnawd yn gynhenid bechadurus. Arweiniodd hynny at y duedd i gollfarnu rhyw, ac i fawrygu dibriodrwydd fel yr unig ffordd i ymgyrraedd at y bywyd sanctaidd. Aethpwyd i gredu mai trwy'r weithred rywiol y trosglwyddwyd pechod gwreiddiol. Byddai'r agwedd negyddol hon yn taflu ei chysgod dros yr Eglwys am ganrifoedd. O ddeall pwyslais Paul ar urddas y corff fel teml yr Ysbryd Glân, a'r angen i ddwyn y cnawd o dan ddylanwad gras, canfyddwn ffordd amgenach o drafod ystyr priodas a rhyw a chwestiynau'n ymwneud â gwrywgydiaeth ac yn y blaen heddiw.

Yr Adda Cyntaf

Hyd yn oed o safbwynt ei ffydd a'i fywyd fel Cristion, mae Paul yn edrych yn ôl ac yn gweld pa mor druenus yw cyflwr y ddynolryw heb Grist. Meddai wrth ysgrifennu at yr Effesiaid: 'Bu adeg pan oeddech chwithau yn feirw yn eich camweddau a'ch pechodau. Yr oeddech yn byw yn ôl ffordd y byd hwn, mewn ufudd-dod i dywysog galluoedd yr awyr, yr ysbryd sydd yn awr ar waith yn y rhai sy'n anufudd i Dduw. Ymhlith y rhai hynny yr oeddem ninnau i gyd unwaith, yn byw yn ôl ein chwantau dynol ac yn porthi dymuniadau'r cnawd a'r synhwyrau; yr oeddem wrth natur, fel pawb arall, yn gorwedd dan ddigofaint Duw' (Eff. 2:1–3). Gan fod dyn yn ddarostyngedig i 'ffordd y byd hwn' ac i rym 'tywysog galluoedd yr awyr' a'i 'chwantau dynol' ei hunan, ac wrth natur yn elyniaethus i Dduw, y mae ei sefyllfa yn wirioneddol dywyll.

Cyn i ni gyhuddo Paul o agwedd or-besimistaidd tuag at y ddynolryw, dylem gofio fod athronwyr a meddylwyr mawr yr oesau wedi cydnabod yr ochr dywyll i'r cymeriad dynol, a'r angen i'w ffrwyno. Mae hon yn elfen amlwg yn nramâu Shakespeare ac mewn gweithiau fel *Dr Jekyll a Mr Hyde,* R.L. Stevenson; *Lord of the Flies,* William Golding; *Atonement,* Ian Mcwan, i enwi ond ychydig. Mae ymgais Paul i esbonio'r ochr dywyll i'r natur ddynol yn canolbwyntio ar ffigur *Adda* ac anufudd-dod cyntaf dyn yn Genesis 2–4 – yr hyn a elwir yn draddodiadol fel 'Y Cwymp' – er nad yw'r Beibl yn defnyddio'r gair 'cwymp' wrth adrodd am ymddygiad Adda ac Efa.

Ar rai adegau, mae'r Hen Destament yn cyfeirio at *Adda* fel y ddynoliaeth yn gyffredinol, ac ar adegau eraill fel dyn unigol. Mae'n drawiadol fod Paul yn cychwyn ei gyhuddiad o'r ddynoliaeth ar gychwyn ei Lythyr at y Rhufeiniaid gan gyfeirio at y Creu, a'r modd y gwnaeth Duw ei hun yn amlwg i'w greaduriaid: 'er pan greodd Duw y byd, y mae ei briodoleddau anweledig ef, ei dragwyddol allu a'i dduwdod, i'w gweld yn eglur gan y deall yn y pethau a greodd. Am hynny y maent yn ddiesgus' (Rhuf. 1: 20). Er nad yw'n enwi Adda fel y cyfryw, y mae

Adda yn rhan o'r darlun gan mai ef oedd y cyntaf o'r hil ddynol i anufuddhau i Dduw. Â Paul ymlaen i ddangos ffolineb ei anufudd-dod, ac anufudd-dod yr holl ddynolryw. Y maent yn cyfnewid Duw am eilunod, ac am chwantau eu calonnau ac anfoesoldeb rhywiol. 'Y maent wedi ffeirio gwirionedd Duw am anwiredd, ac addoli a gwasanaethu'r hyn a grëwyd yn lle'r Creawdwr' (Rhuf. 1:25). Gan fod tarddiad yr anufudd-dod hwn yn Adda, 'y maent oll wedi pechu, ac yn amddifad o ogoniant Duw' (Rhuf. 3:23).

Yn Rhuf. 5:12–13, mae Paul fel pe bai'n crynhoi ei drafodaeth trwy egluro'r berthynas rhwng Adda, Crist a'r Gyfraith. 'Daeth pechod i'r byd trwy un dyn,' meddai Paul. Yr 'un dyn', wrth gwrs, yw Adda. Siaradai Iddewon am Adda'r dyn cyntaf fel 'y dyn'. Yn yr Hebraeg, mae'r ddau air 'Adda' a 'dyn' yn gyfystyr. Mae Iesu'n cyfeirio ato'i hunan gyda'r un gair wrth ddefnyddio'r ymadrodd 'Mab y Dyn'. Un o'i ystyron oedd 'dyn' neu 'y dyn'.

Y mae'n bosibl fod awdur Genesis 1–3 yn ystyried Adda yn berson hanesyddol, ond nid yw'n adrodd ei hanes fel pe bai wedi canfod ei hanes mewn hen lawysgrifau. Athrylith Genesis yw'r modd y mae'n defnyddio stori i gyhoeddi'r gwir am 'ddyn' yn gyffredinol. Ni fedrwn ddarllen Genesis 3 heb weld yno ddarlun ohonom ni ein hunain. Yn yr ystyr hwnnw y gall Paul ddatgan fod pechod wedi dod i'r byd trwy un dyn, ac yna wedi ymledu drwy'r ddynolryw i gyd, 'yn gymaint ag i bawb bechu'. Y mae'r 'un dyn', Adda, yn cynrychioli 'dyn', sef yr holl ddynolryw. Ein tuedd ni yw ystyried yr hil ddynol fel casgliad o unedau unigol sydd, o'u rhoi gyda'i gilydd, yn creu cyfanswm. Ond nid felly y gwelai Paul yr hil ddynol. Gwelai ef ddolen gydiol yn rhedeg ac yn cydio pawb wrth ei gilydd.

Mewn rhyw ystyr, yr oeddem ni oll yn rhan o wrthryfel Adda yn erbyn Duw, ac y mae ôl y gwrthryfel ar bawb ohonom. Dyna a olygir wrth 'bechod gwreiddiol', sef fod gogwydd ynom tuag at yr hunan. Pan fyddwn yn dewis rhwng y da a'r drwg, dewis wnawn yr hyn sydd o elw i ni'n bersonol.

Eir ymlaen i ddangos y cysylltiad anochel rhwng pechod a marwolaeth. Fel y dyn cyntaf, a'r cyntaf i wrthryfela yn erbyn Duw, Adda oedd yn gyfrifol am yr anhrefn yn y byd. A chanlyniad anorfod yr anhrefn oedd marwolaeth. 'Daeth pechod i'r byd trwy un dyn, a thrwy bechod farwolaeth, ac yn y modd hwn ymledodd marwolaeth i'r ddynolryw i gyd, yn gymaint ag i bawb bechu' (Rhuf. 5:12). Y mae'n amlwg fod mwy nag un ystyr i 'farwolaeth' ym meddwl Paul, sef marwolaeth naturiol y corff o ganlyniad i henaint neu afiechyd, a marwolaeth ysbrydol, sef ymwahanu oddi wrth Dduw a thranc yr enaid o'r herwydd.

Ar y llaw arall, y gred gyffredin o fewn Iddewiaeth oedd i Adda, yn y dechrau, fod yn anfarwol, ond iddo golli ei anfarwoldeb o ganlyniad i'w anufudd-dod, a bod yr holl ddynolryw, yn sgil anufudd-dod Adda, hefyd yn gaeth i bechod a marwolaeth. Ond yr oedd marwolaeth yn frawychus ac annaturiol i'r Iddew, oherwydd gwan ac annelwig oedd ei syniad am nefoedd a bywyd tragwyddol. Yr oedd marwolaeth yn gyfystyr ag ymwahanu oddi wrth Dduw. Yma, mae Paul yn sôn am farw heb Grist. Gwêl farwolaeth y corff fel arwydd o ymwahanu terfynol oddi wrth Dduw ac fel 'marwolaeth ysbrydol'.

Ysgrifennu fel Cristion a wna yn awr, ac yng ngoleuni ei ffydd newydd nid yw angau bellach yn ddychryn. 'Gwell gennym fyddai bod oddi cartref o'r corff a chartrefu gyda'r Arglwydd', meddai wrth ysgrifennu at y Corinthiaid (2 Cor. 5:8). Yr hyn sy'n peri pryder iddo yw'r ffaith y gallai rhai fod yn farw'n ysbrydol ac eto'n fyw'n gorfforol. 'Bu adeg pan oeddech chwithau yn feirw yn eich camweddau a'ch pechodau', meddai wrth ysgrifennu at yr Effesiaid (Eff. 2:1). Y mae dyn pechadurus yn farw wrth iddo fyw, ac y mae marwolaeth ei gorff yn arwydd clir o'i farwolaeth yng ngolwg Duw a chyd-ddyn. Y mae marwolaeth, felly, yn cynrychioli canlyniadau erchyll pechod corfforol ac ysbrydol.

Er bod Adda'n cynrychioli gwrthryfel dyn yn erbyn Duw ac yn gychwyn pechod ac angau, mae Paul yn ei ddisgrifio fel 'rhaglun o'r Dyn oedd i ddod' (Rhuf. 5:14), ac yn mynd ymlaen i gymharu Adda â Christ. Ond mae'n gyferbyniad eithafol, ac nid yn gymaint rhwng dau berson ond rhwng dau ddigwyddiad, rhwng cwymp dyn a'i waredigaeth, sef yr hyn a ddigwyddodd trwy Adda a'r hyn a ddigwyddodd trwy Grist. Arweiniodd trosedd yr un at farwolaeth; ond rhodd cymaint mwy a ddaeth trwy Grist, sef 'helaethrwydd gras Duw' (Rhuf. 5: 15). Ni ellir cymharu effeithiau pechod un dyn â rhodd ryfeddol Duw. Dedfryd o gosb sy'n dilyn y weithred o drosedd; dyfarniad o gyfiawnder sy'n dod trwy un dyn, Iesu Grist. 'Fel y gwnaethpwyd y llawer yn bechaduriaid trwy anufudd-dod un dyn, felly hefyd y gwneir y llawer yn gyfiawn trwy ufudd-dod un dyn' (Rhuf. 5:19). Y mae'r gyferbyniaeth yn gyflawn, ond beth yw lle'r Gyfraith ym mywyd a phrofiad y credadun? Trafodwn y cwestiwn hwnnw yn y bennod nesaf.

Cwestiynau i'w trafod

1. Beth yw ystyr dweud fod y corff yn deml yr Ysbryd Glân?

2. Beth a olygir wrth y syniad o bechod gwreiddiol?

3. A yw agwedd Paul at gyflwr y ddynolryw yn rhy negyddol?

15. Paul a'r Gyfraith Iddewig

Rhufeiniaid 7:15–25; Galatiaid 2:15–21

Yr oedd Paul yn Iddew o ran tras ac argyhoeddiad. Ymhyfrydai yn y ffaith ei fod yn 'Hebrewr o'r Hebreaid' wedi ei drwytho yn nhraddodiadau gorau ei genedl. Credai mai rhodd neilltuol Duw i'w bobl etholedig oedd Cyfraith Moses, ac fel Pharisead roedd wedi ei drwytho'i hun yn ei gofynion. Mae'n anodd i ni werthfawrogi'r newid syfrdanol a phoenus yn ei agwedd at y Gyfraith yr oedd ei ffydd newydd yn Iesu Grist yn ei olygu iddo. Gan ei fod yn Iddew o linach Abraham ni allai gredu, hyd yn oed wedi ei dröedigaeth, y byddai Duw yn troi cefn ar ei bobl: 'Nid yw Duw wedi gwrthod ei bobl, y bobl a adnabu cyn eu bod' (Rhuf. 11:2). Gweddïai dros ei bobl, 'iddynt gael eu dwyn i iachawdwriaeth' (Rhuf.10:1). Nid yw byth yn mynegi unrhyw gasineb at Iddewiaeth a'i gyd-Iddewon. I'r gwrthwyneb, y mae'n ymwybodol o freintiau hanesyddol Israel a'i lle yng nghynllun Duw. 'Pa ragorfraint sydd i'r Iddew? Pa werth sydd i'r enwaediad? Y mae llawer, ym mhob modd. Yn y lle cyntaf, i'r Iddewon yr ymddiriedwyd oraclau Duw' (Rhuf. 3:1–2). Ac meddai wedyn, 'Israeliaid ydynt; eu heiddo hwy yw'r mabwysiad, y gogoniant, y cyfamodau, y Gyfraith, yr addoliad a'r addewidion' (Rhuf. 9:4).

Y Cyfamod a'r Gyfraith

Fel Iddew, credai Paul fod angen dau beth i ennill iachawdwriaeth, sef *cyfamod â Duw* ac *ufudd-dod i Gyfraith Dduw*. Roedd y cyfamod yn gwbl angenrheidiol, ond yn aneffeithiol heb ufudd-dod i'r Gyfraith. 'Yn ddiau y mae gwerth i enwaediad, os wyt yn cadw'r Gyfraith. Ond os torri'r Gyfraith yr wyt ti, y mae dy enwaediad wedi mynd yn ddienwaediad' (Rhuf. 2:25). Ufudd-dod llwyr i'r Gyfraith oedd bwysicaf.

Roedd y gair *Cyfraith (Torah)* yn golygu tri pheth o fewn Iddewiaeth. Yn gyntaf, golygai'r Deg Gorchymyn a roddwyd gan Dduw i Moses, sef sail a tharddiad pob deddf arall. Yn ail, golygai'r Pumllyfr, sef pum llyfr cyntaf y Beibl, yn cynnwys y dehongliad cyntaf o ofynion Cyfraith Moses. Yn drydydd, golygai'r mân reolau a'r esboniadau a luniwyd gan yr ysgrifenyddion dros y canrifoedd. Er mai ar lafar y dysgwyd ac y trosglwyddwyd y rheolau hyn, i'r Phariseaid a'r ysgrifenyddion hwy oedd hanfod y Gyfraith gan eu bod yn ymwneud â phob agwedd ar fywyd. Er enghraifft, roedd cyfres hir o gyfarwyddiadau manwl ynghylch cadw'r Saboth. Gwaherddid pob math o waith, a byddai'r ysgrifenyddion a'r Phariseaid yn esbonio'n fanwl yr hyn a waherddid a'r hyn a ganiateid. Roedd yr un math o reolau manwl i'w cael ynghylch golchiadau seremonïol.

Erbyn dyddiau Paul, yr oedd y Gyfraith (y *Torah*) wedi mynd i olygu mân reolau y disgwylid i'r Iddew ffyddlon eu cadw yn eu manylder. Cyn y Gaethglud ym Mabilon, ystyriwyd y *Torah* fel mynegiant o holl ymwneud grasol Duw â'i bobl. Ond wedi'r Gaethglud, roedd Israel wedi colli ei thir, ei dinas sanctaidd, ei theml a'i chyfundrefn aberthu. Yr unig beth oedd yn aros oedd y Gyfraith a'i rheolau. O ganlyniad, rhoddwyd pwyslais ar gadw gofynion y Gyfraith o fewn y teulu. Trwy ufuddhau i'r Gyfraith y cedwid y cyswllt â Duw. Aeth cadw'r Sabath yn holl bwysig fel modd o ddangos arwahanrwydd Iddewon i'r paganiaid o'u cwmpas. A rhoddwyd pwys eithriadol ar enwaediad – er mwyn dangos eto eu bod yn bobl wahanol. Wedi i'r genedl ddychwelyd o Fabilon, datblygwyd y pwyslais ar gadw'r Gyfraith.

Ar yr olwg gyntaf, mae sylwadau Paul am y Gyfraith yn ymddangos fel pe baent yn gwrthddweud ei gilydd. Ar y naill law, dywed fod y Gyfraith yn un o'r breintiau mwyaf a ymddiriedwyd i Israel (Rhuf. 9:4), a'i bod yn gweithredu fel math o hyfforddwr 'i warchod trosom hyd nes i Grist ddod' (Gal. 3:24). Ar y llaw arall, mae'n datgan i'r Gyfraith ddod 'er mwyn i droseddu amlhau' (Rhuf. 5:20), hynny yw, i wneud pobl yn fwyfwy ymwybodol o bechod. Dywed hefyd fod y rhai sy'n dibynnu ar gadw gofynion y Gyfraith dan felltith (Gal. 3:10).

Beth, felly, yw dysgeidiaeth Paul am y Gyfraith? Ar rai adegau, mae'n defnyddio'r gair *Nhomos*, cyfraith, i ddynodi'r Ysgrythur Sanctaidd, heb unrhyw gyfeiriad at ufuddhau i orchmynion a rheolau. Yn 1 Cor. 14:21

meddai, 'Y mae'n ysgrifenedig yn y Gyfraith', ac yn dilyn ceir dyfyniad o Eseia 28:11. Ceir yr un ystyr i'r gair yn 1 Corinthiaid 14:34 a Galatiaid 4: 21. Yn achlysurol, defnyddia *Nhomos* i olygu egwyddor, neu reddf: 'Yr wyf yn cael y ddeddf hon ar waith: pan wyf yn ewyllysio gwneud daioni, drygioni sy'n ei gynnig ei hun imi' (Rhuf. 7:21). Ystyr 'deddf' yn y cyswllt hwn yw 'rheol ymddygiad'. Mae Paul yn ymwybodol o'r tyndra sydd rhwng gofynion y Gyfraith, sef Cyfraith Dduw, a'r 'gyfraith' fewnol, neu'r reddf, sy'n ei dynnu i wrthwynebu Cyfraith Dduw: 'Yr wyf yn canfod cyfraith arall yn fy nghyneddfau corfforol, yn brwydro yn erbyn y Gyfraith y mae fy neall yn ei chydnabod, ac yn fy ngwneud yn garcharor i'r gyfraith sydd yn fy nghyneddfau, sef cyfraith pechod' (Rhuf. 7:23).

Y defnydd pwysicaf gan Paul o'r gair *Nhomos* yw'r Torah, Cyfraith Dduw, fel yr hunan-ddatguddiad goruchaf o'i gymeriad a'i ewyllys. Y Torah sy'n dangos sut un yw Duw, a'r Torah hefyd sy'n sail i fywyd ac ymddygiad pob Iddew, yn dangos yr hyn a ddisgwylid gan Dduw a'r hyn oedd yn amod iachawdwriaeth i'r unigolyn ac i'r genedl.

Yn dilyn ei dröedigaeth ar ffordd Damascus, gwelwn agwedd Paul at y Gyfraith yn newid, fel ei bod yn ymddangos i'w gyd-Iddewon ei fod yn bradychu ei etifeddiaeth genedlaethol a chrefyddol ac yn troi cefn ar ddeddf sanctaidd Duw. Ond nid cefnu ar y Gyfraith a wnaeth, ond ei gweld mewn goleuni gwahanol, goleuni gras a chariad Duw yn Iesu Grist. Wrth ddiffinio'r berthynas rhwng y Gyfraith a'r Efengyl, seiliodd Paul ei ymresymiad ar bedair egwyddor sylfaenol.

Y Gyfraith a'r Efengyl

Yr egwyddor gyntaf i Paul oedd *mai'r Gyfraith oedd rhodd Duw i'w bobl a'i bod, felly, yn sanctaidd.* Y mae'n ailadrodd cred oedd yn gyffredin ymysg yr Iddewon, sef fod Duw, wrth roi'r Gyfraith i Moses, wedi ymddangos gyda myrddiynau o angylion: 'Fe'i gorchmynnwyd trwy angylion' (Gal. 3:19). I'r Iddew, yr oedd y gred hon yn mawrhau gogoniant y Gyfraith ac yn ychwanegu at ei hawdurdod. Aeth Paul ymlaen hefyd i ychwanegu fod 'canolwr' wedi cyfrannu at drosglwyddo'r Gyfraith oddi wrth Dduw, sef Moses. Ceir yr un pwyslais ar sancteiddrwydd y Gyfraith yn Rhufeiniaid 7:12: 'Gan hynny, y mae'r Gyfraith yn sanctaidd, a'r gorchymyn yn sanctaidd a chyfiawn a da'. Hyd yn oed os yw'r Gyfraith yn dod â natur pechod i'r golwg ac yn 'dwyn pechod i anterth ei bechadurusrwydd', mae Paul yn mynnu bod y Gyfraith yn hanfodol dda, ac mai pechod, nid y Gyfraith, sy'n ddrwg.

Yr ail egwyddor i Paul oedd mai'r *Gyfraith sy'n dangos pa mor ddifrifol yw pechod.* Y mae'n gweithredu fel math o gyfeiriwr moesol sy'n amlygu'n eglur enbydrwydd ein cyflwr pechadurus, ond yn dangos hefyd pa mor amhosibl yw i ddyn ymgyrraedd at iachawdwriaeth trwy ufuddhau i ofynion y Gyfraith: 'Oherwydd, "gerbron Duw ni chyfiawnheir neb meidrol" trwy gadw gofynion cyfraith. Yr hyn a geir trwy'r Gyfraith yw ymwybyddiaeth o bechod' (Rhuf. 3:20). Dyfynnu o Salm 143:2 a wna Paul yn yr adnod hon. Yr unig beth y medr y Gyfraith ei wneud yw dangos i'r unigolyn ei fod yn bechadur. Bu adeg ym mywyd Paul pan gredai ei fod yn bosibl ennill cyfiawnder ar hyd llwybr y Gyfraith. Ond fel un a ddaeth o hyd i'r ateb ar ffordd wahanol, sef ffordd ffydd yng Nghrist, bu'n rhaid iddo gydnabod methiant y Gyfraith.

Y broblem a wynebai Paul wedyn oedd, a ddylid dilyn y Gyfraith yn fanylach er mwyn i bechod amlhau? 'Daeth y Gyfraith i mewn, er mwyn i drosedd amlhau' (Rhuf. 5:20). Ond ceir ateb i'r broblem o ddarllen ymlaen: 'ond lle'r amlhaodd pechod, daeth gorlif helaethach o ras; ac felly, fel y teyrnasodd pechod trwy farwolaeth, y mae gras i deyrnasu trwy gyfiawnder, gan ddwyn bywyd tragwyddol trwy Iesu Grist ein Harglwydd'. Bwriad Duw, felly, wrth roi'r Gyfraith trwy Moses oedd troi drygioni diarwybod yn bechod ymwybodol, trwy wneud ei ewyllys yn gwbl hysbys. Os yw Duw i ddelio â drygioni, rhaid ei grisialu a gwneud dyn yn gwbl ymwybodol ohono. Meddai D. E. H. Whiteley, 'like a boil that is brought to a head by hot fomentations in order to be pricked'. Gorfodwyd Paul i wynebu'r ffaith anghyfforddus na fedrai neb ennill iachawdwriaeth trwy ufuddhau i'r Gyfraith. 'Oherwydd pe bai cyfraith wedi ei rhoi â'r gallu ganddi i gyfrannu bywyd, yna, yn wir, fe fyddai cyfiawnder trwy gyfraith. Ond nid felly y mae (Gal. 3:21–22).

Ond os nad ar lwybr cyfraith y mae canfod bywyd, mae Paul wedi darganfod *mai trwy ffydd yn Iesu Grist y mae'r bywyd hwnnw i'w gael.* 'Fe wyddom na chaiff neb ei gyfiawnhau ond trwy ffydd yn Iesu Grist, nid trwy gadw gofynion cyfraith. Felly fe gredasom ninnau yng Nghrist Iesu er mwyn ein cyfiawnhau, nid trwy gadw gofynion cyfraith, ond trwy ffydd yng Nghrist' (Gal. 2:16). Ceir adlais o'r un thema yn Rhuf. 3:21; 9:31 a Gal. 3:11).

Y drydedd egwyddor sy'n sail i ymresymiad Paul ar berthynas y Gyfraith a'r Efengyl yw *ei ddarganfyddiad fod Duw yn Dduw'r Cenedl-ddynion yn ogystal â'r Iddewon.* Nid oedd y Cenhedloedd i gael eu hachub trwy droi yn Iddewon yn gyntaf, ond yr oeddent i gael rhan yn holl freintiau a bendithion Israel heb iddynt gael eu henwaedu. Roedd safiad Paul ar y mater hwn yn bendant ac yn heriol gan ei fod yn ymwrthod yn llwyr â barn y rhelyw o Iddewon ac â'r arferiad o fewn Iddewiaeth.

Roedd tystiolaeth yr Ysgrythur ar y mater yn gwbl glir: 'Y mae unrhyw wryw dienwaededig nad enwaedwyd cnawd ei flaengroen, i'w dorri ymaith o blith ei bobl; y mae wedi torri fy nghyfamod' (Gen. 17:14). Ond daeth Paul i weld fod ffydd bellach wedi cymryd lle defodau'r Gyfraith, a bod swyddogaeth y Gyfraith wedi newid o fod yn *amod iachawdwriaeth* i fod yn *baratoad ar gyfer yr iachawdwriaeth* sydd trwy ffydd yn Iesu Grist. 'Y mae'r Gyfraith a'r proffwydi, yn wir, yn dwyn tystiolaeth iddo, ond cyfiawnder sydd o Dduw ydyw, trwy ffydd yn Iesu Grist i bawb sy'n credu' (Rhuf. 3:21). A chan ymhelaethu ar ei ddatganiad meddai, 'Ein dadl yw y cyfiawnheir rhywun trwy gyfrwng ffydd yn annibynnol ar gadw gofynion cyfraith. Ai Duw'r Iddewon yn unig yw Duw? Onid yw'n Dduw'r Cenhedloedd hefyd? Ydyw, yn wir, oherwydd un yw Duw, a bydd yn cyfiawnhau'r enwaededig trwy ffydd, a'r dienwaededig trwy'r un ffydd' (Rhuf.3: 28–30).

Os oedd Paul yn cefnu ar gyfarwyddyd clir Genesis ynglŷn ag enwaedu, roedd ar yr un pryd yn medru apelio at rannu eraill o'r Ysgrythur oedd yn cefnogi ei safbwynt. Er enghraifft, dywed Paul yn Rhufeiniaid 10:11, 'Y mae'r Ysgrythur yn dweud: "Pob un sy'n credu ynddo, ni chywilyddir mohono"'. Mae'r geiriau hyn yn cyfeirio at Eseia

28:16 ac at eiriau Joel 2:32, 'A bydd pob un sy'n galw ar enw yr Arglwydd yn cael ei achub'. Gyda'r pwyslais ar 'pob un' fe â Paul ymlaen i ddatgan, 'Nid oes dim gwahaniaeth rhwng Iddewon a Groegiaid. Yr un Arglwydd sydd i bawb, sy'n rhoi o'i gyfoeth i bawb sy'n galw arno. Oherwydd yng ngeiriau'r Ysgrythur, "bydd pob un sy'n galw ar enw yr Arglwydd yn cael ei achub, pwy bynnag yw"' (Rhuf. 10:12–13). A Paul ei hun sy'n ychwanegu'r cymal, 'pwy bynnag yw, boed yn Iddew neu'n Genedl-ddyn'.

Y mae cyfoeth gras Duw yn Iesu Grist yn ddigon i gynnwys Iddewon a Chenedl-ddynion. Mae'r Efengyl yn newydd da i bawb, a hynny heb fod angen iddynt gael eu henwaedu na dod o dan ddisgyblaeth y Gyfraith.

Rhyddid trwy Grist

Daw hyn â ni at y bedwaredd egwyddor sy'n llywio agwedd Paul at y Gyfraith, sef *fod Iesu, trwy ei farwolaeth ar y groes a'i atgyfodiad wedi achub Iddewon a Chenedl-ddynion oddi wrth ormes y Gyfraith.* Yr adnodau allweddol i'r egwyddor hon yw, 'Prynodd Crist ryddid i ni oddi wrth felltith y Gyfraith pan ddaeth, er ein mwyn, yn wrthrych melltith, oherwydd y mae'n ysgrifenedig, "Melltith ar bob un a grogir ar bren!"' (Gal. 3:13, sy'n dyfynnu o Deut. 21:23), ac yn y geiriau sy'n dilyn y gwelwn ym mha ystyr y mae Crist wedi 'prynu' i ni ryddid: 'Y bwriad oedd cael bendith Abraham i ymledu i'r Cenhedloedd yng Nghrist Iesu, er mwyn i ni dderbyn, trwy ffydd, yr Ysbryd a addawyd' (Gal. 3:14). Nid sôn am Grist yn achub y ddynoliaeth oddi wrth bechod a wna Paul yn y cyswllt hwn, ond amdano'n achub y Cenedl-ddynion a'r Iddewon oddi wrth afael y Gyfraith. Roedd y Cenedl-ddynion dan gondemniad y Gyfraith am nad oeddynt oddi mewn i'r Cyfamod, ac am nad oedd arwydd y cyfamod, sef enwaediad, ganddynt. Roedd yr Iddewon hefyd o dan gondemniad, oherwydd er eu bod o fewn y cyfamod, nid oeddynt erioed wedi medru cyflawni gorchmynion y Gyfraith. Yn nhermau'r Gyfraith, roedd y ddau o dan gondemniad, ond llwyddodd Crist i ddiddymu melltith y Gyfraith trwy ei gymryd arno'i hun ar y groes.

Y mae dadl Paul yn ymddangos yn ddieithr, os nad yn rhyfedd, i ni heddiw. Ond fel Iddew ffyddlon, a gredai mai'r Gyfraith oedd rhodd Duw i'w bobl ac mai trwy ufuddhau iddi yn ei holl fanylder yr oedd ennill iachawdwriaeth, roedd rhaid iddo egluro i'w gyd-Iddewon beth oedd lle'r Gyfraith o fewn ei ffydd newydd fel Cristion. Gwelai yng ngeiriau Deuteronomium 21:23 yr allwedd i'r modd y mae Crist wedi goresgyn grym y Gyfraith. Os yw un a grogir ar bren yn dwyn melltith arno'i hun, yna mae Crist wedi dwyn melltith arno'i hun trwy ei farwolaeth ar y groes, ond wrth wneud hynny mae wedi dinistrio grym y Gyfraith.

Y mae Paul yn gwneud yr un pwynt yn Rhufeiniaid 7, ond y tro hwn yn cyffelybu rhyddid oddi wrth y gyfraith i wraig yn cael ei rhyddhau o'i rhwymau cyfreithiol â'i gŵr pan fydd ei gŵr yn marw. Yr un modd, mae'r credadun, trwy ei aelodaeth o gorff Crist, yn marw i'r Gyfraith (Rhuf. 7:1–4). Tanlinellir yr egwyddor yn Galatiaid 2:19-20: 'Oherwydd trwy gyfraith bûm farw i gyfraith, er mwyn byw i Dduw. Yr wyf wedi fy nghroeshoelio gyda Christ; a mwyach, nid myfi sy'n byw, ond Crist sy'n byw ynof fi.' Ond y pwynt canolog y mae Paul am ei wneud yw bod Iesu Grist, wrth ddiddymu grym y Gyfraith, wedi chwalu'r gwahanfur rhwng Iddewon a Chenedl-ddynion. Mae'r ffordd ar agor led y pen i bawb o bob iaith a chenedl i ddod i mewn i'r cyfamod newydd â Duw, a hynny heb iddynt orfod cael eu henwaedu.

Nid yw Paul yn ymwrthod yn llwyr â'r Gyfraith. I'r gwrthwyneb, y Gyfraith sy'n gosod ger ein bron y ddeddf foesol a'r gorchmynion y dylai Iddewon a Christnogion fel ei gilydd ufuddhau iddynt. Ond nid yw hynny am fod byw yn ôl gorchmynion y Gyfraith yn amod iachawdwriaeth, ond ei fod yn hytrach yn ganlyniad iachawdwriaeth. Yn Rhufeiniaid 13:8–10, mae Paul yn pwysleisio fod y 'sawl sy'n caru pobl eraill wedi cyflawni holl ofynion y Gyfraith'. Â ymlaen i atgoffa ei ddarllenwyr fod holl egwyddorion y Gyfraith yn sefyll: 'Na odineba, na ladd, na ladrata, na chwennych'; a bod y cyfan wedi eu crynhoi yn y gorchymyn, 'Câr dy gymydog fel ti dy hun'. A gweir yr un gosodiad yn Galatiaid 5:14: 'Oherwydd y mae'r holl Gyfraith wedi ei mynegi'n gyflawn mewn un gair, sef yn y gorchymyn, "Câr dy gymydog fel ti dy hun"'. Y mae'r Gyfraith yn sefyll a'i gofynion wedi eu crynhoi mewn un gair, 'Câr dy gymydog', oherwydd cariad, a chariad yn unig yw'r mynegiant o'r bywyd newydd yn Iesu Grist.

Cwestiynau i'w trafod

1. A yw dysgeidiaeth Paul am y Gyfraith yn berthnasol i ni heddiw?

2. O ystyried amharodrwydd rhai Cristnogion Iddewig yn nyddiau Paul i dderbyn Cenedl-ddynion i'r Eglwys, beth yw nodweddion eglwys 'agored'?

3. A ddylid rhoi mwy o le i'r Deg Gorchymyn yn ein Cristnogaeth gyfoes?

16. Crist Iesu yr Arglwydd

Philipiaid 2:1–11; Colosiaid 1:1–20

Calon dysgeidiaeth a ffydd yr Apostol Paul yw'r Arglwydd Iesu Grist. Ei gyfarfyddiad â Christ ar ffordd Damascus a newidiodd gwrs ei fywyd, ei ffydd a'i waith. Daeth Paul i weld mai neb llai na Mab Duw oedd yr Un y bu ef yn erlid ei ddilynwyr. Yn ymgnawdoliad Iesu Grist, gwelai Paul fod Duw yn ei uniaethu ei hun â'r ddynoliaeth bechadurus. Ym marwolaeth Iesu ar y groes, gwelai Paul ras a maddeuant Duw ar waith, yn cymodi'r byd ag ef ei hun. Gwelai ogoniant dwyfol Iesu yn ei atgyfodiad oddi wrth y meirw. A chredai mai yn ailddyfodiad Iesu y byddai pwrpas achubol Duw ar gyfer ei fyd yn cael ei gyflawni. Cyfarfod â'r Crist hwn a droes ei grefydd a'i werthoedd wyneb i waered, a thyfu i adnabod Crist, a threiddio i ddirgelwch ei aberth a'i atgyfodiad a ddaeth yn brif nod ac amcan ei fywyd. Ond ar wahân i gyfeiriadau mynych at y groes a'i atgyfodiad, ychydig iawn o gyfeiriadau sydd gan Paul at fywyd a gweinidogaeth Iesu Grist.

Y Dyn Iesu

Y mae dyndod Iesu'n elfen ganolog ym meddwl Paul. Rhagdybir ei ddyndod yn nysgeidiaeth Paul am y groes a'r iachawdwriaeth. Ni allai Iesu fod wedi marw heb iddo fod yn ddyn. Meddai Paul yn Rhufeiniaid 1:3, 'Yn nhrefn y cnawd, ganwyd ef yn llinach Dafydd'. A cheir ganddo gyfeiriad tebyg yn Rhufeiniaid 8:3, lle dywed fod Duw wedi 'anfon ei Fab ei hun, mewn ffurf debyg i'n cnawd pechadurus ni, i ddelio â phechod'. Yn Colosiaid 2:9, priodolir corff dynol i Iesu: 'Oherwydd ynddo ef y mae holl gyflawnder y Duwdod yn preswylio'n gorfforol'. Yn Galatiaid 4:4, dywed Paul fod Duw wedi anfon ei Fab, 'wedi ei eni o wraig'. Cyfeiria at frodyr Iesu yn 1 Corinthiaid 9:5 a Galatiaid 1:19. Y mae'n amddiffyn ei weinidogaeth gerbron Cristnogion Corinth 'ar sail addfwynder a hynawsedd Crist' (2 Cor. 10:1). Ac y mae'n atgoffa'r Philipiaid o agwedd meddwl gostyngedig Iesu (Phil. 2:5–6).

Mae'n amlwg o'r cyfeiriadau uchod fod Paul yn credu fod Iesu'n ddyn fel pob dyn arall, ond nid yw'n dweud llawer am fywyd Iesu na'i wyrthiau na'i ddamhegion. Ceir ambell adlais o eiriau Iesu yma a thraw yn ei lythyrau. Wrth drafod priodas, mae'n pwysleisio 'nid fi, ond yr Arglwydd' sy'n rhoi'r gorchymyn (1 Cor. 7:10). Dengys ei fod yn gyfarwydd â geiriau Iesu wrth ddweud fod gweithiwr yn haeddu ei fwyd (Mth. 10:10): 'Yn yr un modd hefyd, rhoddodd yr Arglwydd orchymyn i'r rhai sy'n cyhoeddi'r Efengyl, eu bod i fyw ar draul yr Efengyl' (1 Cor. 9:14). Pe byddai rhaid dibynnu ar Paul, ychydig iawn o wybodaeth a fyddai gennym am fywyd a gweinidogaeth Iesu, ar wahân i'w groeshoeliad a'i atgyfodiad. Nid yw hyn yn golygu nad oedd ganddo ddiddordeb yn hanes Iesu, ond yn hytrach ei fod yn cymryd yn ganiataol fod ei ddarllenwyr yn gwbl gyfarwydd â'r hanes trwy dystiolaeth apostolion a phroffwydi a chenhadon.

Wedi dweud hynny, ceir sawl adlais o ddysgeidiaeth Iesu yng ngeirfa Paul. Yng ngeiriau agoriadol ei Lythyr at y Rhufeiniaid, mae'n defnyddio'r gair *efengyl.* Dywed ei fod wedi ei neilltuo 'i wasanaeth Efengyl Duw'. Dywed hefyd, 'Addawodd Duw yr Efengyl hon', ac mai 'Efengyl am ei Fab' ydyw (Rhuf. 1:1–2). Dywed hefyd fod ganddo hyder yn yr Efengyl honno: 'Nid oes arnaf gywilydd o'r Efengyl, oherwydd gallu Duw yw hi ar waith er iachawdwriaeth i bob un sy'n credu' (Rhuf. 1:16). Yn sicr, does yr un gair yn ei glymu'n agosach at Iesu Grist na'r gair 'Efengyl'.

Term arall ag iddo gyswllt uniongyrchol ag Iesu yw *teyrnas Dduw.* Pwyslais canolog Iesu ar hyd ei weinidogaeth oedd dyfodiad y deyrnas, ac y mae defnydd Paul o'r term yn dangos yn eglur ei fod yn gyfarwydd â dysgeidiaeth Iesu. 'Oni wyddoch na chaiff yr anghyfiawn etifeddu teyrnas Dduw?' (1 Cor. 6:9), meddai wrth rybuddio'r Corinthiaid i beidio ymgyfreithio yn erbyn ei gilydd. Wrth drafod atgyfodiad y meirw, meddai, 'ni all cig a gwaed etifeddu teyrnas Dduw' (1 Cor. 15:50). A sonia yn Colosiaid 4:11 am rai o'i gydweithwyr fel yr 'unig gredinwyr Iddewig sy'n cydweithio â mi dros deyrnas Dduw'. Mae'n bosibl mai'r cyfeiriad Paulaidd agosaf at ddysgeidiaeth Iesu am deyrnas Dduw yw, 'Nid bwyta ac yfed yw teyrnas Dduw, ond cyfiawnder a heddwch a llawenydd yn yr Ysbryd Glân' (Rhuf. 14:17). Yma tybir fod y deyrnas eisoes wedi ymddangos, ond ei bod eto i ddod yn ei llawnder – yr un syniad ag a geir yn yr efengylau ac yng ngeiriau Iesu.

Gwelir tebygrwydd arbennig rhwng meddwl Iesu a dysgeidiaeth Paul yng nghyfeiriadau Paul at weddïo *Abba! Dad!* 'Abba' oedd y gair a ddefnyddiai Iesu i gyfarch Duw, a'r gair a ddysgodd i'w ddisgyblion. 'Gweddïwch chwi fel hyn: "Ein Tad *(Abba)* yn y nefoedd' (Mth. 6:9). I Paul, arwydd clir o'u mabwysiad fel dilynwyr Iesu oedd bod yr Ysbryd Glân yn eu galluogi i lefain 'Abba! Dad!' (Rhuf. 8:15). Yr Ysbryd Glân sy'n rhoi iddynt yr argyhoeddiad mewnol eu bod yn blant i Dduw, ac fel ei blant yn etifeddion hefyd. Ailadroddir yr un profiad yn Galatiaid 4: 6: 'A chan eich bod yn blant, anfonodd Duw Ysbryd ei Fab i'n calonnau, yn llefain "Abba! Dad!"' Gan mai prin iawn yw'r cyfeiriadau at Dduw fel Tad yn yr Hen Destament, mae'n amlwg fod pwyslais Iesu ar dadolaeth Duw wedi dylanwadu'n drwm ar feddwl Paul, ac ar addoliad yr Eglwys Fore.

Geiriau eraill o eiddo Paul sy'n adleisio dysgeidiaeth Iesu yw Rhufeiniaid 12:9–12. Y mae acenion y Bregeth ar y Mynydd i'w clywed yn glir yn yr anogaeth i fendithio'r rhai sy'n ein herlid a pheidio â thalu drwg am ddrwg i neb, a pheidio â dial. Dichon mai prif amcan Paul wrth gyfeirio at orchmynion Iesu oedd atgoffa'r eglwysi o'r hyn a ddisgwylid oddi wrthynt yn eu bywyd a'u buchedd fel dilynwyr Crist. Ond y mae'r cyfeiriadau'n ddigon niferus i ddangos fod Iesu'r dyn o'r pwys mwyaf i Paul er nad yw'n cyfeirio at yr hanesion amdano, a'i fod nid yn unig yn gwbl gyfarwydd â'i ddysgeidiaeth ond ei fod yn ystyried y ddysgeidiaeth honno'n awdurdodol i'r Eglwys.

Iesu y Crist neu'r Meseia

Beth am yr elfennau hynny yng Nghristoleg Paul sy'n cyfeirio at natur ddwyfol Iesu Grist? Ceir clwstwr o deitlau, megis 'Meseia', 'Crist', 'Arglwydd', 'Mab Duw', 'Delw Duw' ac eraill i ddynodi person sy'n adlewyrchu natur Duw, ac un y mae Duw ar waith ynddo a thrwyddo. Wrth sôn am waith Duw'n dwyn creadigaeth newydd i fod ac yn cymodi'r byd ag ef ei hun, dywed Paul mai 'trwy Grist' y mae Duw yn cyflawni ei waith achubol. 'Yr oedd Duw yng Nghrist yn cymodi'r byd ag ef ei hun' (2 Cor. 5:19).

Y mae'r teitl *Crist,* sef 'un a eneiniwyd', yn dynodi un sydd wedi ei benodi gan Dduw i fod yn gyfrwng ei wirionedd a'i waith. Yn yr Hen Destament, yr oedd y Meseia'n ffigur dynol. Yr oedd iddo le arbennig ym mhwrpas Duw, ond fel dyn cyffredin. Ar adegau, defnyddid y teitl i ddisgrifio brenin (gwêl. Barn. 8:22ym; 1 Sam. 8), yn benodol Saul (1 Sam. 12:3) a Dafydd (1 Sam. 16:6). Y wedd frenhinol oedd uchaf yn nisgwyliad pobl am Feseia yng nghyfnod Iesu. Dyna a wnaeth y syniad o Iesu fel Meseia dioddefus yn wrthun i gymaint o'i gyfoedion. Wedi i'r archoffeiriad holi Iesu ai ef oedd y 'Meseia, Mab y Bendigedig', atebodd, 'Myfi yw, "ac fe welwch Fab y Dyn yn eistedd ar ddeheulaw'r Gallu ac yn dyfod gyda chymylau'r nef"' (Mc. 14:61–62). Adwaith yr archoffeiriad oedd rhwygo ei ddillad a chyhuddo Iesu o gabledd.

Erbyn dyddiau Paul, yr oedd *Crist* a *Meseia* wedi mynd yn gyfystyr â'i gilydd i'r Cristnogion cyntaf. Defnyddir y term *Crist*, neu *y Crist*, o leiaf 180 o weithiau yn llythyrau Paul. Y cysyniad anoddaf i Paul ei dderbyn wedi iddo gyfarfod â'r Crist byw ar ffordd Damascus oedd y gallai un a ddioddefodd farwolaeth gywilyddus ar groesbren fod yn Feseia Israel. Gwyddai fod y fath syniad 'yn dramgwydd i'r Iddewon' (1 Cor. 1:23). Y 'tramgwydd' neu'r sgandal i Iddewon oedd bod Paul yn eu cymell i gredu yn y Crist croeshoeliedig hwn. Ond argyhoeddiad sicr Paul oedd bod Duw wedi dewis dangos ei allu a'i ddoethineb trwy groeshoeliad Iesu – rhywbeth oedd yn ymddangos yn 'ffolineb' i Iddewon a Groegiaid fel ei gilydd. Dyna a barodd iddo ymroi i bregethu'r neges herfeiddiol hon: 'Gwelodd Duw yn dda trwy ffolineb yr hyn yr ydym ni yn ei bregethu achub y rhai sydd yn credu' (1 Cor. 1:21). I Paul, hon oedd 'Efengyl Crist' y cyfeirir ati mewn nifer o fannau (e.e. Rhuf. 15:19; 1 Cor. 9:12; 2 Cor. 2:12; 9:13; 10:14; Gal. 1:7 ac ati). Ac y mae'n gwbl bosibl fod arfer Paul o ddefnyddio'r enw dwbl 'Crist Iesu' yn hytrach na 'Iesu Grist' yn gyfystyr â dweud 'y Meseia Iesu'.

Yr Arglwydd, Mab Duw

I Gristnogion Cenhedlig, nad oedd y syniad Iddewig o Feseia yn gyfarwydd iddynt, daeth y teitl 'Crist' yn enw. Ond gair oedd yn fwy cyfarwydd i Genedl-ddynion, ac a gynhwysai'r syniad o ddwyfoldeb, oedd *Arglwydd (Kyrios)*. Yr oedd hwnnw'n air cyffredin yn y byd Groegaidd. Fel y dywed Paul ei hun, 'y mae "duwiau" lawer ac "arglwyddi" lawer' (1 Cor. 8:5). Ond nid o'r cefndir Groegaidd y mabwysiadwyd y gair i ddisgrifio Iesu Grist, ond o'r cefndir Iddewig gan ei fod yn air a ddefnyddiwyd o fewn Iddewiaeth i ddynodi Duw ei hun. 'Yr ydym wedi gweld yr Arglwydd', meddai rhai o'r disgyblion wrth Thomas, ac ymateb Thomas, wedi iddo weld y Crist byw oedd, 'Fy Arglwydd a'm Duw!' (In. 20:25, 28). Beth bynnag oedd ym meddwl Thomas pan wnaeth ei gyffes, y mae ei eiriau yn crynhoi'r hyn a ddywed Efengyl Ioan am berson Crist. 'Iesu yw'r Arglwydd' oedd y ffurf gynharaf ar gyffes yr Eglwys Fore. Y geiriau a ddaeth ar unwaith i feddwl Paul pan gyfarfu ag Iesu ar ffordd Damascus, oedd, 'Pwy wyt ti, Arglwydd?' (Act. 9:5). Defnyddiodd y gair 'Arglwydd' am iddo weld fod Iesu'n fyw a bod Duw ei hun yn ei gyfarfod yn y digwyddiad rhyfeddol hwn.

Arwyddocâd y gair 'Arglwydd' yw ei fod yn fynegiant o'r profiad o gyfarfod â Duw yn Iesu Grist. Yn ôl Paul, cyffesu hynny'n gyhoeddus a chredu hynny yn y galon yw amod achubiaeth: 'Os cyffesi Iesu yn Arglwydd â'th enau, a chredu yn dy galon fod Duw wedi ei gyfodi ef oddi wrth y meirw, cei dy achub' (Rhuf. 10:9). Ond trwy ddylanwad ac arweiniad yr Ysbryd Glân y daw credinwyr i gyffesu arglwyddiaeth Crist: 'Ac ni all neb ddweud, "Iesu yw'r Arglwydd!" ond trwy yr Ysbryd Glân' (1 Cor. 12:3). Gan fod Iesu wedi ei ddyrchafu gan Dduw ac wedi derbyn 'yr enw sydd goruwch pob enw', edrychai Paul ymlaen at y dydd y byddai'r ddynoliaeth oll yn cyffesu 'fod Iesu Grist yn Arglwydd, er gogoniant Duw Dad' (Phil. 2:9, 11). Y mae Paul hefyd yn dyfynnu geiriau o'r Hen Destament sy'n cyfeirio at Dduw, ac yn eu haddasu i gyfeirio at Iesu: 'Oherwydd, yng ngeiriau'r Ysgrythur, "bydd pob un sy'n galw ar enw yr Arglwydd yn cael ei achub, pwy bynnag yw"' (Rhuf. 10:13), sy'n ddyfyniad air am air o Joel 2:32. Dyma Paul yn cymryd geiriau sy'n cyfeirio'n wreiddiol at Dduw ac yn eu cymhwyso at Iesu Grist.

Enghraifft arall o ddefnyddio cyfeiriadau at Dduw yn yr Hen Destament gan eu haddasu at Iesu Grist yw 2 Thesaloniaid 1:8–10, sy'n adleisio Eseia 2:10, 19, 20 a Salm 88:7. Rhybudd o'r farn sydd i ddod, o ddinistr yr eilunod ac o dynged y balch a'r dyrchafedig a geir yn Eseia 2 a Salm 88, ond mae Paul yn defnyddio'r un ymadroddion i ddisgrifio'r Arglwydd Iesu, ynghyd â'r angylion, yn disgyn o'r nef i farnu'r 'rhai nad ydynt yn adnabod Duw a'r rhai nad ydynt yn ufuddhau i Efengyl ein Harglwydd Iesu'.

Gan fod Paul yn defnyddio'r teitl 'Arglwydd' i ddynodi Crist yn rhannu yn awdurdod Duw, nid yw'n syndod fod i'r gair gysylltiad agos â'r atgyfodiad a'r esgyniad. I Paul, yr atgyfodiad oedd y datguddiad llawn o arglwyddiaeth Iesu, gan mai gwaith Duw yn ei gyfodi o blith y meirw yw'r digwyddiad mwyaf pwerus. Anaml y cyfeirir at Iesu'r Arglwydd yn ystod ei fywyd ar y ddaear. Ar y pryd, roedd wedi ei wacáu ei hun o'i briodoleddau dwyfol, wedi ei ddarostwng ei hun ac wedi cymryd ffurf caethwas (Phil 2:6–11). Yn ei atgyfodiad a'i esgyniad y gwelid ef yn cael ei ddyrchafu i rannu eto yn ei ogoniant dwyfol, ac wedi'r atgyfodiad y mabwysiadwyd y teitl 'Arglwydd' i'w ddisgrifio.

Y term arall sy'n cyfleu perthynas agos Iesu â Duw yw *Mab Duw*. Dywedir i Paul, yn union wedi ei dröedigaeth, bregethu yn Namascus: 'dechreuodd bregethu Iesu yn y synagogau, a chyhoeddi mai Mab Duw oedd ef' (Act. 9:20). Yn Rhufeiniaid 1:4, dywed Paul am Iesu, 'yn nhrefn sanctaidd yr Ysbryd, cyhoeddwyd ef yn Fab Duw, â mawr allu, trwy atgyfodiad o farwolaeth'. Ac meddai yn Galatiaid 2:20, 'A'r bywyd yr wyf yn awr yn ei fyw yn y cnawd, ei fyw trwy ffydd yr wyf, ffydd ym Mab Duw'. Wrth drafod undod y corff o gredinwyr, dywed Paul mai wrth adeiladu corff Crist 'y cyrhaeddwn oll hyd at yr undod a berthyn i'r ffydd ac i adnabyddiaeth o Fab Duw' (Eff. 4:13). Ceir sawl enghraifft ohono'n cyfeirio at Iesu fel 'ei Fab,' sef Mab Duw (Rhuf. 5:10; 8:3, 29, 32; 1 Cor. 1:9; Gal. 1:16; 4:4, 6; 1 Thes. 1:10). Heb amheuaeth, y teitl 'Mab Duw' a ddefnyddiwyd gan Paul yn amlach na'r un arall i ddynodi ei natur ddwyfol a'i berthynas unigryw â Duw ei Dad nefol.

Yn yr Hen Destament, nid oedd yr ymadrodd 'Mab Duw' o angenrheidrwydd yn golygu person dwyfol. Yn 2 Samuel 7:14, fe'i defnyddiwyd i ddisgrifio'r brenin Dafydd: 'Byddaf fi'n dad iddo ef, a bydd yntau'n fab i mi'. Ac eto, yn Salm 2:7, 'Dywedodd wrthyf, "Fy mab wyt ti, myfi a'th genhedlodd di heddiw"'. Yr oedd Moses i gyhoeddi gerbron Pharo, 'Dyma a ddywed yr Arglwydd: Israel yw fy mab cyntaf-anedig' (Ex. 4:22). Nid yw'r cyfeiriadau hyn yn awgrymu bod y brenin na'r genedl yn ddwyfol, ond eu bod yn sefyll mewn perthynas arbennig o agos â Duw. Nodwedd amlycaf y berthynas hon oedd ufudd-dod llwyr i Dduw.

Daeth Paul a'r Cristnogion cynnar i weld yn fuan fod y berthynas rhwng Iesu a'i Dad yn gwbl unigryw, nid yn unig ar sail ei ufudd-dod perffaith i ewyllys Duw, ond am fod Iesu'n rhannu yn natur Duw, a'i fod wedi ei anfon oddi wrth Dduw. Yn Rhufeiniaid 8:3 a Galatiaid 4:4, cyfeiria Paul at Dduw yn 'anfon ei Fab ei hun', ac yn ei anfon 'pan ddaeth cyflawniad yr amser ... wedi ei eni o wraig'. Dyma fan cychwyn athrawiaeth yr ymgnawdoliad.

Pan ddeuwn at yr olaf o lythyrau Paul, sef Colosiaid, mae'r pwyslais, nid yn unig ar Dduw yn 'anfon' ei Fab, ond at 'holl gyflawnder y Duwdod yn preswylio'n gorfforol' yn Iesu (Col. 2:9). Gan gychwyn gyda'r gred Iddewig am Ddoethineb Duw yn bodoli cyn bod amser, ac yn dwyn pob peth i fod ac yn llenwi'r bydysawd, mae Paul yn uniaethu Crist â'r Ddoethineb ddwyfol, ac yn dweud amdano, 'Hwn yw delw'r Duw anweledig, cyntaf-anedig yr holl greadigaeth; oherwydd ynddo ef y crëwyd pob peth yn y nefoedd ac ar y ddaear, pethau gweledig a phethau anweledig ... Trwyddo ef ac er ei fwyn ef y mae pob peth wedi ei greu. Y mae ef yn bod cyn pob peth, ac ynddo ef y mae pob peth yn cydsefyll' (Col. 1:15–17).

Yr ymadrodd arwyddocaol yw 'cyflawnder y Duwdod yn preswylio'n gorfforol' yng Nghrist. Y mae 'cyflawnder' *(pleroma)* y Duwdod yn air cwbl unigryw, a'r defnydd ohono yn dangos Paul yn ymdrechu i ganfod iaith addas i ddisgrifio Iesu Grist ac i fynegi ei fawredd a'i allu. Mae'r gair 'preswylio' *(somatikos)* wedyn yn pwysleisio fod y cyflawnder dwyfol sydd yng Nghrist yn bodoli mewn cnawd – 'yn preswylio'n gorfforol' - er mwyn i'r rhai sy'n credu ynddo gael rhannu yn ei gyflawnder ef. 'Yr ydych chwithau wedi eich dwyn i gyflawnder ynddo ef' (Col. 2:10). Y mae'n bosibl i'r Cristion fod 'yng Nghrist' a rhannu ym mywyd a chyflawnder Crist am fod y Crist hwn wedi dod yn un â'n corff ac wedi ei uniaethu ei hun â'n hangen.

> 'Mae pob cyflawnder ynddo fe
> Sydd arnom eisiau'i gael.'
> (John Thomas, 1730–1804).

Cwestiynau i'w trafod

1. Pam, yn eich barn chi, fod Paul yn dangos cyn lleied o ddiddordeb ym mywyd a gweinidogaeth Iesu'r dyn?

2. Pa deitl sydd fwyaf addas i ddisgrifio Iesu Grist yn ein cyfnod ni?

3. Pa mor bwysig i'r Ffydd Gristnogol yw'r gred yn yr ymgnawdoliad?

17. Tramgwydd y Groes

Rhufeiniaid 3:21–26; 2 Corinthiaid 5:11–21

Er bod Paul yn gyfarwydd â hanes bywyd a gweinidogaeth Iesu, ac yn gyfarwydd hefyd â'i ddysgeidiaeth, prif ffocws ei ddiwinyddiaeth yw'r groes a'r atgyfodiad. Un rheswm am hynny oedd bod ganddo'r dasg enfawr o argyhoeddi Iddewon a Groegiaid fel ei gilydd mai'r Crist *croeshoeliedig* oedd y Meseia. I gyfoedion Paul, roedd y syniad o Feseia a oedd yn cyflawni ei waith achubol trwy farw ar groes yn wrthun: 'yn dramgwydd i'r Iddewon ac yn ffolineb i'r Cenhedloedd' (1 Cor. 1:23). Credai'r Iddewon fod pob dyn a gai ei groeshoelio dan felltith Duw. 'Oherwydd y mae un a grogwyd ar bren dan felltith Duw' (Deut. 21:23). Ceir awgrym yn Galatiaid 3:13 fod yr adnod hon yn cael lle amlwg yn y gwrthwynebiad i bregethu'r Eglwys Fore. Ac er bod croeshoeliad yn cael ei ystyried gan y Rhufeiniaid hefyd fel y mwyaf cywilyddus o farwolaethau, nid oedd Paul na'i gyd-gredinwyr yn barod i gyfaddawdu dim ar eu neges mai Crist, ac yntau wedi ei groeshoelio, oedd calon eu cenadwri. Meddai wrth y Corinthiaid, 'Eithr nyni, pregethu yr ydym Grist wedi ei groeshoelio' (1 Cor. 1:23). A dywed eto, 'Oherwydd dewisais beidio â gwybod dim yn eich plith ond Iesu Grist, ac yntau wedi ei groeshoelio' (1 Cor. 2:2).

Y cwestiwn sylfaenol yw pam y rhoddodd Paul y fath bwyslais ar y groes. Pam y bu raid i Iesu farw? A oedd yn angenrheidiol iddo dywallt ei waed er mwyn rhyddhau dyn oddi wrth bechod, a'i gymodi â Duw? A oedd atgyfodiad Iesu'r un mor bwysig â'i farwolaeth, neu a oedd y groes ei hun yn ddigon?

Aberth dros bechod

I ganfod ateb i'r cwestiynau hyn, rhaid edrych ar y trosiadau a'r metafforau a ddefnyddir gan Paul i egluro arwyddocâd y groes. Un o'r delweddau pwysicaf a ddefnyddir ganddo yw *aberth dros bechod*, sef yr aberth cwltig a offrymwyd ar ran unigolion a grwpiau yn y deml yn

Jerwsalem. Ceir yn Lefiticus 16:11–19 ddisgrifiad manwl o'r ddefod o aberthu bustach a bwch ar Ddydd y Cymod, yn aberth dros bechod y bobl.

Ceir adlais o'r gyfundrefn aberthol hon yn Rhufeiniaid 3:24–26: 'Y maent yn cael eu cyfiawnhau, trwy'r prynedigaeth sydd yng Nghrist Iesu, yr hwn a osododd Duw gerbron y byd, yn ei waed, yn aberth cymod [neu, 'yn foddion puredigaeth', neu 'yn iawn'] trwy ffydd. Gwnaeth Duw hyn i ddangos ei gyfiawnder yn ddiymwad ... yn yr amser presennol hwn, sef ei fod ef ei hun yn gyfiawn a hefyd yn cyfiawnhau'r sawl sy'n meddu ar ffydd yn Iesu.' Y term allweddol yw 'aberth cymod' neu 'moddion puredigaeth' *(hilastçrion),* sy'n gyfeiriad uniongyrchol at gyfundrefn aberthol y deml. Gallai'r term olygu naill ai 'gweithredu cymod' neu 'gwneud iawn' am drosedd. Gwêl rai broblem gyda'r ail ystyr o ran ei fod yn awgrymu tawelu llid Duw. I'r meddwl cyfoes, mae'r syniad o aberthu anifeiliaid a thaenellu gwaed er mwyn boddhau Duw digllon yn gyntefig a barbaraidd. Mae hefyd yn groes i'r hyn a ddywed Paul ei hun yn yr adnodau uchod, sef mai Duw ei hun sy'n darparu'r 'aberth cymod'. 'Gwnaeth Duw hyn i ddangos ei gyfiawnder yn ddiymwad' (Rhuf. 3:25).

Nid amcan yr aberth oedd newid agwedd Duw na diddymu ei lid, ond yn hytrach diddymu *pechod.* Newid cyflwr dyn, nid newid meddwl Duw yw diben yr aberth – puro person neu wrthrych trwy gael gwared â'r drygioni. Yng ngoleuni'r ystyr hwn, Duw ei hun sy'n gweithredu'r puredigaeth. Mae hynny'n cyd-fynd â'r hyn a ddywed Paul: 'sef ei fod ef ei hun yn gyfiawn a hefyd yn cyfiawnhau'r sawl sy'n meddu ar ffydd yn Iesu' (Rhuf. 3:26).

Y cwestiwn sy'n aros heb ei ateb yw, ai fel cymhariaeth neu drosiad y mae aberth Dydd y Cymod yn ei gynnig ei hun i Paul – math o eglureb o aberth Crist – ynteu a oedd ei aberth yn llythrennol yn gyfrwng i ddiddymu pechod ac i gymodi'r credadun â Duw, a'i fod felly'n rhagori ar yr hen gyfundrefn aberthol Iddewig? Awgrymir hynny pan ddywedir fod Duw wedi 'anwybyddu' pechodau'r gorffennol, ond ei fod yn aberth

Crist yn dangos ei gyfiawnder 'yn ddiymwad yn yr amser presennol hwn' (Rhuf. 3:25).

Mae'n rhaid ystyried rhai cyfeiriadau eraill sy'n gysylltiedig ag aberth. Er enghraifft, 'Wrth anfon ei Fab ei hun, mewn ffurf debyg i'n cnawd pechadurus ni, i ddelio â phechod, y mae wedi collfarnu pechod yn y cnawd' (Rhuf. 8:3). Y syniad Beiblaidd yw mai'r cnawd yw tiriogaeth pechod – y cnawd yn yr ystyr o'r gogwydd sydd ynom at y drwg. Daeth Iesu i ganol y sefyllfa ddynol fel un ohonom ni. Ar lefel y cnawd y gweithredai pechod; ac ar y tir hwnnw y daeth Crist i wrthdrawiad â phechod, a'i gollfarnu. Estyniad yw hyn o ymresymiad Paul yn Rhufeiniaid 3:24–26. Yr oedd Duw wedi darparu aberth cymod trwy roi ei Fab Iesu Grist i'r byd. Dywed yn awr ei fod wedi collfarnu a goresgyn pechod trwy ddelio ag ef ar ei diriogaeth ei hun, sef 'yn y cnawd'. Collfarnwyd pechod yn yr union fan yr oedd yn gryf, sef yn y cnawd dynol, a hynny oherwydd i'r Iesu dibechod, yn ei ymgnawdoliad, ei uniaethu ei hun â'r cnawd hwnnw. Eto, Duw yn ei gyfiawnder a ddarparodd y dull a'r modd i ddelio â gafael pechod ar y ddynoliaeth.

Datblygiad o'r un syniad a geir yn 2 Corinthiaid 5:21: 'Ni wybu Crist beth oedd pechu, ond gwnaeth Duw ef yn un â phechod [neu 'yn aberth dros bechod'] drosom ni, er mwyn i ni ddod yn gyfiawnder Duw ynddo ef'. Yn yr adnodau blaenorol dywed Paul fod 'Duw yng Nghrist yn cymodi'r byd ag ef ei hun, heb ddal neb yn gyfrifol am ei droseddau' (2 Cor. 5:19). Unwaith eto, mae'n pwysleisio mai gwaith Duw yw cymodi, ac mai'r ymateb dynol priodol yw rhannu neges y cymod ag eraill. Ond yn adnod 21, ceir cyfeiriad uniongyrchol at y rheol cwltig fod rhaid i'r anifail sydd i'w aberthu fod yn lân a di-nam. Ni ellir osgoi'r gyffelybiaeth â defod Dydd y Cymod, pan osodai'r offeiriad bechodau'r bobl ar ben y bwch dihangol (Lef. 16:21). Ond nid oes unrhyw syniad yma o aberthu er mwyn newid agwedd Duw, ond yn hytrach fod pechodau'r bobl yn cael eu dileu. Yn yr un modd, mae Duw'n dileu pechod trwy ei uniaethu ei hun â ni yn Iesu Grist, yr Un na wybu beth oedd pechu, er mwyn i ni rannu yng nghyfiawnder Duw.

Cyfeiriad perthnasol arall yw 1 Corinthiaid 5:7, lle dywed Paul, 'Y mae Crist, ein Pasg ni, wedi ei aberthu'. Yma, cysylltir aberth Crist â Gŵyl y Pasg, pryd lladdwyd yr ŵyn yn y deml. Dywedir yn Efengyl Ioan i aberth y groes ddigwydd yr un pryd â'r aberthu yn y deml. Ac y mae cysylltiad hefyd â'r Swper Olaf ac â geiriau Iesu: 'Hwn yw fy ngwaed i, gwaed y cyfamod, sy'n cael ei dywallt er mwyn llawer' (Mc. 14:24).

Yn yr holl gyfeiriadau hyn at aberthu ac at ddefodau Dydd y Cymod, dylid cofio fod Paul yn ceisio egluro'r hyn sydd yn y pendraw yn anhraethadwy. Ac am hynny, rhaid osgoi dehongli ei eiriau'n llythrennol. Cymryd eglurebau o hen ddefodau aberthol y deml a wnâi, er mwyn egluro fod Duw, trwy Iesu Grist, yn symud ymaith bechod y ddynoliaeth. Nid yw'n dweud yn unman i Dduw gosbi Iesu Grist. Amcan y cyfan oedd cymod. Y rhwystr ar ffordd cymod oedd barn Duw ar bechod. Yng Nghrist, symudodd Duw'r farn honno trwy ei gosod ar ei Fab. 'Nid arbedodd Duw ei Fab ei hun, ond ei draddodi i farwolaeth trosom ni oll' (Rhuf. 8:32). Ac wrth roi ei Fab drosom, y mae Duw yn rhoi'r cyfan.

Prynu, cymodi a gorchfygu

Y mae Paul yn defnyddio delweddau eraill i geisio egluro ystyr y groes. Un ohonynt yw'r darlun o *brynu*, fel y byddai meistr yn prynu caethwas. Wrth rybuddio'r Corinthiaid rhag ymddygiad anfoesol, mae'n eu hannog i gofio fod y corff yn deml i'r Ysbryd Glân. 'Oherwydd prynwyd chwi am bris. Felly gogoneddwch Dduw yn eich corff' (1 Cor. 6:20). Ac meddai eto yn 1 Corinthiaid 7:23, 'Am bris y'ch prynwyd chwi. Peidiwch â mynd yn gaeth i feistriaid dynol'. Wrth ysgrifennu at y Galatiaid, dywed fod Crist wedi ein prynu 'oddi wrth felltith y Gyfraith' (Gal. 3:13; 4:5). Gall yr eglureb olygu meistr yn prynu caethwas, neu gaethwas yn prynu ei ryddid ei hun. Yr un yw'r gyffelybiaeth: arweiniodd yr achubiaeth sydd o Dduw at ryddhau o afael pechod. Y pris oedd marwolaeth Iesu ar y groes. Gan mai eiddo Duw yw'r corff, rhaid ei ddefnyddio yn deilwng ac yn unol â'i ewyllys. Yn yr un modd, rhaid gwylio nad yw'r sawl sydd wedi ei brynu i ryddid o afael y Gyfraith yn llithro'n ôl i'w chrafangau. Unwaith eto, rhaid gofalu nad ydym yn dehongli'r eglureb yn llythrennol, neu mae cwestiynau dyrys yn codi, megis pwy a'n prynodd, ac oddi wrth bwy, a beth oedd y pris?

Y mae'r syniad o brynedigaeth yn perthyn yn agos iawn i'r syniad o achub ac o ryddhau. Er enghraifft, 'Ynddo ef y mae i ni brynedigaeth trwy ei waed, sef maddeuant ein camweddau' (Eff. 1:7). Defnyddir y gair 'prynedigaeth' eto i ddynodi maddeuant a chael rhyddhad o afael pechod a thywyllwch: 'Gwaredodd ni o afael y tywyllwch, a'n trosglwyddo i deyrnas ei annwyl Fab, yn yr hwn y mae inni brynedigaeth, sef maddeuant ein pechodau' (Col. 1:13–14). Dengys hyn fod nifer o ddelweddau Paul yn gorgyffwrdd ac yn llifo i'w gilydd wrth iddo chwilio am ddarluniau addas i geisio egluro ystyr aberth Iesu Grist.

Delwedd arall a ddefnyddir ganddo yw'r darlun o *gymodi.* Dyma thema amlwg yn 2 Corinthiaid 5:18–20 a sawl man arall yn ei lythyrau (Rhuf. 5:10; 1 Cor. 7:11; Col. 1:20, 22; Eff. 2:16). Un agwedd ar y thema hon yw bod cymod yn digwydd rhwng Duw a'r byd; rhwng y Creawdwr a'i greadigaeth. Cyfrwng y cymod yw Crist, yn hytrach na'i wrthrych. Duw ei hun sy'n dod â'r cymod i fod, ond 'trwy Grist' ac 'yng Nghrist' (2 Cor. 5:18–19) y digwydd hynny. Ond y mae'r cymodi yn dibynnu ar beidio â 'dal neb yn gyfrifol am ei droseddau'. Rhaid oedd symud ymaith yr hyn oedd yn achosi'r rhwyg a'r rhaniad. Ac fe ddigwydd hynny trwy i Grist gymryd baich y pechod arno'i hun 'er mwyn i ni ddod i gyflawnder Duw ynddo ef' (2 Cor. 5:21).

Ymhelaethir ar waith Duw yn cymodi yn Colosiaid 1:19–20. O gymodi'r credadun unigol â Duw, mae'r broses achubol yn mynd rhagddi ac yn arwain at 'gymodi pob peth ag ef ei hun, y pethau sydd ar y ddaear a'r pethau sydd yn y nefoedd'. Camau yw'r rhain yn y cynllun cosmig i ddwyn yr holl greadigaeth i gytgord â Duw.

Rhaid tynnu sylw at un ddelwedd arall a ddefnyddir gan Paul, sef *Crist y Gorchfygwr* – yr un sy'n gorchfygu pwerau ac awdurdodau goruwchnaturiol, dieflig y greadigaeth. Mae'r thema hon i'w chanfod yn Rhufeiniaid 8:31–39. Yn y llys nefol, bydd pob cyhuddiad yn erbyn ffyddloniaid Duw yn methu. Y mae marwolaeth ac atgyfodiad Crist yn dangos yn eglur nad oes modd gwahanu pobl y Ffydd oddi wrth gariad Duw, a ddatguddiwyd yn Iesu Grist. Mae goruchafiaeth Iesu'n golygu fod angau, a holl dreialon a themtasiynau bywyd, wedi colli eu grym ac yn analluog i rwystro'r berthynas rhwng y credadun a'i Arglwydd. Yr un modd, mae'r angylion a'r tywysogaethau arallfydol, mileinig, hefyd wedi eu concro.

Roedd yn gred gyffredinol yn yr oes honno fod y byd dan reolaeth ysbrydion aflan a phwerau a oedd goruwch gallu dynol i'w rheoli. Daw'r un thema i'r amlwg yn Colosiaid 2:15 mewn cyffelybiaeth ddramatig: 'Diarfogodd y tywysogaethau a'r awdurdodau, a'u gwneud yn sioe gerbron y byd yng ngorymdaith ei fuddugoliaeth arnynt ar y groes'. Ond nid yn y groes yn unig y gwelir y fuddugoliaeth hon, ond yn yr atgyfodiad hefyd. Yn dilyn ei drafodaeth ar atgyfodiad y meirw, dywed Paul yn 1 Corinthiaid 15:25–27, 'Oherwydd y mae'n rhaid iddo ef ddal i deyrnasu nes iddo osod ei holl elynion dan ei draed. Y gelyn olaf a ddilëir yw angau. Oherwydd, yng ngeiriau'r Ysgrythur, "darostyngodd bob peth dan ei draed ef"'.

Unwaith eto, fel yn y darlun o gymodi, y mae effeithiau'r groes yn ehangach o lawer nag achub enaid yr unigolyn; mae'n cynnwys goresgyn holl bwerau drygionus y bydysawd. A thrwy'r groes, mae Duw'n cymodi'r byd cyfan ag ef ei hun trwy aberth ac atgyfodiad ei Fab. Os yw'r dyn modern yn ei chael yn anodd credu mewn pwerau dieflig, goruwchnaturiol, fe ŵyr yn iawn am bwerau drygionus y byd hwn. Mae neges yr Efengyl, felly, yn fythol berthnasol, yn cyhoeddi mai ar lwybr y groes y mae canfod y gallu i orchfygu trais, gormes a holl nerthoedd y tywyllwch.

Dehongli darluniau

Y mae Paul yn defnyddio nifer o fetafforau yn ei ymgais i egluro arwyddocâd croes Crist – aberth, puredigaeth, rhyddid, cymod a choncwest. Ond mae'n bwysig cofio mai metafforau neu drosiadau yw'r rhain i gyd. Gwyddai Paul na ellid dehongli ystyr y groes ond trwy ddefnyddio cymariaethau a darluniau, a gwyddai hefyd nad oedd unrhyw un darlun yn addas i egluro holl ystyr dirgelwch y groes. O ganlyniad, mae'r gwahanol eglurebau a ddefnyddir ganddo yn gorgyffwrdd ac yn llifo i'w gilydd. Peth peryglus hefyd yw trosi metafforau i ffeithiau llythrennol, neu i athrawiaethau haniaethol, neu gymryd un o'r metafforau fel norm a'i wneud yn ganolog i ddatblygu damcaniaeth arbennig ynglŷn ag ystyr y groes, er enghraifft y darlun o aberth. Fodd bynnag, o ystyried y rhychwant o syniadau a darluniau a geir yn llythyrau Paul, gellir nodi rhai egwyddorion canolog.

Yn gyntaf, *Duw sydd ar waith yng nghroeshoeliad Iesu Grist.* Nid oes unrhyw awgrym yn nysgeidiaeth Paul mai effaith y groes yw newid agwedd Duw, neu foddhau cyfiawnder Duw. I'r gwrthwyneb, Duw sy'n estyn allan tuag at ddyn, a thuag at ei fyd, mewn cariad a maddeuant. Holl ystyr byw a marw Crist oedd bod Duw ei hun yn bresennol ynddo, yn gweithio allan gymod rhyngddo ef â'r byd trwy symud ymaith bob anhawster a oedd ar ffordd ei gariad sanctaidd. Y mae hyn yn cau allan unrhyw syniad o Grist yn cyfryngu rhwng Duw digllon ar y naill law a byd euog ar y llaw arall. Mae Paul yn cyfeirio, dro ar ôl tro, at 'Dduw yn anfon', 'Duw yn rhoi', 'Duw yn gwneud' a 'Duw yng Nghrist'.

Yn ail, *yn y groes y mae Duw yn ei uniaethu ei hun â'r ddynoliaeth.* Dywed Paul fod Duw wedi 'anfon ei Fab ei hun, mewn ffurf debyg i'n cnawd pechadurus ni, i ddelio â phechod' (Rhuf. 8:3). Nid oes ystyr i'r groes heb yr ymgnawdoliad. Hanfod yr Efengyl yw bod Mab Duw wedi dod 'yn gnawd', wedi dod i ganol y sefyllfa ddynol fel un ohonom ni, ac felly wedi rhannu yn ein poenau a'n gwendidau. Daeth 'yn gnawd' er mwyn delio â phechod. Y cnawd dynol oedd tiriogaeth pechod. Felly, anfonodd Duw ei Fab, yn y cnawd, nid yn unig i gollfarnu pechod ond i'w symud ymaith â'i faddeuant. Ceir yr un pwyslais yn 2 Corinthiaid 5:21, lle mae Paul yn mynd mor bell â datgan fod Duw wedi gwneud Iesu 'yn un â phechod drosom ni, er mwyn i ni ddod yn gyfiawnder Duw ynddo ef'.

Yn drydydd, *yn y groes y mae Duw yn estyn i ni faddeuant.* Defnyddia Paul nifer o wahanol dermau i gyfleu'r profiad o faddeuant, megis rhyddhau, cymodi, diddymu a phuro. Yn Effesiaid 1:7, dywed fod 'i ni brynedigaeth trwy ei waed, sef maddeuant ein camweddau'. Ceir yr un cysylltiad rhwng y syniad o brynedigaeth a maddeuant yn Colosiaid 1:13–14: 'Gwaredodd ni o afael y tywyllwch, a'n trosglwyddo i deyrnas ei annwyl Fab, yn yr hwn y mae inni brynedigaeth, sef maddeuant ein pechodau'. Ymgais a geir gan Paul i roi mynegiant i'r *profiad* o faddeuant a ddaw i'r credadun wrth iddo edrych ar y groes. Yn yr adnod uchod, mae'n cyffelybu'r profiad hwnnw i'r profiad o gael ei drosglwyddo o deyrnas y tywyllwch i deyrnas y goleuni, ac o gael ei brynu o gaethiwed pechod i ryddid. Wrth geisio rhoi mynegiant i'r profiad o dderbyn maddeuant a chymod â Duw, mae Paul yn gwneud y groes yn ganolbwynt yr Efengyl. Er mor anodd yw i ni yn yr unfed ganrif ar hugain ddeall a derbyn rhai o ddarluniau a chyffelybiaethau Paul, y maent yn ein hatgoffa mai yng nghroes Crist y canfyddwn ateb Duw i bechod ac angau ac y profwn fywyd newydd a gobaith newydd i'n byd.

Cwestiynau i'w trafod

1. 'Nid oes ystyr i'r groes heb yr ymgnawdoliad.' Trafodwch.

2. A oes unrhyw ystyr heddiw i'r syniad o'r groes fel aberth?

3. Ym mha ystyr y mae Duw yn cymodi'r byd cyfan ag ef ei hun yn Iesu Grist?

18. Grym yr Atgyfodiad

1 Corinthiaid 15:1–11; Effesiaid 1:14–23

Os yw croes Crist yn ganolbwynt i ddysgeidiaeth Paul, mae'r un peth yn wir hefyd am ei atgyfodiad Crist. Ni ellir amgyffred arwyddocâd y naill heb y llall. Heb yr atgyfodiad, byddai'r groes yn drychineb ac yn fethiant. Ond heb y groes, ni fyddai'r atgyfodiad yn ddim ond chwedl ffansïol.

Ar adegau, mae Paul yn canolbwyntio ar y groes, heb gyfeirio at yr atgyfodiad. Er enghraifft, mae'n atgoffa'r Galatiaid ei fod, wrth bregethu yn eu plith, wedi darlunio 'ar goedd o flaen eich llygaid, Iesu Grist wedi'i groeshoelio' (Gal. 3:1). Ond mae digon o gyfeiriadau eraill at yr atgyfodiad fel yr arwydd o allu ac awdurdod Duw yn cyfodi Iesu o blith y meirw: 'Yn nhrefn sanctaidd yr Ysbryd, cyhoeddwyd ef yn Fab Duw, â mawr allu, trwy atgyfodiad o farwolaeth' (Rhuf. 1:4). Ac y mae i'r atgyfodiad le canolog yn y broses achubol. 'Y mae cyfiawnder i'w gyfrif i ni, sydd â ffydd gennym yn yr hwn a gyfododd Iesu ein Harglwydd oddi wrth y meirw. Cafodd ef ei ddraddodi i farwolaeth am ein camweddau, a'i gyfodi i'n cyfiawnhau ni' (Rhuf. 4:24–25). Mae Paul yn awgrymu fod rhaid wrth farwolaeth Iesu i ddelio â'n camweddau, a bod rhaid wrth ei atgyfodiad i'n cyfiawnhau.

Ceir yr un cysylltiad annatod rhwng y ddau yn y bennod ddilynol: 'Oherwydd os cymodwyd ni â Duw trwy farwolaeth ei Fab pan oeddem yn elynion, y mae'n sicrach fyth, ar ôl ein cymodi, y cawn ein hachub trwy ei fywyd' (Rhuf. 5:10). Ac yn ei weledigaeth o'r llys nefol ar Ddydd y Farn, ceir yr ateb terfynol i unrhyw gyhuddiadau 'yn erbyn etholedigion Duw'. Gan fod Duw o'u plaid, pwy all fod yn eu herbyn? 'Pwy sydd yn ein collfarnu? Crist Iesu yw'r un a fu farw, yn hytrach a gyfodwyd, yr un hefyd sydd ar ddeheulaw Duw, yr un sydd yn ymbil trosom' (Rhuf. 8:34).

Nid oes unrhyw amheuaeth, felly, o le canolog atgyfodiad Iesu ym meddwl Paul, a hynny nid yn unig oherwydd amlder ei gyfeiriadau at y thema, ond oherwydd mai gweithred Duw oedd cyfodi Iesu o blith y meirw.

Y digwyddiad hanesyddol

Yr atgyfodiad oedd sail ffydd yr holl Gristnogion cyntaf. Roedd dau reswm dros hynny: yn gyntaf, eu hargyhoeddiad sicr fod yr atgyfodiad yn *ffaith hanesyddol*; ac yn ail, eu cred ddiymwad mai *gweithred Duw* ei hun oedd cyfodi ei Fab ar y trydydd dydd, i arddangos yn eglur ei ogoniant a'i awdurdod dwyfol.

Dywed Paul fod rhai, hyd yn oed ymhlith aelodau'r Eglwys, yn dweud nad oes atgyfodiad y meirw; y maent o ganlyniad yn gwadu atgyfodiad Iesu (Rhuf. 15:12). Cyn iddo ymhelaethu ynghylch arwyddocâd atgyfodiad Iesu i obaith y Crist am atgyfodiad y meirw, mae'n cyflwyno dadl gref o blaid y digwyddiadau hanesyddol sy'n sail i'w athrawiaeth. Dywed yn gyntaf iddo draddodi iddynt hwy'r hyn a dderbyniodd, sef 'i Grist farw dros ein pechodau ni, yn ôl yr Ysgrythurau; iddo gael ei gladdu, a'i gyfodi y trydydd dydd, yn ôl yr Ysgrythurau' (1 Cor. 15:4). Mae ei apêl at yr hyn a 'draddodwyd' iddo'n cyfeirio at y traddodiad Iddewig o dderbyn ffeithiau'r ffydd a'u cyflwyno i eraill. Mae'n ddatganiad o'i gred fod yr hyn a dderbyniodd gan eraill yn hanesyddol gywir. Ac wrth apelio at yr Ysgrythurau, i gadarnhau i Grist farw a chael ei gladdu a'i gyfodi'r trydydd dydd, mae'n mynnu fod hyn oll yn unol ag ewyllys Duw. Mae ei gyfeiriadau at *gladdu, cyfodi* a'r *trydydd dydd* yn dangos ei fod yn trafod digwyddiadau hanesyddol penodol.

Er mwyn cryfhau ei ddadl, mae'n mynd ymlaen i restru'r rhai a fu'n dystion i realiti'r atgyfodiad – y rhai yr ymddangosodd y Crist byw iddynt. Er i'r efengylau (ac eithrio Luc) ddweud mai i wragedd yr ymddangosodd Iesu gyntaf, mae Paul yn rhoi'r flaenoriaeth i Ceffas, sef Pedr, a'r Deuddeg. A bod yn fanwl gywir, un disgybl ar ddeg oedd ar y pryd, ac nid deuddeg, ond roedd y term *Deuddeg* wedi ei fabwysiadu gan yr Eglwys Fore i ddynodi disgyblion gwreiddiol Iesu.

Yn yr efengylau, cawn rai o'r hanesion am ymddangosiad Iesu i'w ddisgyblion. Ond mae'n amlwg fod Paul yn gwybod am enghreifftiau eraill, yn cynnwys yr ymddangosiad 'i fwy na phum cant o'i ddilynwyr ar unwaith' (1 Cor. 15:6). Mae'n bosibl mai ar Ddydd y Pentecost y digwyddodd hynny, a dywed Paul y gellid holi rhai ohonynt am yr achlysur gan fod y mwyafrif ohonynt yn dal yn fyw. Tyst arall oedd Iago, brawd Iesu, a ddaeth yn arweinydd yr eglwys yn Jerwsalem, 'yna i'r holl apostolion'. Ni wyddom a oedd yr 'apostolion' hyn yn cynnwys mwy na'r Deuddeg a enwyd eisoes. Ac yna daw Paul at ei brofiad personol ei hun o'r Crist atgyfodedig.

Mae'n amlwg nad yr un math o brofiad o'r Crist byw a gafodd ef â'r rhai eraill a enwyd. Ymddangosodd iddynt hwy yn union wedi dydd yr Atgyfodiad a chyn yr Esgyniad. Ond aeth blynyddoedd heibio cyn i Paul gael ei brofiad ysgytiol ar ffordd Damascus. Ac eto, i Paul, nid oedd yn wahanol yn ei hanfod gan ei fod ef, fel hwy, wedi ei lwyr argyhoeddi fod Iesu Grist yn fyw. A'r prawf arall o hynny oedd ei fod ef, 'y lleiaf o'r apostolion', un oedd wedi 'erlid eglwys Dduw', ac felly'r lleiaf teilwng, wedi cael y fath fraint ac wedi ei newid yn llwyr gan ras Duw. 'Trwy ras Duw yr wyf yr hyn ydwyf' (1 Cor. 15:10). Pa well prawf o wirionedd yr atgyfodiad na bywyd wedi ei newid?

Y ffactor arall a oedd o'r pwys mwyaf i Paul oedd mai *gwaith Duw* oedd cyfodi Crist o blith y meirw. Cyfeirir yn gyson at 'y Mab a gyfododd ef oddi wrth y meirw, sef Iesu' (1 Thes. 1:10). Ac yn 1 Corinthiaid 15:4, dywedir i Iesu 'gael ei gladdu, a'i gyfodi y trydydd dydd'. Nid 'iddo gyfodi', ond iddo '*gael* ei gyfodi'. Gweithred Duw yw atgyfodiad ei Fab. Ond fe'i cyfodwyd nid yn unig i arddangos gallu ac awdurdod Crist, ond er mwyn rhoi cychwyn i oes newydd. Wrth rybuddio Cristnogion Corinth rhag eilunaddoliaeth, dywed Paul eu bod fel credinwyr yn 'rhai y daeth terfyn yr oesau arnom' (1 Cor. 10:11). Wrth ddatblygu ei drafodaeth ar yr atgyfodiad yn 1 Corinthiaid 15, dywed fod atgyfodiad Crist oddi wrth y meirw 'yn flaenffrwyth y rhai sydd wedi huno'. Mae Duw'n rhoi cychwyn i oes newydd, gyda Christ yn 'flaenffrwyth', pryd gwelir y deyrnas yn mynd rhagddi a holl elynion Crist yn cael eu gorchfygu, a'r rhai 'sy'n eiddo Crist' yn rhannu yn ei fywyd atgyfodedig ef yn y diwedd.

'Y gelyn olaf a ddilëir yw yr angau' (1 Cor. 15:26). Ac felly, mae'r atgyfodiad yn arwydd fod yr oes newydd wedi gwawrio ac yn symud tuag at ei chyflawnder 'ar ei ddyfodiad ef'.

Duw sy'n gweithio; yn atgyfodi ei Fab, ac yn rhoi cychwyn i oes newydd y deyrnas.

Datguddio Gogoniant Crist
I Paul, yr oedd i'r atgyfodiad arwyddocâd diwinyddol, mewn perthynas â Christ ei hun ac mewn perthynas â'r rhai oedd wedi dod yn un â'r Crist byw trwy ffydd. Mewn perthynas â Christ, yr atgyfodiad oedd yn datguddio ei ogoniant dwyfol, a hynny o'i weld fel yr *Adda Olaf,* fel *Mab Duw* ac fel *Arglwydd.*

Y gyntaf, gwelir Iesu fel yr *Adda Diwethaf.* Fel yr oedd yr Adda cyntaf yn gyfryngwr marwolaeth, mae Crist yn gyfryngwr bywyd newydd. 'Gan mai trwy ddyn y daeth marwolaeth, trwy ddyn hefyd y daeth atgyfodiad y meirw. Oherwydd fel y mae pawb yn marw yn Adda, felly hefyd y gwneir pawb yn fyw yng Nghrist' (1 Cor. 15:21–22). Fel y mae Adda'n cynrychioli ymdaith y ddynoliaeth o fywyd i farwolaeth, mae Crist, yr ail Adda'n cynrychioli'r ddynoliaeth yn symud trwy farwolaeth i fywyd. Mae Adda'n cynrychioli'r hen drefn sy'n darfod mewn marwolaeth. Mae Iesu, yr Adda diwethaf, yn rhoi cychwyn i drefn newydd y deyrnas, ac i fywyd. Meddai Paul wrth drafod atgyfodiad y meirw, 'Felly, yn wir, y mae'n ysgrifenedig, "Daeth y dyn cyntaf, Adda, yn fod byw." Ond daeth yr Adda diwethaf yn ysbryd sydd yn rhoi bywyd' (1 Cor. 15:45–46). Ac felly, mae'r atgyfodiad yn datgan fod Crist, wrth orchfygu angau a'r bedd, wedi newid cwrs hanes, ac fel yr Adda diwethaf wedi agor y drws ar gyfnod newydd yn hanes y ddynoliaeth.

Yn ail, yn ei atgyfodiad gwelir Iesu fel *Mab Duw.* Er bod Iesu'n Fab Duw o'r dechrau a thrwy gydol ei fywyd a'i weinidogaeth, nid pawb oedd yn ei adnabod felly. Ond gyda'i atgyfodiad oddi wrth y meirw, nid oedd unrhyw amheuaeth o'i fabolaeth ddwyfol. Dywed Paul am Iesu: 'yn nhrefn y cnawd, ganwyd ef yn llinach Dafydd; ond yn nhrefn sanctaidd yr Ysbryd, cyhoeddwyd ef yn Fab Duw, â mawr allu, trwy atgyfodiad o farwolaeth' (Rhuf. 1: 3–4). Gwelai Paul yr atgyfodiad fel digwyddiad o bwys yn ei ddealltwriaeth ei hun o natur ddwyfol Crist. Hawliodd fod Duw wedi ei alw trwy ras i bregethu ymhlith y Cenhedloedd, ac wedi dewis 'datguddio ei Fab' iddo (Gal. 1:16). Digwyddodd hynny yn ei dröedigaeth. Wrth grynhoi cynnwys ei bregethu, credai mai'r hyn a drodd bobl oddi wrth eilunod at y 'gwir Dduw byw' oedd ei bwyslais ar Iesu fel y Mab y cyfododd Duw ef oddi wrth y meirw (1 Thes. 1:9–10). Roedd yr atgyfodiad, felly, yn ddigwyddiad o ddatguddiad – datguddiad o ogoniant Crist fel Mab Duw.

Yn drydydd, gwelir Iesu yn ei atgyfodiad yn *Arglwydd*. Fel y bu i ni sylwi eisoes, 'Arglwydd' *(kurios)* oedd y teitl a ddefnyddiwyd amlach na'r un arall yn y Testament Newydd i ddisgrifio Iesu Grist. Mae Paul yn defnyddio'r enw droeon yn ei gyfarchion ar ddechrau ac ar ddiwedd ei lythyrau. Dywed am gynnwys ei bregethu ei hun, 'Nid ein pregethu ein hunain yr ydym, ond Iesu Grist yn Arglwydd' (2 Cor. 4:5). Ac meddai wrth y Colosiaid, 'Felly, gan eich bod wedi derbyn Crist Iesu, yr Arglwydd, dylech fyw ynddo ef' (Col. 2:6).

A phrawf fod credinwyr wedi derbyn yr Ysbryd Glân oedd eu bod yn cyffesu, 'Iesu yw'r Arglwydd!' (1 Cor. 12:3). Y mae'n amlwg o lythyrau Paul mai yn ei atgyfodiad y datguddiwyd arglwyddiaeth ddwyfol Crist. Cyffesu fod Iesu yn Arglwydd a chredu fod Duw wedi ei gyfodi oddi wrth y meirw oedd amod achubiaeth: 'Os cyffesi Iesu yn Arglwydd â'th enau, a chredu yn dy galon fod Duw wedi ei gyfodi ef oddi wrth y meirw, cei dy achub' (Rhuf. 10:9). Eto, yn Rhufeiniaid 14:9, dywed mai 'pwrpas Crist wrth farw a dod yn fyw oedd bod yn Arglwydd ar y meirw a'r byw'. Yn ei atgyfodiad, amlygir arglwyddiaeth Crist dros bob peth, yn y nef ac ar y ddaear (Eff. 1:17–23). Y mae'n Arglwydd ar fywyd a buchedd y rhai sy'n credu (Eff. 1:19), yn y nefolion leoedd lle gosodwyd ef i eistedd ar ddeheulaw Duw (Eff. 1:20), ar yr oes bresennol a'r oes sydd i ddod (Eff. 1:21), ac fel pen ar bob peth i'r Eglwys (Eff. 1:22).

Mewn oes pan oedd nifer o fân 'arglwyddi' yn hawlio teyrngarwch pobl – duwiau paganaidd, 'tywysogaethau ac awdurdodau' goruwchnaturiol, a chwlt yr ymerawdwr, 'fel yn wir y mae "duwiau" lawer ac "arglwyddi" lawer' (1 Cor. 8:5) – yr oedd argyhoeddiad y Cristnogion cynnar mai Crist yn unig oedd Arglwydd bywyd yn sail sicr i'w cred a'u tystiolaeth gerbron y byd. A'r atgyfodiad oedd sail y gred a'r dystiolaeth honno.

Arwyddocâd pennaf y defnydd o'r term *kyrios* i ddisgrifio Iesu yw mai hwn oedd y gair a ddefnyddid gan Iddewon i ddynodi Duw, a Duw yn unig. Yma eto, mae Paul yn addasu cyfeiriadau at Dduw o'r Hen Destament ac yn eu defnyddio i sôn am Iesu. Er enghraifft, 'Y mae'r Ysgrythur yn dweud: "Pob un sy'n credu ynddo, ni chywilyddir mohono"' (Rhuf. 10:11), sy'n ddyfyniad o Eseia 28:16. Ac yn yr un adran meddai, 'Oherwydd, yng ngeiriau'r Ysgrythur, "bydd pob un sy'n galw ar enw yr Arglwydd yn cael ei achub, pwy bynnag yw"' (Rhuf. 10:13), sy'n ddyfyniad o Joel 2:32. Gan fod y Crist atgyfodedig yn rhannu ym mywyd Duw, nid yw Paul yn gweld unrhyw anhawster mewn priodoli i Iesu'r un gallu ac awdurdod ag a berthynai i Dduw. Nid bod Iesu'n cymryd lle Duw, ond ei fod yn rhannu yn natur Duw ac o'r herwydd yn rhannu hefyd yn ei ogoniant.

Esgyniad Crist

Ni ellir deall ystyr atgyfodiad Iesu Grist heb weld cysylltiad rhwng yr Atgyfodiad a'r Esgyniad. Y mae'n amlwg fod Paul yn credu fod Iesu Grist, mewn rhyw ystyr, wedi esgyn i'r nefoedd. Meddai (gan ddyfynnu o Deuteronomium 30:12), 'Paid â dweud yn dy galon, "Pwy a esgyn i'r nef?" – hynny yw, i ddwyn Crist i lawr – neu, "Pwy a ddisgyn i'r dyfnder?" – hynny yw, i ddwyn Crist i fyny oddi wrth y meirw' (Rhuf. 10:6–7). Meddai eto, 'tra-dyrchafodd Duw ef, a rhoi iddo'r enw sydd goruwch pob enw' (Phil. 2:9).

Gall y gair a gyfieithir 'dyrchafu' olygu naill ai 'codi i fyny' neu 'esgyn'. Mewn un ystyr, yr oedd Crist wedi ei 'ddyrchafu' yn ei atgyfodiad, ond nid oedd wedi 'esgyn'. Meddai'r Crist atgyfodedig wrth Mair Magdalen ar fore'r Pasg, 'nid wyf eto wedi esgyn at y Tad' (In. 20:17). Ond i'r credinwyr cynnar, ar ôl yr Esgyniad yr oedd cyffesu 'Crist a gyfodwyd' yn rhagdybio bod ei atgyfodiad yn cynnwys ei esgyniad. Nid oedd neb ohonynt yn credu ei fod wedi codi'n fyw o'r bedd a'i fod yn dal i gerdded y ddaear. Ymhlyg yn eu cyffes, roedd y gred ei fod wedi ei ddyrchafu i'r nefoedd, a'i fod ar ddeheulaw Duw: 'Crist Iesu yw'r un a fu farw, yn hytrach a gyfodwyd, yr un hefyd sydd ar ddeheulaw Duw, yr un sydd yn ymbil trosom' (Rhuf. 8:34). Gweler hefyd Effesiaid 1:20 a Colosiaid 3:1).

Yn y ddefod o orseddu brenin yn Israel y mae tarddiad y syniad o eistedd ar ddeheulaw Duw. I gydnabod fod y brenin yn ei safle trwy awdurdod Duw, a'i fod felly'n gweithredu fel ei gynrychiolydd, dywed Salm 110:1 'Dywedodd yr Arglwydd wrth fy Arglwydd: "Eistedd ar fy neheulaw, nes imi wneud dy elynion yn droedfainc i ti"' I Paul, mae'r ymadrodd yn golygu fod y Crist esgynedig yn rhannu yn sofraniaeth Duw. Ond nid yw yn un â Duw, gan fod Paul yn dweud amdano ei fod 'yr un sydd yn ymbil trosom' (Rhuf. 8:34). Rhan o arwyddocâd yr atgyfodiad yw bod Crist wedi esgyn i ogoniant y nefoedd, i gymryd ei le gyda Duw ei Dad, ond hefyd i gynrychioli'r ddynoliaeth yn y llys nefol. Y mae yno i sefyll trosom. Nid Crist y Barnwr, sydd yno i'n collfarnu, mohono, ond Crist y cyfaill, sydd yno i bledio'n hachos. Yr ydym, felly, yn un â'r Crist atgyfodedig, esgynedig, wedi ein huno ag ef mewn cariad – cariad na all dim ein gwahanu oddi wrtho. Yn ei gariad a'i drugaredd, fe wnaeth Duw ni – 'ni oedd yn feirw yn ein camweddau, yn fyw gyda Christ'. Ac 'yng Nghrist Iesu, fe'n cyfododd gydag ef a'n gosod i eistedd gydag ef yn y nefolion leoedd' (Eff. 2:5–6). Mewn un ystyr, y mae gwaredigaeth a gogoneddiad y credadun eisoes yn ffaith. O ran amser, y mae eto i ddod yn y dyfodol, ond gan ei fod yn rhan o fwriad digyfnewid Duw gellir dweud ei fod eisoes yn ffaith yn awr.

Dyma ddrama fawr ein gwaredigaeth. Y digwyddiad allweddol yn y ddrama fawr yw atgyfodiad Iesu Grist – digwyddiad sy'n perthyn i'r gorffennol, sy'n brofiad real yn y presennol ac sy'n obaith i'r dyfodol. Y mae'n perthyn i'r *gorffennol* gan ei fod wedi'i wreiddio mewn digwyddiadau hanesyddol – y bedd gwag, ymddangosiadau Iesu'n fyw i'w ddisgyblion, ac yn arbennig ei ymddangosiad i Paul ei hun ar ffordd Damascus. Y mae'n perthyn i'r *presennol* yn yr ystyr fod credinwyr yn rhannu ym mywyd Crist, yn 'adnabod grym ei atgyfodiad' (Phil. 3:10), a thrwy ffydd yn cael eu hymgorffori yng Nghrist. Y mae'n obaith i'r *dyfodol,* oherwydd bydd y Duw a gododd Iesu oddi wrth y meirw hefyd yn ein codi ninnau i rannu yn y gogoniant sydd i ddod (Rhuf. 8:11). Er bod Paul yn trafod dirgelwch yr atgyfodiad mewn iaith symbolaidd, sydd ar adegau yn ddieithr i ni, mae hanfod ei ddysgeidiaeth yn gwbl glir a dealladwy, sef 'Os nad yw Crist wedi ei gyfodi, gwagedd yw'r hyn a bregethir gennym ni, a gwagedd hefyd yw eich ffydd chwi ... Ond y gwir yw fod Crist wedi ei gyfodi oddi wrth y meirw, yn flaenffrwyth y rhai sydd wedi huno' (1 Cor. 15:14, 20).

Cwestiynau i'w trafod

1. A yw'n hanfodol credu fod Crist wedi atgyfodi'n llythrennol ar y trydydd dydd?

2. Ym mha ystyr y mae'r atgyfodiad yn gychwyn i oes newydd y deyrnas?

3. Beth a olygir wrth ddweud ein bod, fel Cristnogion, yn rhannu ym mywyd atgyfodedig Crist?

19. Y Rhodd o'r Ysbryd Glân

Actau 19:1–7; Rhufeiniaid 8:1–9

Er na ellir dweud fod Paul wedi datblygu athrawiaeth lawn o natur a gwaith yr Ysbryd Glân, y mae i'r Ysbryd le canolog yn ei ddysgeidiaeth. Yn yr Hen Destament, sonnir am ysbryd Duw (gydag y fach) sydd ar waith yn y cread ac yn ysgogi ac ysbrydoli'r proffwydi. Nid yw'r ysbryd yn bresennol bob amser ac ymhob man, ond yn hytrach y mae'n fynegiant o weithgaredd 'achlysurol' Duw. Ond edrychir ymlaen at yr oes Feseianaidd pan fydd Duw'n anfon ei ysbryd ar ei bobl i aros gyda hwy dros byth: 'Ar ôl hyn tywalltaf fy ysbryd ar bawb; bydd eich meibion a'ch merched yn proffwydo, bydd eich hynafgwyr yn gweld breuddwydion, a'ch gwŷr ifainc yn cael gweledigaethau' (Joel 2:28).

Rhodd i'r holl gredinwyr

Roedd yr Iddewon yn credu mai un o nodweddion oes y Meseia fyddai tywalltiad o ysbryd Duw ar ei bobl. Roedd Paul yn credu fod yr oes honno wedi gwawrio yn nyfodiad Crist i'r byd, ac felly roedd yn naturiol ei fod yn defnyddio'r gair Ysbryd (ond gydag Y fawr), i sôn am berthynas y Cristion â Duw ac â Christ. Nid ymweliad achlysurol, na phrofiad rhai pobl neilltuol, oedd yr Ysbryd bellach, ond rhodd Duw i bawb i'w holl bobl, hynny yw, i bawb oedd 'yng Nghrist'. Ac ym meddwl Paul, mae'r ymadrodd 'yng Nghrist' yn disgrifio'r berthynas newydd a fodolai rhwng Duw a'r Cristion. Trwy ffydd a bedydd, deuai'r credinwyr i berthynas gwbl unigryw â Christ, fel pe bai ei anian ef yn meddiannu ac yn llenwi eu bywydau hwy. Nodwedd y berthynas newydd honno oedd derbyn y rhodd o'r Ysbryd Glân. Meddai Paul, 'Duw yw'r hwn sydd yn ein cadarnhau ni gyda chwi yng Nghrist, ac sydd wedi ein heneinio ni, a'n selio ni, a rhoi'r Ysbryd yn ernes yn ein calonnau' (2 Cor. 1:21–22). Gwelir mai rhodd Duw i'r holl gredinwyr yw'r Ysbryd.

Y syniad poblogaidd yw mai rhodd neilltuol i bobl nodedig o dduwiol yw'r Ysbryd Glân, neu mai profiad grymus, a gysylltir â chyfnodau o ddiwygiad crefyddol (fel a gafwyd yn 1859 a 1904, er enghraifft), yw tywalltiad o'r Ysbryd sy'n peri i bobl orfoleddu, llefaru â thafodau a gweddïo'n llafar. Ond ym meddwl Paul, rhodd i bob Cristion yw'r Ysbryd a'i ddoniau. 'Oherwydd mewn un Ysbryd y cawsom i gyd ein bedyddio i un corff ... a rhoddwyd i bawb ohonom un Ysbryd i'w yfed' (1 Cor. 12:13).

Ar ei ymweliad cyntaf â dinas Effesus, cyfarfu Paul â deuddeg 'disgybl'. Ond disgyblion amherffaith oedd y rhain gan na wyddent unrhyw beth am yr Ysbryd Glân. Gofynnodd Paul iddynt, 'A dderbyniasoch yr Ysbryd Glân pan gredasoch?' Er mawr syndod iddo, eu hateb oedd, 'Naddo; ni chlywsom hyd yn oed fod yna Ysbryd Glân' (Act. 19:2). Bedyddiwyd hwy â bedydd Ioan, sef bedydd edifeirwch. O ganlyniad, hanner efengyl oedd ganddynt, am na chawsant eu bedyddio yn enw'r Arglwydd Iesu ac am na dderbyniasant rodd yr Ysbryd Glân. Ailfedyddiwyd y deuddeg gan Paul, a daeth yr Ysbryd Glân arnynt. Ond nid ar ôl eu bedyddio yn unig, ond ar ôl arddodiad dwylo'r Apostol hefyd.

Mae'r hanesyn hwn, a'r hyn a ddywed Paul am dywalltiad o'r Ysbryd, yn mynd law yn llaw â bedydd ac arddodiad dwylo, ac y mae'r cysylltiad rhwng yr Ysbryd a'r profiad o fod 'yng Nghrist' yn dangos yn amlwg mai rhodd i bawb o'r credinwyr yn ddiwahân oedd rhodd yr Ysbryd Glân. Felly, trwy ffydd yng Nghrist, a thrwy ddyfroedd y bedydd y gwelwyd cyflawni proffwydoliaeth Joel o Ddydd yr Arglwydd ac o'r Ysbryd yn cael ei dywallt ar feibion a merched, hynafgwyr a gwŷr ifanc, gweision a morynion (Joel 2:28–29). Ym mhrofiadau'r Cristnogion cynnar, gwelwyd fod yr oes Feseianaidd, y bu disgwyl mor hir amdani, wedi gwawrio. A'r cadarnhad o hynny oedd rhodd yr Ysbryd.

Y rhyfeddod i gredinwyr o gefndir Iddewig oedd gweld fod y Cenedl-ddynion hefyd, yn ogystal â hwy, yn derbyn rhodd yr Ysbryd Glân. Y ffaith amlwg fod doniau'r Ysbryd i'w gweld ymhlith y Cenhedloedd a argyhoeddodd yr apostolion yn Jerwsalem fod yr addewidion i blant Israel yn cael eu gwireddu hefyd ymysg Cenedl-ddynion. Meddai Paul, 'A dyma Iago a Ceffas ac Ioan, y gwŷr a gyfrifir yn golofnau, yn cydnabod y gras oedd wedi ei roi i mi, ac yn estyn i Barnabas a minnau ddeheulaw cymdeithas, ac yn cytuno ein bod ni i fynd at y Cenhedloedd' (Gal. 2:9). Ac y mae Paul yn apelio ar y Galatiaid i beidio â rhoi cymaint o bwys ar ofynion y Gyfraith ar draul doniau'r Ysbryd: 'Ai trwy gadw gofynion cyfraith y derbyniasoch yr Ysbryd, ynteu trwy wrando mewn ffydd? ... Wedi ichwi ddechrau trwy'r Ysbryd, a ydych yn awr yn ceisio pen y daith trwy'r cnawd?' (Gal. 3:2–3). Gweld yr Ysbryd Glân yn syrthio ar bawb, yn Iddewon ac yn Genedl-ddynion, a agorodd y drws i'r genhadaeth Gristnogol i blith y Cenhedloedd. 'Synnodd y credinwyr Iddewig ... am fod rhodd yr Ysbryd Glân wedi ei thywallt hyd yn oed ar y Cenhedloedd; oherwydd yr oeddent yn eu clywed yn llefaru â thafodau ac yn mawrygu Duw' (Act. 10:45–46). Gweld yr arwyddion hyn o weithgarwch yr Ysbryd a setlodd y mater i arweinwyr ceidwadol yr eglwys yn Jerwsalem.

Y profiad o'r Ysbryd

Ymhell cyn i'r Ysbryd Glân ddod yn bwnc o athrawiaeth, yr oedd yn *brofiad*. Sut bynnag y disgrifiai Paul natur a gwaith yr Ysbryd, ceisio rhoi mynegiant i brofiad a wnâi – profiad oedd yn gyffredin i'r holl gredinwyr cynnar. Yr anhawster, wrth geisio egluro pwy neu beth yw'r Ysbryd Glân, yw canfod delweddau a darluniau addas sy'n ystyrlon i gyfleu profiadau mewnol, dwys, 'ysbrydol' eu natur. Un gair a ddefnyddiwyd gan Iddewon i ddisgrifio ysbryd Duw oedd y gair Hebraeg *ruach,* a olygai yn llythrennol 'gwynt'. Mabwysiadwyd y darlun gan y Cristnogion cynnar i ddisgrifio'r Ysbryd Glân, ac ehangwyd ar ei ystyr i gynnwys 'anadl', neu 'awel', neu 'egni dwyfol'. Roedd y term hefyd yn cyfleu'r syniad o dymestl, grym, egni creadigol, cynnwrf, ac adnewyddiad a bywyd newydd. Roedd sŵn y gair (*ruach*) ynddo'i hun yn cyfleu gwynt nerthol yn chwythu. Roedd yn ei fenthyg ei hun felly i gyfleu profiadau o ddirgelwch, o'r sanctaidd, o gyffyrddiadau Ysbryd Duw â'r enaid. Ystyr tebyg oedd i'r gair Groeg am ysbryd (*pneuma*).

Y mae'r cysylltiad rhwng 'gwynt' a'r 'Ysbryd' i'w weld yn Efengyl Ioan. Dywedodd Iesu, 'Y mae'r gwynt yn chwythu lle y myn ... Felly y mae gyda phob un sydd wedi ei eni o'r Ysbryd' (In. 3:8). A cheir hanes y Crist atgyfodedig yn 'anadlu' ar ei ddisgyblion ac yn dweud, 'derbyniwch yr Ysbryd Glân' (In. 20:22). Y profiad o dderbyn yr Ysbryd oedd y prawf amlwg i Paul fod credadun wedi dod yn Gristion mewn gwirionedd, a'r Ysbryd hefyd oedd yn cyfeirio'r camau yn ei ffydd a'i fywyd.

Yn gyntaf, *rhodd yr Ysbryd oedd cychwyn y bywyd Cristnogol*. Mae Paul yn atgoffa'r Thesaloniaid iddynt 'dderbyn y gair mewn gorthrymder mawr, ynghyd â llawenydd yr Ysbryd Glân' (1 Thes. 1:6). Roeddent wedi derbyn y gair a'r Ysbryd yr un pryd. Ac effaith derbyn yr Ysbryd oedd iddynt gael eu golchi, eu sancteiddio a'u cyfiawnhau 'trwy enw'r Arglwydd Iesu Grist, a thrwy Ysbryd ein Duw ni' (1 Cor. 6:11). A'r un Ysbryd oedd ar waith yn eu bedydd, man cychwyn eu bywyd newydd a'u mynediad i gymdeithas corff Crist: 'Oherwydd mewn un Ysbryd y cawsom i gyd ein bedyddio i un corff ... a rhoddwyd i bawb ohonom un Ysbryd i'w yfed' (1 Cor. 12:13). Meddai'r esboniwr James Dunn, 'A Spirit-less Christian would have been a contradiction in terms for Paul. In Paul's understanding, it was by receiving the Spirit that one became a Christian'.

Yn ail, nid man cychwyn y bywyd Cristnogol yn unig yw'r profiad o'r Ysbryd Glân; *yr Ysbryd yw bywyd Duw ym mywyd y credadun*. 'Os yw Crist ynoch chwi,' meddai Paul, 'y mae'r corff yn farw o achos pechod, ond y mae'r Ysbryd yn fywyd i chwi o achos eich cyfiawnhad' (Rhuf. 8:10). 'Bywyd yn yr Ysbryd' yw pennawd Rhufeiniaid 8 yn y Beibl Cymraeg Newydd. Trwy gydol y bennod, mae Paul yn egluro fel y mae'r Ysbryd yn meddiannu, yn arwain, yn puro ac yn codi bywyd y credadun o 'wastad y cnawd' i 'wastad yr Ysbryd'. Yr Ysbryd sy'n 'rhoi bywyd' (Rhuf. 8:2), yn 'rhyddhau o afael cyfraith' (Rhuf. 8:3), 'yn rhoi bywyd a heddwch' (Rhuf. 8:6), 'yn ymgartrefu ynom' (Rhuf. 8:11), yn rhoi inni 'Ysbryd mabwysiad' fel y gallwn lefain, 'Abba! Dad!' (Rhuf. 8:15). Yr Ysbryd sy'n trigo yng Nghristnogion Corinth sydd hefyd yn rhoi iddynt yr amgyffred a'r deall o bethau ysbrydol: 'Datguddiodd Duw hwy i ni trwy'r Ysbryd. Oblegid y mae'r Ysbryd yn plymio pob peth, hyd yn oed ddyfnderoedd Duw' (1 Cor. 2:10). Gan eu bod yn meddu ar Ysbryd Duw, y maent yn rhannu ym meddwl Duw, yn amgyffred ei natur, ac yn dod yn 'rhai ysbrydol' sydd yn medru barnu pob peth.

Gan fod yr Ysbryd yn trigo ynddynt, mae angen iddynt gofio eu bod yn deml i Dduw (1 Cor. 3:16; 6:19). Y maent wedi eu golchi, a'u sancteiddio, a'u cyfiawnhau trwy enw'r Arglwydd Iesu a thrwy Ysbryd Duw, fel eu bod yn awr yn un o ran ysbryd ag Ysbryd Duw ei hun. Y mae'r Duw hwn sy'n trigo ynom 'wedi ein heneinio ni, a'n selio ni, a rhoi'r Ysbryd yn ernes yn ein calonnau' (2 Cor. 1:22). Y mae'r gair 'ernes' yn awgrymu rhagflas, neu daliad cyntaf, sy'n golygu fod rhodd yr Ysbryd Glân nid yn unig yn gychwyn y bywyd Cristnogol ond yn gam yn y broses tuag at iachawdwriaeth. Ceir cyfeiriad tebyg yn 2 Corinthiaid 5:5, lle mae Paul yn sôn eto am yr Ysbryd fel 'ernes' o'r bywyd tragwyddol pan fydd Duw yn darparu inni 'dŷ nad yw o waith llaw, sydd yn dragwyddol yn y nefoedd'. Hwn yw uchafbwynt ein hiachawdwriaeth, pan gawn ein 'harwisgo â chorff o'r nef sydd i fod yn gartref inni'. Yr Ysbryd Glân yn trigo ynom yw'r bywyd dwyfol sy'n ein llenwi, ein puro, ein sancteiddio, ac sydd hefyd yn ernes o'r bywyd nefol sydd eto i ddod.

Yn drydydd, *yr Ysbryd sy'n plannu yn y credinwyr yr ymwybyddiaeth o fod yn blant i Dduw.* Wrth ysgrifennu at y Galatiaid dywed Paul eu bod hwy ac yntau, cyn iddynt gredu yn Iesu Grist, wedi eu caethiwo 'dan ysbrydion elfennig y cyfanfyd'. Ond anfonodd Duw ei Fab i'w rhyddhau o gaethiwed y Gyfraith, i'w gwneud yn blant iddo trwy fabwysiad; 'A chan eich bod yn blant, anfonodd Duw Ysbryd ei Fab i'n calonnau, yn llefain, "Abba! Dad!" (Gal. 4:4-6). Dywed yr un peth yn ei Lythyr at y Rhufeiniaid; 'Nid ysbryd caethiwed ... yr ydych wedi ei dderbyn, ond Ysbryd mabwysiad, yr ydym trwyddo yn llefain, "Abba! Dad!"' (Rhuf. 8:15). Yna, mae'n ychwanegu fod yr Ysbryd Glân yn 'cyd-dystiolaethu' â'u hysbrydoedd hwy, eu bod yn blant i Dduw. Gan mai bodau ysbrydol ydym yn ein hanfod, ar wastad yr ysbryd (*y* fach, sef yr ysbryd dynol) y mae cyfathrach yn digwydd rhyngom ag Ysbryd Duw (*Y* fawr). Ac yn y gyfathrach fewnol honno y cawn ein hystyried yn blant i Dduw. Ni fyddem yn mwyhau'r berthynas unigryw hon o gwbl ar wahân i'r ffaith fod yr Ysbryd Glân yn trigo ynom. Ac fel y mae'r Ysbryd yn rhoi i ni'r gallu i lefain "Abba! Dad!" y mae hefyd yn ein galluogi i gyffesu arglwyddiaeth Crist. 'Ac ni all neb ddweud, "Iesu yw'r Arglwydd!" ond trwy yr Ysbryd Glân' (1 Cor. 12:3). Yr Ysbryd sy'n plannu ynom yr ymwybyddiaeth o fod yn blant i Dduw sydd hefyd yn

161

ein galluogi i gyfarch Duw fel ein Tad, ac i ymuno yng nghyffes yr Eglwys, sef 'Iesu yw'r Arglwydd'. Os yw'r Ysbryd yn ein harwain i wneud y fath ddarganfyddiadau rhyfeddol am natur Duw ac am ein safle ni fel plant iddo trwy fabwysiad, pwy a ŵyr pa ryfeddodau a phrofiadau eraill sy'n ein disgwyl o dan arweiniad yr Ysbryd. 'Oblegid y mae'r Ysbryd yn plymio pob peth, hyd yn oed ddyfnderoedd Duw' (1 Cor. 2:10).

Ffrwyth yr Ysbryd

Er mor bwysig oedd byw ar wastad yr Ysbryd, gwyddai Paul am y frwydr fythol rhwng cnawd ac Ysbryd ym mywyd y credadun. Anogai ei ddarllenwyr i rodio yn yr Ysbryd, rhag iddynt gael eu trechu gan demtasiynau'r cnawd. 'Rhodiwch yn yr Ysbryd, ac ni fyddwch fyth yn cyflawni chwantau'r cnawd' (Gal. 5:16). 'Yr Ysbryd sydd yn rhoi bywyd' (1 Cor. 15:45) yw Ysbryd Crist. Rhaid sicrhau mai'r Ysbryd yw'r elfen lywodraethol ym mywyd y Cristion, a'i fod yn ildio iddo, yn dilyn ei arweiniad, ac yn aros ynddo. Bydd wedyn yn medru gwrthweithio tueddiadau'r cnawd. Er hynny, y mae i'r credadun dyndra, gyda'r cnawd yn ei ogwyddo at bechod a'r Ysbryd yn ei ogwyddo at ddaioni. Ond o gael ei arwain gan yr Ysbryd bydd y credadun yn llwyddo yn y diwedd i drechu chwantau'r cnawd (Gal. 5:18).

Yn yr adnodau sy'n dilyn (Gal. 5:19–21), mae Paul yn rhestru 'gweithredoedd y cnawd' – llawer ohonynt yn cyfeirio at ddefodau a chysylltiad â themlau paganaidd, fel puteindra, eilunaddoliaeth, dewiniaeth, ac eraill â chynnen, eiddigedd, ymbleidio a phethau oedd yn arwain at ymgecru rhwng pobl a rhaniadau o fewn eglwys. 'Yr wyf yn eich rhybuddio,' meddai Paul, 'fel y gwneuthum o'r blaen, na chaiff y rhai sy'n gwneud y fath bethau etifeddu teyrnas Dduw' (Gal. 5:21).

Mewn cyferbyniad i weithredoedd y cnawd, mae Paul yn rhestru ffrwythau'r Ysbryd. Mae'r gweithredoedd anffrwythlon a gynhyrchir gan y cnawd yn llygru, difa a dinistrio. Ond 'ffrwyth' yw'r gair a ddefnyddir i ddisgrifio effeithiau'r Ysbryd. Peri tyfiant a chyfoethogi bywyd y mae'r Ysbryd. 'Ond ffrwyth yr Ysbryd yw cariad, llawenydd, tangnefedd ...' (Gal. 5:22). *Cariad* sy'n sefyll gyntaf fel y disgrifiad llawnaf a mwyaf nodweddiadol o rinweddau'r Cristion a tharddiad yr holl rinweddau eraill. Y mae'r tair rhinwedd gyntaf yn disgrifio agweddau ar gymeriad y

Cristion (*cariad, llawenydd, tangnefedd*), a'r lleill, ar wahân i'r olaf ohonynt (*hunanddisgyblaeth*), yn disgrifio agweddau ar ei ymddygiad tuag at eraill: 'goddefgarwch, caredigrwydd, daioni, ffyddlondeb, addfwynder' (Gal. 5:22–23). Y mae rhestr Paul yn dangos pa mor newydd ac unigryw yw rhinweddau'r Ysbryd o'u cymharu â'r pethau a ystyrid yn rhinweddau yn y byd Groegaidd. Y rhinwedd olaf ar y rhestr – *hunanddisgyblaeth* – a osodwyd uchaf gan y Stoiciaid. Ond nid yw rhinweddau'r credadun yn deillio o unrhyw fath o hunan feistrolaeth na hunan ymdrech, ond o waith yr Ysbryd Glân yn ei fywyd. Ac onid yw rhestr Paul yn adlewyrchu ysbryd a chymeriad yr Arglwydd Iesu ei hun?

'Os yw ein bywyd yn yr Ysbryd, ynddo hefyd bydded ein buchedd' (Gal. 5:25). I Paul, mae 'bywyd yn yr Ysbryd' yn gyfystyr â 'byw yng Nghrist' a 'Crist sy'n byw ynof fi' (Gal. 2:20). Yn ei hanfod, 'ffrwyth yr Ysbryd' yw'r bywyd Crist-debyg – y bywyd sy'n adlewyrchu Crist gerbron y byd, ond y bywyd sydd hefyd wedi ei ddonio a'i gymhwyso i wasanaethu Crist yn y byd. Yn 1 Corinthiaid 12:8–11, mae gan Paul restr arall o *ddoniau'r Ysbryd*, sef y gwahanol gymwysterau sydd eu hangen i gyflawni gweinidogaeth Crist yn ei Eglwys ac yn y byd: *doethineb, ffydd, doniau iacháu, cyflawni gwyrthiau, proffwydo, llefaru a thafodau a dehongli tafodau.* Nid yw'r rhestr hon yn gwrthddweud y rhestr yn Galatiaid mewn unrhyw ffordd. Yn hytrach, dengys y ddwy restr pa mor amrywiol a chyfoethog a dihysbydd yw ffrwythau'r Ysbryd Glân ym mywyd y sawl sydd 'yng Nghrist'.

Cwestiynau i'w trafod

1. *Os yw'r Ysbryd Glân yn bresennol yn yr Eglwys bob amser, a oes diben mewn gweddïo am 'dywalltiad' o'r Ysbryd?*

2. *Beth a olygir wrth 'wastad y cnawd' a 'gwastad yr Ysbryd' mewn perthynas â bywyd a buchedd y Cristion?*

3. *Ymhle y gwelwn ni arwyddion o weithgarwch yr Ysbryd yn yr Eglwys heddiw?*

20. Gras, Ffydd a Chyfiawnhad

Rhufeiniaid 3:21–31

Ym mha ffordd y mae gwaith Duw yn Iesu Grist yn effeithio ar fywyd dyn ac ar y ddynoliaeth gyfan? Gwyddai Paul, fel y gwyddom ninnau heddiw, am y duedd sydd ynom fel pobl i anghofio Duw, i gefnu ar ei orchmynion, i fyw i ni ein hunain, ac i geisio boddhad a dedwyddwch mewn pethau materol. Y duedd wrthryfelgar hon yw'r hyn a elwir yn y Beibl yn *bechod,* ac effaith pechod yw caethiwed a marwolaeth. Gwyddai Paul hefyd fod pechod yn esgor ar eiddigedd ac atgasedd, ac yn darnio perthynas pobl â'i gilydd. Pe bai yn ysgrifennu mewn termau cyfoes, fe ddywedai Paul mai un o ganlyniadau anochel tuedd dyn i hawlio iddo'i hun y lle a neilltuwyd i Dduw fyddai treulio gweddill ei oes yn ceisio dianc oddi wrtho'i hun a'i gaethiwed. Wrth ddisgrifio'i frwydr barhaol yn erbyn caethiwed y Gyfraith, meddai, 'Y dyn truan ag ydwyf! Pwy a'm gwared i o'r corff hwn a'i farwolaeth?' Ond fe wyddai'r ateb i'w gwestiwn: 'Duw, diolch iddo, trwy Iesu Grist ein Harglwydd!' (Rhuf. 7:24–25). Y mae Duw yn cynnig meddyginiaeth yn yr Efengyl, ond rhaid i ddyn ymateb iddi a chredu ynddi. Yna, caiff dyn ei *gyfiawnhau,* sef ei osod mewn iawn berthynas â Duw. Os yw dyn yn anwybyddu'r Efengyl, mae'n aros yn ei hen stad o anghyfiawnder, heb fod yn iawn â Duw.

Rhannu yng nghyfiawnder Duw

Yn yr Efengyl, datguddir cyfiawnder Duw a hefyd y ffordd i ddyn ddianc oddi wrth gaethiwed pechod, a rhannu yng nghyfiawnder Duw. Methiant fu pob ymdrech i sefydlu perthynas iawn â Duw trwy ufuddhau i ofynion y Gyfraith. O gyfeiriad Duw ei hun y daw'r feddyginiaeth. Yn nyfodiad Iesu Grist, dangosodd Duw wir natur ei gyfiawnder, ac y mae'r cyfiawnder hwnnw ar gael i bawb sy'n credu. 'Gwnaeth Duw hyn i ddangos ei gyfiawnder yn ddiymwad ... yn yr amser presennol hwn, sef, ei fod ef ei hun yn gyfiawn a hefyd yn cyfiawnhau'r sawl sy'n meddu ar ffydd yn Iesu' (Rhuf. 3:25–26). Mae'r ymadrodd 'yr amser presennol hwn' yn cyfeirio at rywbeth a ddigwyddodd yn y gorffennol ond sydd â'i effaith yn parhau: y mae wedi digwydd, ac y mae'n parhau i ddigwydd. Amlygodd Duw ei gyfiawnder mewn modd neilltuol ar amser neilltuol yn Iesu Grist, ond y mae'n parhau i'w amlygu ei hun i'r sawl sy'n rhoi ei ffydd yn Iesu. 'Ond yn awr, yn annibynnol ar gyfraith, y mae cyfiawnder Duw wedi ei amlygu ... cyfiawnder sydd o Dduw ydyw, trwy ffydd yn Iesu Grist i bawb sy'n credu' (Rhuf. 3:22).

Y mae Duw yn amlygu ei gyfiawnder, nid yn unig er mwyn i bobl ei adnabod, ond er mwyn iddynt gyfranogi ohono; ac fe ddaw'r cyfiawnder hwnnw'n eiddo iddynt hwy trwy ffydd. Fel Iddew, credai Paul mai trwy gyflawni gofynion y Gyfraith yr oedd ennill cyfiawnder. Ond pan ddaeth Crist i'w fywyd, gwelai'n fuan mai ffydd yn unig oedd yn cyfrif. Y mae Paul yn gweld diwedd a dechrau dau gyfnod o hanes y byd. Yn y cyntaf, y cyfnod cyn dyfodiad Crist, datguddiwyd digofaint Duw yn erbyn pawb; yn yr ail, y cyfnod wedi ei ddyfodiad, amlygwyd cyfiawnder Duw er mwyn pawb sy'n credu. Does neb yn unman oddi allan i effeithiau cyfiawnder Duw. 'Oherwydd un yw Duw, a bydd yn cyfiawnhau'r enwaededig trwy ffydd, a'r dienwaededig trwy'r un ffydd' (Rhuf. 3:30).

O ddeall bod cyfiawnder Duw ar gael i bawb yn ddiwahân, gellid dychmygu darllenwyr Paul yn gofyn, 'Ond faint yw'r gost?' Ei ateb fyddai, "Dim o gwbl!" 'Gan ras Duw, ac am ddim, y maent yn cael eu cyfiawnhau' (Rhuf. 3:24). Yna, mae Paul yn ymhelaethu ar hyn ac yn egluro eu bod wedi eu cyfiawnhau o ganlyniad i'r hyn a wnaeth Crist yn ei aberth ar y groes, sef sicrhau 'prynedigaeth' a bod yn 'aberth cymod' (neu 'foddion puredigaeth'). Fel y prynwyd rhyddid i gaethwas yn y farchnad, caiff y pechadur ei ryddhau o'r rheidrwydd i dalu swm y ddirwy. Yn Iesu Grist, fe dalodd Duw'r pris am ryddhau dyn. Ac fel yr âi'r archoffeiriad unwaith y flwyddyn ar ddydd y cymod i daenellu gwaed yr offrwm, er mwyn cymodi'r bobl â Duw, y mae gwaed Crist yn ein rhyddhau ninnau o'n pechodau trwy fod yn aberth cymod er ein mwyn.

Rhaid cofio mai darluniau neu eglurebau yw'r rhain. Nid yw Paul yn manylu arnynt nac yn eu datblygu. Mae'r hyn a ddigwyddodd ar y groes yn ddirgelwch rhy fawr i Paul, na ninnau, fedru ei esbonio'n foddhaol. Ni ellir gwneud mwy na phwyso ar iaith eglureb a delwedd i fynegi'r profiad real, dwfn, o dderbyn maddeuant ac o gael ein gwisgo â chyfiawnder Duw ei hun.

Gras ar waith

Yr hyn sy'n bwysig yw cofio bob amser mai gwaith Duw yw'r cyfan. Ef ei hun a wnaeth aberth y groes yn bosibl, a datguddiad perffaith o'i gariad ef yw marw aberthol Iesu. Y gair sy'n mynegi hyn fwyaf effeithiol yw'r gair 'gras' (*charis*) – gair sy'n ganolog i ddiwinyddiaeth Paul, gan gyfleu agwedd gariadlon a thosturiol Duw tuag atom. Mae cyfeiriadau cyson Paul at 'ras' yn arwydd clir o bwysigrwydd y gras hwnnw. Wrth ysgrifennu at eglwysi ac unigolion, mae Paul yn dymuno iddynt 'ras ein Harglwydd Iesu Grist,' (e.e. Rhuf. 1:7; 1 Cor. 1:3; 16:21; 2 Cor. 1:2; 13:13; Gal. 1:3; 6:18 ac eraill). Cyfeiria at 'y gras hwn yr ydym yn sefyll ynddo' a'r 'gras sy'n teyrnasu' (Rhuf. 5:2, 21; 6:14, 15); 'y gras a roddwyd gan Dduw', a Duw 'yn gallu rhoi pob gras i chi yn helaeth' (2 Cor. 8:1; 9:8).

Y mae, ym meddwl Paul, sawl elfen i'r syniad o ras. Yn gyntaf, mae'n cyfeirio at Dduw yn *rhoi yn helaeth*. Sonia am 'bobl sy'n derbyn helaethrwydd gras Duw, a'i gyfiawnder yn rhodd' (Rhuf. 5:17), ac am 'y gras dwyfol a roddwyd i chwi yng Nghrist Iesu' (1 Cor. 1:4). Sail holl ymwneud Duw â phobl yw ei haelioni wrth roi iddynt faddeuant a bywyd. Rhodd rad Duw yw gras.

Yn ail, mae gras yn cynnwys *gweithredu*. Nid agwedd gariadus, dyner, yn unig yw gras, ond Duw ar waith yn nerthu a chynnal ac achub ei bobl. Wrth sôn am ei weddi am iachâd, dywed Paul mai ateb Duw oedd, 'Digon i ti fy ngras i; mewn gwendid y daw fy nerth i'w anterth' (2 Cor. 12:9). Y mae gras yn bwerus, yn weithredol ac yn nerthol.

Yn drydydd, *y mae gras yn gorlifo*. Hynny yw, y mae'n helaethach yn ei gariad a'i garedigrwydd na dim y gall dyn ei fynegi mewn mawl a diolch. Er i bechod gynyddu ac i droseddau amlhau, 'daeth gorlif helaethach o ras' trwy Iesu Grist (Rhuf. 5:20). Ac wrth annog

Cristnogion Corinth i roi yn hael er mwyn cynorthwyo'r saint dan erledigaeth, y mae'n eu hatgoffa o helaethrwydd gras Duw: 'Y mae Duw yn gallu rhoi pob gras i chwi yn helaeth, er mwyn i chwi ... allu rhoi yn helaeth i bob gwaith da' (2 Cor. 9:8). Y mae'r gras sy'n achub yn hael, yn weithredol ac yn gorlifo tuag at bob un sy'n troi at Dduw mewn ffydd. Dyna fan cychwyn ein gwaredigaeth.

Ffydd o ochr dyn

Y mae aberth Mab Duw ar y groes, a'i ufudd-dod llwyr i ewyllys ei Dad yn sicrhau fod maddeuant o fewn cyrraedd i'r pechadur gwaethaf, a bod perthynas newydd â Duw ar gael i bawb. Ond nid yw'r berthynas honno'n ddiamodol. Y mae'n rhaid wrth ffydd o ochr dyn. Y mae Duw, yn ei ras, wedi gwneud ei ran; dyma gyfle yn awr i ddyn ymateb mewn ffydd. Does dim yn awtomatig yn y broses o gyfiawnhau. Y mae'r cyfan a gyflawnwyd gan Dduw fel petai'n disgwyl am symudiad o gyfeiriad dyn i'w wneud yn rym effeithiol ym mhrofiad y ddynoliaeth. Y symudiad hwnnw yw ffydd.

Ffydd yw ymateb priodol dyn i ras Duw. Ffydd yw unig amod cyfiawnhad: 'Ein dadl yw y cyfiawnheir rhywun trwy gyfrwng ffydd yn annibynnol ar gadw gofynion cyfraith' (Rhuf. 3:28). Cysylltir yr adnod hon â Martin Luther. I Luther, yr oedd yr adnod yn cadarnhau'r darganfyddiad tyngedfennol a wnaeth, sef nad trwy gadw gwyliau a defodau'r Eglwys Rufeinig, na thrwy weithredoedd da a disgyblaeth ysbrydol, na thrwy fynd ar bererindodau nac ymprydio yr oedd cael ei gyfiawnhau gerbron Duw, ond yn syml trwy roi ei ffydd yn llwyr yn Iesu Grist. Daeth y darganfyddiad hwn iddo gyntaf wrth iddo fyfyrio ar eiriau Paul yn Rhufeiniaid 1:17: 'Y sawl sydd trwy ffydd yn gyfiawn a gaiff fyw' (neu, 'y cyfiawn a gaiff fyw trwy ffydd').

Dyma graidd yr hyn a elwir yn 'gyfiawnhad trwy ffydd'. Ond talfyriad yw hynny o 'cyfiawnhad gan ras trwy ffydd'. Gras sy'n cyfiawnhau, ond daw'r cyfiawnhad yn realiti pan fydd dyn yn ymateb i waith Duw gyda ffydd.

Daw hyn â ni at y cwestiwn nesaf sef, beth yw ystyr *ffydd?* Y mae'r gair a gyfieithir 'ffydd' (*pistis*) yn golygu ymddiriedaeth, sef ymddiriedaeth yng nghariad a thrugaredd Duw yn Iesu Grist. I wneud ei bwynt yn eglur, sef mai trwy ffydd y mae canfod cyfiawnhad, mae Paul yn datgan hynny ddwywaith drosodd yn Galatiaid 2:16: 'Fe wyddom na chaiff neb ei gyfiawnhau ond trwy ffydd yn Iesu Grist, nid trwy gadw gofynion cyfraith. Felly fe gredasom ninnau yng Nghrist Iesu er mwyn ein cyfiawnhau, nid trwy gadw gofynion cyfraith, ond trwy ffydd yng Nghrist, oherwydd ni chaiff neb meidrol ei gyfiawnhau trwy gadw gofynion cyfraith.' Nid yw cadw rheolau'n sefydlu perthynas agos â pherson, ond y mae ymddiried mewn person yn gwneud hynny.

I Paul, Abraham oedd yr esiampl orau o ffydd fel ymddiriedaeth. Wrth drafod ffydd Abraham yn Rhufeiniaid 4:13–22 y ceir yr esboniad cliriaf ganddo o ystyr ffydd. Trwy ei ffydd y cafodd Abraham ei gyfiawnhau; ac felly y mae o fewn gallu pob person byw, yn Genedl-ddynion yn ogystal ag Iddewon, i brofi'r un cyfiawnhad. Ymddiriedodd Abraham yn addewid Duw iddo; 'Nid amheuodd ddim ynglŷn ag addewid Duw, na diffygio mewn ffydd, ond yn hytrach grymusodd yn ei ffydd a rhoi gogoniant i Dduw' (Rhuf. 4:20–21).

Y syniad poblogaidd am ffydd yw ei fod yn fater o *gredu* rhai pethau am Dduw, am Grist, am iachawdwriaeth ac yn y blaen. Mae'r pwyslais ar gredu ffeithiau'n golygu ystyried ffydd fel mater i'r pen. Ond yn y Beibl, mae ffydd yn cael ei hystyried fel mater i'r galon yn bennaf, ond calon yn yr ystyr o lefel ddyfnaf y bersonoliaeth, sef lefel teimlad, emosiwn a phrofiad. Y mae'r galon yn ddyfnach na'r pen a'r meddwl, yn treiddio i waelodion yr isymwybod.

Yn draddodiadol, mae diwinyddion wedi trafod ffydd dan bedwar pen. Yn gyntaf, ffydd fel *cred (assensus).* Credu yw ymateb y meddwl i Dduw; dweud 'ie' yn ymenyddol i athrawiaethau penodol. Perygl y pwyslais hwn yw meddwl mai'r hyn y mae Duw yn ei ddisgwyl gennym yw uniongrededd, ac mai'r hyn fydd yn ein hachub fydd credu'r pethau cywir. Yn ail, ystyr arall i ffydd yw *ymddiriedaeth (fiducia),* sef ein rhoi ein hunain yng ngofal Duw, beth bynnag fo'r amgylchiadau. Pan ofynnodd rhywun i Luther beth oedd ffydd, ei ateb oedd, 'plentyn bach yn ei ymddiried ei hun i freichiau ei dad'. Yn drydydd, gellid diffinio ffydd fel *ffyddlondeb (fidelitas),* sef glynu'n ddiwyro wrth Dduw ac wrth Grist. Y mae'n cynnwys gweddi, defosiwn a chariad at Dduw ac at gyd-ddyn. Yn olaf, ffydd fel *gwelediad (visio),* sef edrych ar fywyd a'r byd o bersbectif gwerthfawrogol a diolchgar, gan ganolbwyntio, nid ar y negyddol a'r cas a'r dinistriol, ond ar y cadarnhaol a'r prydferth a'r da a'r llesol.

I Paul, mae ffydd *(pistis)* yn golygu'n bennaf ymddiriedaeth, sef pwyso ar ras a thrugaredd Duw, a chanfod wrth wneud hynny fod Duw yn ei dderbyn, yn maddau ei bechodau ac yn ei dywys i stad o gyfiawnder, sef i iawn berthynas ag ef ei hun. Trwy ffydd yn unig, nid trwy gadw rheolau'r gyfraith, y mae rhannu yn y cyfiawnder hwn.

Y mae dysgeidiaeth Paul ar gyfiawnhad yn gwbl ganolog i ffydd yr Eglwys Gristnogol. Dywed yr Athro Alister E. McGrath (*An Introduction to Christianity)* mai athrawiaeth cyfiawnhad yw canolbwynt cred yr Eglwys. 'There never was, and there never can be, any true Christian Church without the doctrine of justification.' Hwn, meddai, yw cychwyn a diwedd iachawdwriaeth, sef mai trwy ras a thrugaredd Duw, nid trwy unrhyw ymdrech ar ei ran ei hun, y mae dyn yn cael ei achub. Ffydd, a ffydd yn unig, nid gweithredoedd y gyfraith, sydd ei hangen o ochr dyn. Arwydd o gyd-ddealltwriaeth ecwmenaidd yw bod Catholigion, yn ogystal â Phrotestaniaid, erbyn hyn yn cydnabod pwysigrwydd cyfiawnhad trwy ffydd. Y mae cyfrol fawr y Pabydd, Hans Küng, *Justification*, yn un enghraifft o hynny, ynghyd ag adroddiadau sawl ymgynghoriad ar y pwnc rhwng Lutheriaid a Chatholigion.

Yr hyn sy'n achosi peth anghytundeb yw'r pwyslais Protestannaidd ar gyfiawnhad trwy ffydd *yn unig.* Yr adnod allweddol i Martin Luther oedd Rhufeiniaid 3:28: 'Ein dadl yw y cyfiawnheir rhywun trwy gyfrwng ffydd'. Ond fe ychwanegodd Luther y geiriau 'yn unig' ar ôl y gair ffydd. Fe'i beirniadwyd am iddo wneud hynny gan fod rhai – Catholigion yn bennaf – yn mynnu nad yw ffydd yn effeithiol heb iddi ei mynegi ei hun mewn gweithredoedd o gariad, ffyddlondeb a gwasanaeth i Dduw ac i gyd-ddyn. Ond y mae nifer o esbonwyr yn cyd-fynd â Luther, gan hawlio fod Paul ei hun yn pwysleisio mai ffydd yn unig sy'n cyfiawnhau. Nid yw'n gwadu fod ffydd yn esgor ar weithredoedd da, ond ym mater cyfiawnhad, y mae popeth i'w osod o'r neilltu, ar wahân i ffydd. Yr un yw'r neges yn emyn adnabyddus Charlotte Elliott:

> *Dof fel yr wyf, 'does gennyf fi*
> *ond dadlau rhin dy aberth di'*
> (Charlotte Elliott)

Ond y mae i athrawiaeth cyfiawnhad trwy ffydd ymhlygiadau cymdeithasol yn ogystal â diwinyddol. Anodd iawn i Gristnogion o gefndir Iddewig oedd derbyn athrawiaeth a oedd yn troi cefn yn llwyr ar ufudd-dod i ofynion y gyfraith, ac yn enwedig athrawiaeth a oedd yn golygu derbyn y gallai Cenedl-ddynion, nad oedd y Gyfraith yn golygu dim iddynt, gael eu cyfiawnhau trwy ffydd, a dim arall. Wrth drafod ymlygiadau cyfiawnhad, mae Paul yn wynebu'r broblem trwy ofyn, 'Ai Duw'r Iddewon yn unig yw Duw? Onid yw'n Dduw'r Cenhedloedd hefyd? Ydyw, yn wir, oherwydd un yw Duw, a bydd yn cyfiawnhau'r enwaededig trwy ffydd, a'r dienwaededig trwy'r un ffydd' (Rhuf. 3:29–30). Yn ei Lythyr at yr Effesiaid, mae'n mynegi'r un gwirionedd trwy ddweud fod Crist wedi diddymu canolfur y gwahaniaeth rhwng Iddewon a'r Cenhedloedd, 'wedi chwalu trwy ei gnawd ei hun y canolfur o elyniaeth oedd yn eu gwahanu' (Eff. 2:14). Effaith hynny oedd creu o'r ddau un ddynoliaeth newydd.

Effeithiau personol cyfiawnhad yw bod pob person unigol, pwy bynnag y bo, pa mor bwysig neu pa mor ddi-nod, yn gallu dod i iawn berthynas â Duw, trwy ffydd yn unig. Effeithiau cymdeithasol cyfiawnhad yw bod pob gwahanfur rhwng pobloedd yn cael ei chwalu, wrth i Dduw gymodi mewn un corff trwy'r groes bawb sy'n dod ato mewn ffydd. Wrth ddod yn un â Duw daw pobl hefyd yn un â'i gilydd. 'Felly, nid estroniaid a dieithriaid ydych mwyach,' meddai Paul, 'ond cyd-ddinasyddion â'r saint ac aelodau o deulu Duw' (Eff. 2:19).

Cwestiynau i'w trafod

1. Beth, yn eich barn chi, yw ystyr bod mewn iawn berthynas â Duw?

2. Beth yw ystyr y gair 'gras' i ni heddiw?

3. A ydych yn cytuno mai mater o ymddiried, yn fwy na mater o gredu, yw ffydd yn ei hanfod?

21. Eglwys Dduw a Chorff Crist

1 Corinthiaid 12:12–30

I Paul, yr oedd ffydd, a phrofiad o ras Duw ar waith yn ei fywyd, yn brofiad personol, unigol, dwfn. Ni ellid etifeddu ffydd na chyfiawnhad oddi wrth neb arall, yn ail-law fel petai. Yn hytrach, rhaid i bob person ddod i adnabod Iesu Grist drosto'i hun a chanfod yn ei galon ei hun beth yw ystyr bod 'yng Nghrist'. Yn y bedwaredd bennod o'i Lythyr at y Rhufeiniaid, mae Paul yn trafod Abraham fel esiampl o un a 'gredodd ... yn Nuw, ac fe'i cyfrifwyd iddo yn gyfiawnder' (Rhuf. 4:3). Ufudd-dod, ffydd ac ymddiriedaeth bersonol un dyn a geir yn hanes Abraham. Yn yr un modd, 'Y mae cyfiawnder i'w gyfrif i ni, sydd â ffydd gennym ...' (Rhuf. 4:24). Ond er pwysiced oedd profiad personol o'r ffydd hon, ni olygai hynny mai peth unigolyddol yn unig mohono. I Paul, roedd dod i adnabyddiaeth o'r Crist byw yn dwyn y credadun ar unwaith i berthynas â chredinwyr eraill. Yr oedd profiad o berthynas fyw â Christ yn brofiad corfforedig. Nid oedd y fath beth â Christion unigol nad oedd yn aelod o'r Eglwys, yr *ecclesia,* 'pobl Dduw' a 'chorff Crist'. Mae gan Paul lawer i'w ddweud am bwysigrwydd yr Eglwys fel mynegiant corfforol o bresenoldeb Crist, ac fel cyfrwng ei genhadaeth yn y byd, ac am le a chyfraniad ei haelodau unigol o'i mewn.

Pobl Dduw

Y gair a ddefnyddiai Paul i ddisgrifio'r Eglwys yw'r gair Groeg *ecclesia,* sy'n golygu 'cynulliad o bobl'. Defnyddiwyd y gair yn wreiddiol i ddynodi cyfarfod cyhoeddus o ddinasyddion i drafod materion dinesig. Fe'i defnyddiwyd hefyd i ddynodi cymuned pobl Israel, yn gynulleidfaoedd lleol a'r genedl gyfan. Ffurf Hebraeg ar *ecclesia* oedd 'synagog', sef cynulliad neu gynulleidfa. A chan fod y gair 'synagog' wedi dod i olygu cynulliad o Iddewon, yr oedd yn naturiol i'r Cristnogion cynnar fabwysiadu gair gwahanol, sef *ecclesia,* i ddisgrifio'u cynulliadau hwy. Mae Paul yn cyfeirio at 'ymgynnull fel eglwys' ac at 'eglwys Dduw' yn 1 Cor. 11:18, 22 a naw gwaith yn 1 Cor. 14.

Ar sawl achlysur, defnyddiai ecclesia i gyfeirio at eglwysi lleol, er enghraifft yr 'eglwys yn Cenchreae' (Rhuf. 16:1), 'eglwys y Laodiceaid' (Col. 4:16), 'eglwysi Galatia' (Gal. 1:2) a'r 'cynulleidfaoedd sydd yng Nghrist yn Jwdea' (Gal. 1:22). Cyfeiria dair gwaith at eglwysi yn ymgynnull mewn tai – tŷ Prisca [neu Priscila] ac Acwila (Rhuf. 16:5; 1 Cor. 16:19), tŷ Nymffa (Col. 4:15), a thŷ Philemon (Philem. 2). Ar sawl achlysur, mae Paul yn defnyddio ecclesia yn y lluosog, er enghraifft 'ym mhob eglwys' (1 Cor. 4:17); hefyd yn Effes. 3:10; 5: 23, 25, 27, 29.

Y mae'n amlwg fod Paul yn defnyddio *ecclesia* i gyfeirio at yr eglwys leol, ond hefyd at 'eglwysi' yn y lluosog, sef yr Eglwys gyffredinol. Wrth drafod achos llosg gyda'r Corinthiaid dywed, 'Ond os myn neb fod yn gecrus, nid oes gennym ni unrhyw arfer o'r fath, na chan eglwysi Duw chwaith' (1 Cor. 11:16). Ystyr lluosog sydd i gyfeiriadau eraill megis, 'yr wyf yn gwneud hyn yn rheol yn yr holl eglwysi' (1 Cor. 7:17), ac 'Y mae holl eglwysi Crist yn eich cyfarch' (Rhuf. 16:16). Gwelir cysylltiad uniongyrchol rhwng 'eglwysi' a'r syniad o 'bobl Dduw' pan ddywed Paul wrth y Thesaloniaid, 'Daethoch chwi, gyfeillion, i efelychu eglwysi Duw yng Nghrist Iesu sydd yn Jwdea' (1 Thes. 2:14).

Yn y cyfeiriadau hyn, gwelir fod Paul yn cyfeirio at eglwysi lleol ac at eglwysi'n gyffredinol. Arwyddocâd hynny yw bod presenoldeb a nerth y Crist byw ar gael ym mhob cynulleidfa leol; fod gan bob eglwys unigol yr un gwaith i'w gyflawni â'r eglwysi eraill yn gyffredinol; ac nad yw'r un gynulleidfa unigol ar ei phen ei hun, ond ei bod mewn cydsafiad â Christ ac â'r Eglwys gyfan. Ond yr oedd y syniad o'r Eglwys fel pobl Dduw yn codi cwestiwn dyrys i Paul yr Iddew.

I bob Iddew, yr oedd yr ymadrodd 'pobl Dduw' yn gyfystyr â chenedl Israel. Ond bellach, gwelai Paul Genedl-ddynion yn ymateb i neges yr Efengyl ac yn ymaelodi yn yr Eglwys, a hynny heb iddynt gael eu henwaedu. A olygai hynny fod cyfamod Duw ag Israel wedi dod i ben? A oedd Duw wedi gwrthod ei bobl? Yr oedd un ffaith yn gwbl amlwg, sef fod angen trugaredd Duw ar Iddewon fel ar Genedl-ddynion. 'Gorthrymder ac ing fydd i bob bod dynol sy'n gwneud drygioni, i'r Iddewon yn gyntaf a hefyd i'r Groegiaid;' ond yn yr un modd 'gogoniant ac anrhydedd a thangnefedd fydd i bob un sy'n gwneud daioni, i'r Iddewon yn gyntaf a hefyd i'r Groegiaid. Nid oes ffafriaeth gerbron Duw' (Rhuf. 2: 9–11). A'r un modd, sef trwy ffydd ac nid trwy gyflawni'r Gyfraith y gallai Iddew a Groegwr gael ei gyfiawnhau. 'Y gwir Iddew yw'r Iddew cuddiedig, a'r gwir enwaediad yw enwaediad y galon, peth ysbrydol, nid llythrennol' (Rhuf. 2:29).

Yn ail ran Rhufeiniaid 8, gwelwn Paul yn disgrifio'r Eglwys â geiriau a ddefnyddid fel arfer i ddisgrifio Israel: 'saint', 'y rhai sy'n ei garu', 'y rhai sydd wedi eu galw', rhai wedi eu 'rhagordeinio' (Rhuf. 8:27–29). A yw'r statws a'r breintiau a berthynai gynt i Israel bellach wedi eu trosglwyddo i ddilynwyr Iesu'r Meseia? Y cwestiwn a wynebai Paul oedd 'Pwy yw Israel bellach?' Yn raddol ond yn anorfod, roedd rhaid cydnabod fod i'r enw ystyr newydd. Ni ellid ymwrthod â'r enw, gan y byddai hynny'n gyfystyr â dweud fod Duw yn anffyddlon, ac yn cefnu ar ei addewidion i Abraham a'i ddisgynyddion. Meddai Paul wrth Gristnogion Rhufain, 'Yr wyf yn gofyn, felly, a yw'n bosibl fod Duw wedi gwrthod ei bobl ei hun? Nac ydyw, ddim o gwbl' (Rhuf. 11:1).

Yn hytrach na gwrthod yr enw 'Israel', daeth Paul i weld fod rhaid gwahaniaethu rhwng y gair 'Iddew', a oedd yn dynodi perthynas â thir ac yn fynegiant o hunaniaeth genedlaethol, a'r gair 'Israel', a oedd yn diffinio perthynas â Duw. Nid ceisio uno Iddew a Chenedl-ddyn a wnâi. Byddai hynny'n amhosibl, gan na ellid dileu gwahaniaethau hil. Ond yr oedd diogelu'r gair 'Israel' yn agor posibilrwydd newydd, sef fod holl bobl Dduw – y rhai sydd wedi ymateb i'w gariad yn Iesu Grist – yn dod yn aelodau o'r 'Israel newydd'. Ni ellid cynnwys Groegiaid o fewn Iddewon, gan na fyddai hynny ond cymysgu hiliau. Ond fe ellid cynnwys 'Cenedl-ddynion' o fewn 'Israel'.

Sut oedd y mudiad newydd o ddilynwyr Crist i'w ymgorffori o fewn Israel newydd? Gwelai Paul ateb yng ngeiriau'r proffwyd Hosea: 'Fel y mae'n dweud yn llyfr Hosea hefyd, "Galwaf yn bobl i mi rai nad ydynt yn bobl i mi, a galwaf yn anwylyd un nad yw'n anwylyd; ac yn y lle y dywedwyd wrthynt, 'Nid fy mhobl ydych', yno, fe'u gelwir yn blant y Duw byw"' (Rhuf. 9:25–26). Yna, wrth gyfarch Cenedl-ddynion, defnyddia Paul y darlun o ganghennau (sef y Cenedl-ddynion) yn cael eu himpio i'r olewydden (sef Israel) ac yn sugno maeth o'i gwreiddyn (Rhuf. 11:17–24). Felly, nid yw'r Eglwys i'w diffinio mewn gwrthgyferbyniad i Israel, ond oddi mewn i Israel, gyda gwir genhadaeth Israel yn cael ei chyflawni gan yr Eglwys, a bendithion ac addewidion Duw i Israel yn dod yn eiddo iddi. Wrth ddiweddu ei Lythyr at y Galatiaid, mae Paul yn dymuno tangnefedd arnynt a thrugaredd, 'ie, ar Israel Duw' (Gal. 6:16).

Corff Crist

Mewn dau le yn unig yng ngweithiau Paul y cyfeirir yn uniongyrchol at yr Eglwys fel 'corff Crist'. Yn Colosiaid 1:18, meddai am Iesu, 'Ef hefyd yw pen y corff, sef yr eglwys' ac yn Colosiaid 1:24 cyfeiria at 'ei gorff, sef yr eglwys'. Ac meddai ymhellach, 'oddi wrth y pen y mae'r holl gorff yn cael ei gynnal a'i gydgysylltu trwy'r cymalau a'r gewynnau, ac felly'n prifio â phrifiant sydd o Dduw' (Col. 2:19). Ac yn y Llythyr at yr Effesiaid dywed, 'yr eglwys hon yw ei gorff ef' (1:23), a 'Felly y gwna Crist hefyd â'r eglwys; oherwydd yr ydym ni'n aelodau o'i gorff ef' (5:29–30).

Yn ei brif gyfeiriadau at yr Eglwys, nid yw Paul yn dweud yn uniongyrchol mai'r Eglwys yw corff Crist, ond yn hytrach bod Cristnogion yn 'aelodau' o'r corff. 'Yn union fel y mae gennym aelodau lawer mewn un corff, ond nad oes gan yr holl aelodau yr un gwaith, felly hefyd yr ydym ni, sy'n llawer, yn un corff yng Nghrist, ac yn aelodau bob un i'w gilydd' (Rhuf. 12:4–5). Yn 1 Corinthiaid 12:12–27, ceir disgrifiad manwl o le a gwaith aelodau unigol o fewn y corff: 'Fel y mae'r corff yn un, a chanddo lawer o aelodau, a'r rheini oll, er eu bod yn llawer, yn un corff, fel hyn y mae Crist hefyd' (1 Cor. 12:12). Ac 'Oni wyddoch mai aelodau Crist yw eich cyrff chwi?' (1 Cor. 6:15) meddai Paul wrth rybuddio rhag ymddygiad anfoesol. Er mai sôn am *aelodaeth* o'r corff a wna yn yr adnodau hyn, mae'n amlwg ei fod hefyd yn golygu mai *corff Crist* yw'r Eglwys yn gyffredinol. Mae'r aelodau wedi eu cysylltu yn bersonol ac yn unigol â Christ, ond y maent hefyd wedi eu cysylltu â'i gilydd yn eu cariad at Grist ac at ei gilydd. 'Myfi, tydi, efe' yw disgrifiad Waldo o frawdoliaeth. Gellid disgrifio'r Eglwys, corff Crist, fel 'Myfi, tydi, efe, nyni' – y berthynas rhyngom â'n gilydd ac â Christ yn ffurfio perthynas gwbl unigryw, y 'nyni' sy'n ein clymu oll â'n gilydd ac â Christ o fewn ei gorff.

Yr un gwirionedd a fynegir yn narlun Paul o 'deml Duw'. Meddai Paul, 'Oni wyddoch mai teml Duw ydych, a bod Ysbryd Duw yn trigo ynoch? ... oherwydd y mae teml Duw yn sanctaidd, a chwi yw'r deml honno' (1 Cor. 3:16–17). Y mae i'r darlun ei wedd bersonol, sef bod pob Cristion yn unigol yn deml i'r Ysbryd Glân, ond y mae iddo hefyd ei wedd luosog, sef fod yr Eglwys gyfan yn deml, a bywyd Crist yn ei llenwi a'i sancteiddio.

Diffinnir perthynas Crist â'r corff fel *y pen.* 'Ef yw'r pen, ac wrtho ef y mae'r holl gorff yn cael ei ddal wrth ei gilydd a'i gysylltu drwy bob cymal sy'n rhan ohono' (Effes. 4:16). Yn Colosiaid, cyfeirir at Grist fel pen 'ar bob tywysogaeth ac awdurdod' (Col. 2:10). Ond cyfeirir ato fel pen y corff yn Effesiaid yn yr ystyr mai oddi wrtho ef y daw'r doniau sy'n cymhwyso'r corff ar gyfer ei waith, ac yn dal yr holl gorff wrth ei gilydd mewn undod.

Undod yr Eglwys yw thema trafodaeth Paul yn 1 Cor. 12:12–26, ond gyda'r pwyslais y tro hwn ar gyfrifoldeb pob aelod o'r corff i gyflawni ei swyddogaeth. 'Fel y mae'r corff yn un, a chanddo lawer o aelodau, a'r rheini oll, er eu bod yn llawer, yn un corff, fel hyn y mae Crist hefyd' (1 Cor. 12: 12). Yr hyn sy'n uno'r credinwyr mewn un corff yw eu profiad cyffredin o'r Ysbryd Glân. Er eu bod fel unigolion, yn Iddewon ac yn Roegiaid, wedi derbyn yr Ysbryd Glân, nid peth unigolyddol mohono, ond profiad i'w rannu ag eraill i gryfhau a chyfoethogi eu bywyd cyffredin o fewn y corff.

Gall y gair *aelodau* olygu aelodau o'r corff dynol, a gellir ei ddefnyddio hefyd i ddynodi aelodaeth o eglwys. Un corff sydd, ond y mae i'r corff hwnnw lawer o aelodau. Disgrifir gwahanol rannau'r corff yn ymgomio â'i gilydd – y *troed* a'r *llaw, y glust* a'r *llygad* – a phob un yn gwbl angenrheidiol os yw'r corff i weithredu'n iawn. Duw sy'n gyfrifol am osod y gwahanol aelodau yn eu lle, ac am drefnu gwaith arbennig ar gyfer pob un. Dylai'r holl aelodau ymroi i'r swyddogaeth a drefnwyd ar eu cyfer, ac ni ddylent sarhau aelodau eraill llai amlwg, er enghraifft y rhai 'sy'n ymddangos yn wannaf', y rhai 'anweddaidd' a'r 'rhai sydd leiaf eu parch' (1 Cor. 12:22–23). Ni all unrhyw aelod ddweud wrth aelod arall ei fod yn ddianghenraid: 'Ni all y llygad ddweud wrth y llaw, "Nid oes arnaf dy angen di", na'r pen chwaith wrth y traed, "Nid oes arnaf eich angen chwi"' (1 Cor. 12:21). Y mae anawsterau'n codi, ac undod y corff yn cael ei beryglu pan fo rhai aelodau'n diystyru neu'n sarhau aelodau eraill llai amlwg.

Cwestiwn sydd wedi ei drafod ac sy'n achos anghytundeb yw, ai metaffor ynteu ffaith lythrennol yw'r darlun o'r Eglwys fel corff Crist. Tuedd rhai o'r traddodiad Catholig yw uniaethu'r Eglwys â chorff Crist. Dywed y diwinydd E. L. Mascall, '*It is not a mere metaphor, but the literal truth, that the Church is the Body of Christ'*. Ond nid yw Paul yn dweud mai corff Crist yn llythrennol yw'r Eglwys, ond ei bod yn debyg i gorff Crist, yn yr ystyr mai hi yw cyfrwng gweithgaredd Crist yn y byd heddiw. Fel yr oedd ei gorff o gig a gwaed yn gyfrwng i'w waith a'i weinidogaeth yn ystod ei fywyd yn y byd hwn, felly'r Eglwys yw cyfrwng ei waith heddiw. Golyga hynny fod perthynas agos rhwng Crist a'i eglwys, ond ni ellir eu huniaethu. Ac ni ellir eu huniaethu chwaith o feddwl am ddiffygion, rhaniadau a gwendidau amlwg yr Eglwys fel sefydliad dynol.

I grynhoi, mae'r darlun o gorff Crist yn dweud tri pheth am yr Eglwys sy'n berthnasol i ni heddiw. Yn gyntaf, *yr Eglwys yw cyfrwng Crist i gyflawni ei waith yn y byd.* Trwy gorff ei bobl y mae'n parhau ei weinidogaeth ac yn ymestyn ei deyrnas ar y ddaear. Yn ail, *mae Crist yn trigo yn ei Eglwys trwy ei Ysbryd Glân.* Ef yw ei phen, Ef sy'n ei harwain a'i chywiro a'i hysbrydoli, a'i Ysbryd ef sy'n ei bywhau. Yn drydydd, y *mae i aelodau'r Eglwys eu lle a'u cyfraniad ym mywyd a gwaith yr Eglwys.* Ni all y corff weithredu heb fod pob un aelod yn cyflawni ei waith ac yn ymarfer y doniau a roddwyd iddo gan Dduw.

Apostolion ac Arweinwyr

Wedi iddo drafod yn 1 Corinthiaid 12:12–26 gyfrifoldeb pob aelod o fewn corff yr Eglwys, mae Paul yn mynd ymlaen i ddisgrifio'r doniau a roddwyd i rai i'w cymhwyso i fod yn arweinwyr o fewn y corff (1 Cor. 12:27–31). Mae'n bosibl mai'r rheswm dros ymdrin â mater arweinyddiaeth oedd bod rhai yng Nghorinth yn rhoi pwys mawr ar 'lefaru â thafodau' ac yn ystyried hynny fel y blaenaf o'r doniau. Y mae'n arwyddocaol mai llefaru â thafodau sydd ar waelod rhestr Paul yn yr adran hon. 'Y mae Duw wedi gosod yn yr eglwys, yn gyntaf apostolion, yn ail broffwydi, yn drydydd athrawon, yna cyflawni gwyrthiau, yna doniau iacháu, cynorthwyo, cyfarwyddo, llefaru â thafodau' (1 Cor. 12:28).

Mae'n amlwg fod Paul yn cydnabod fod gan bob aelod ryw ddawn i'w defnyddio yng ngwaith yr Eglwys. Byddai'r cyfeiriad at yr amrywiol ddoniau, yn cynnwys rhai mor gyffredinol â 'cynorthwyo a chyfarwyddo', yn atgoffa'r aelodau fod i bob un ohonynt le a chyfraniad i'w wneud o fewn gweinidogaeth holl bobl Dduw. Mae'n cyfeirio yn 1 Corinthiaid 12:4–5 at 'amrywiaeth doniau, ond yr un Ysbryd sy'n eu rhoi; ac y mae amrywiaeth gweinidogaethau, ond yr un Arglwydd sy'n eu rhoi'. Ond y mae ei restr yn adnod 28 yn gosod 'yn gyntaf, apostolion, yn ail broffwydi, yn drydydd athrawon'. Mae'n amlwg mai dyma'r tri dosbarth a oedd yn cael eu hystyried fel rhai o safle ac awdurdod neilltuol o fewn yr Eglwys. A'r tri hyn, maes o law, a fyddai'n datblygu i fod yn oruchwylwyr neu'n esgobion (*episcopoi*), yn henuriaid (*presbuteroi*) ac yn ddiaconiaid (*diaconoi*), yn cynnwys athrawon a rhai a oedd yn gofalu am y tlawd a'r anghenus.

Nid yw'n syndod gweld *apostolion* ar ben y rhestr. Dyma'r rhai a fu gyda Iesu yn y dechrau, a dyma'r rhai, fel Paul ei hun, a'i gwelodd yn ôl yn fyw yn ddiweddarach. Ond daethpwyd i ystyried eraill a oedd yn arweinwyr amlwg yn yr Eglwys, megis Iago a Timotheus, yn apostolion hefyd. Gwŷr wedi eu donio mewn modd arbennig gan yr Ysbryd Glân oedd y *proffwydi*, a chaent eu cydnabod yn bregethwyr, bugeiliaid a chenhadon lleol effeithiol. Er bod sôn am broffwydi crwydrol, swyddogaeth leol oedd i'r proffwydi fel arfer. Ni wyddom beth yn union oedd gwaith yr *athrawon,* ond gellir tybio o'u teitl bod ganddynt ddawn i hyfforddi credinwyr newydd yn y Ffydd ac i ddehongli'r Hen Destament o fewn yr Eglwys.

Beth bynnag yw'r doniau a roddwyd i aelodau'r corff, yr oedd gan bob un ei swyddogaeth, ac yr oedd rhai wedi eu galw i arwain a chyfarwyddo gwaith a bywyd yr eglwysi. Ond o Dduw y daw pob galwad; a Duw hefyd, trwy'r Ysbryd Glân, sy'n estyn i bob un ei ddawn arbennig i gyflawni'r gwaith ac i adeiladu'r Eglwys.

Cwestiynau i'w trafod

1. A oes modd bod yn Gristion heb berthyn i'r Eglwys?

2. O ystyried dysgeidiaeth Paul am yr Eglwys fel corff Crist, beth a ddisgwylir oddi wrthym ni fel aelodau?

3. Beth a olygir wrth bwyslais Paul fod Crist, trwy'r Ysbryd Glân, yn trigo yn ei Eglwys?

22. Bedydd a Swper yr Arglwydd

Rhufeiniaid 6: 1-11; 1 Corinthiaid 11: 23-26

I Paul, yr oedd tair elfen yn y trawsnewidiad o fywyd o dan y Gyfraith i'r bywyd yng Nghrist: dod i iawn berthynas â Duw trwy ffydd (sef cyfiawnhad), cyfranogi o fywyd Crist, a derbyn rhodd yr Ysbryd Glân. Y digwyddiad a roddai fynegiant gweledol o'r trawsnewidiad hwn oedd *bedydd*. Wrth fynd i lawr i ddyfroedd y bedydd yr oedd y credadun yn ei uniaethu ei hun â marwolaeth Crist, ac wrth godi o'r dŵr yr oedd yn rhannu ym mywyd atgyfodedig Crist. Dyna'r darlun a oedd yn cyfleu i Paul ystyr a phwysigrwydd bedydd.

Ond nid symbol yn unig oedd y weithred hon, ond defod a oedd yn rhoi cychwyn i fywyd newydd y crediniwr, ac a oedd yn adlewyrchu ei farwolaeth i bechod a'i ddyrchafiad i fywyd yng Nghrist. Nid digwyddiadau sy'n perthyn i'r gorffennol marw yw'r groes a'r atgyfodiad, ond digwyddiadau sy'n perthyn i heddiw ac i brofiad y Cristion yn y presennol. Ond rhaid prysuro i ddweud nad *digwyddiadau'r* Groglith a'r Pasg fel y cyfryw sy'n achub, ond gras Duw yn Iesu Grist. Nid cael ei fedyddio i enw digwyddiad y mae'r Cristion, ond ei fedyddio i enw *Crist.* Y gair sy'n crynhoi ystyr bedydd i Paul yw *ymgorfforiad.* Y mae'n ddigwyddiad sy'n ymgorffori'r credadun yng Nghrist ac yn ei Eglwys.

Cefndir Bedydd yr Eglwys Fore
Nid yw'n gwbl amlwg pa bryd y daeth bedydd yn arfer yn yr Eglwys Fore na beth oedd ei ystyr a'i arwyddocâd yn y dechrau. Y mae i fedydd gefndir Iddewig, sef bedydd proselytiaid (Cenedl-ddynion yn ymuno â'r grefydd Iddewig), a bedydd Ioan Fedyddiwr. Y mae'n bosibl fod bedydd proselytiaid wedi dylanwadu ar y syniad o fedydd Cristnogol fel mynediad i mewn i'r Eglwys. Ond roedd enwaediad hefyd yn elfen bwysig, bwysicach na bedydd, yn y mynediad i'r ffydd Iddewig. Bedydd edifeirwch oedd bedydd Ioan, yn arwyddo golchi ymaith bechodau'r gorffennol. Oddi fewn i fedydd Cristnogol hefyd y mae'r elfen o

edifeirwch ac o droi oddi wrth bechod at Grist. Ond y mae ynddo fwy na hynny hefyd.

Y mae bedydd Cristnogol yn fedydd i'r Ysbryd Glân. Meddai Ioan Fedyddiwr ei hun am Iesu Grist, 'Bydd ef yn eich bedyddio â'r Ysbryd Glân ac â thân' (Mth. 3:11). A phan gafodd Iesu ei fedyddio gan Ioan, cadarnhawyd ei alwad Meseianaidd gan ei brofiad o weld yr Ysbryd Glân yn disgyn arno fel colomen (Mth. 3:16). Ym medydd Iesu, gwelir cysylltiad rhwng ei fedydd a thywalltiad o'r Ysbryd – cysylltiad a ddaeth yn holl bwysig ym medydd yr Eglwys Fore.

Prin iawn yw'r cyfeiriadau at fedydd yn ystod gweinidogaeth Iesu. Yn ôl Efengyl Ioan yr oedd Iesu a'i ddisgyblion yn bedyddio'r un pryd ag Ioan Fedyddiwr. 'Ar ôl hyn aeth Iesu a'i ddisgyblion i wlad Jwdea, a bu'n aros yno gyda hwy ac yn bedyddio. Yr oedd Ioan yntau yn bedyddio yn Ainon, yn agos i Salim' (In. 3:22–23). A dywedir i'w ddisgyblion fedyddio mwy o ddilynwyr nag Ioan: 'er nad Iesu ei hun, ond ei ddisgyblion, fyddai'n bedyddio' (In. 4:2). Cyfeiriad arall, llawer mwy arwyddocaol, yw dywediad Iesu: 'Y mae bedydd y mae'n rhaid fy medyddio ag ef, a chymaint yw fy nghyfyngder hyd nes y cyflawnir ef!' (Lc. 12:50). Y mae'r dywediad hwn yn cysylltu bedydd yn uniongyrchol â'r groes ym meddwl Iesu ei hun. Er mai prin yw'r cyfeiriadau hyn at fedydd yng ngwaith a dysgeidiaeth Iesu, y mae digon ohonynt i awgrymu ei fod wedi cydsynio â'r arfer ac i egluro pam, yn union wedi'r Pentecost, y daeth bedydd yn ddefod mynediad i'r gymuned Gristnogol.

Y mae'n amlwg felly fod bedydd wedi ei sefydlu'n gynnar yn hanes yr Eglwys Fore, a'i fod wedi bodoli cyn i Paul ei hun, yn dilyn ei dröedigaeth, gael ei fedyddio yn Namascus gan Ananias. Gallwn dybio fod Paul wedi derbyn dehongliad yr apostolion o ystyr ac arwyddocâd bedydd, ond ei fod wedi plethu eu hesboniad hwy i mewn i'w ddysgeidiaeth ei hun. Er mai prin a thameidiog yw ei gyfeiriadau at fedydd, y mae'n dweud digon i'n galluogi i weld fod bedydd o'r pwys mwyaf yn ei olwg. Yr oedd bedydd y Cristion yn ddigwyddiad i'w gofio gan ei fod yn nodi ei drawsnewidiad o'i hen fywyd dan y ddeddf i'w fywyd newydd yng

Nghrist. Yn ei fedydd hefyd yr oedd wedi derbyn rhodd yr Ysbryd Glân ac wedi dod yn aelod o gorff Crist.

Marw i bechod a byw i Grist

Gellir crynhoi prif themâu dysgeidiaeth Paul am fedydd dan dri phen. Yn gyntaf, *yr oedd bedydd yn gyffes gyhoeddus o ffydd.* Nid profiad preifat, dirgel, i rywun ei gadw iddo'i hun yw tröedigaeth. Rhaid ei rannu ag eraill trwy gyffes gyhoeddus o ffydd, a bydd hynny wedyn yn arwain at fedydd ac at fynediad i gymuned y credinwyr. Mae'n debyg mai dyfynnu o wasanaeth bedydd y mae Paul pan ddywed, '"Os cyffesi Iesu yn Arglwydd â'th enau, a chredu yn dy galon fod Duw wedi ei gyfodi ef oddi wrth y meirw, cei dy achub." Oherwydd credu â'r galon sy'n esgor ar gyfiawnder, a chyffesu â'r genau sy'n esgor ar iachawdwriaeth' (Rhuf. 10:9–10). Credu yn y galon, sef ymddiried, yw craidd ffydd; ond rhaid i'r ffydd honno gael mynegiant mewn cyffes gyhoeddus, agored. Mae hynny'n cynnwys edifeirwch, sef datganiad o droi oddi wrth bechod ac o gamu ar wastad bywyd newydd.

Y mae'r elfen gyhoeddus hon hefyd yn symbyliad i ddiogelu undeb yr Eglwys. Ar sail eu bedydd i Grist, apelia Paul at y pleidiau cwerylgar yn eglwys Corinth – y rhai oedd o blaid Paul, y rhai oedd o blaid Apolos, a'r rhai oedd o blaid Ceffas – i gymodi â'i gilydd: 'A aeth Crist yn gyfran plaid? Ai Paul a groeshoeliwyd drosoch chwi? Neu, a fedyddiwyd chwi i enw Paul?' (1 Cor. 1:13). Ymhlyg yn eu bedydd yr oedd eu hymrwymiad i ddiogelu undeb y corff.

Ail thema yn nysgeidiaeth Paul yw, *bedydd fel marw i bechod a byw i Grist.* 'A ydych heb ddeall fod pawb ohonom a fedyddiwyd i Grist Iesu wedi ein bedyddio i'w farwolaeth? Trwy'r bedydd hwn i farwolaeth fe'n claddwyd gydag ef, fel, megis y cyfodwyd Crist oddi wrth y meirw mewn amlygiad o ogoniant y Tad, y byddai i ninnau gael byw ar wastad bywyd newydd' (Rhuf. 6:3–4). Cytunir yn weddol gyffredin mai darlun o fedydd trwy drochiad a geir yn yr adnodau hyn. Mae bedydd yn achlysur sy'n arwyddo uniaethu â marwolaeth Crist, ac felly o 'farw' i hen fywyd, ac o uniaethu hefyd ag atgyfodiad Crist, ac felly o 'gyfodi' i fywyd newydd. Yn eu bedydd, y mae Cristnogion yn symud o'r 'Oes

Bresennol' o bechod a marwolaeth i'r 'Oes i Ddod,' oes o fywyd a buddugoliaeth. Wrth gwrs, nid yw'r oes honno wedi dod yn ei llawnder eto, ac felly mae'r credadun yn byw rhwng dau fyd, rhwng y presennol a'r dyfodol. Ond mae wedi cychwyn ar lwybr y bywyd newydd. Ceir darlun tebyg yn y Llythyr at y Galatiaid: 'Oherwydd y mae pob un ohonoch sydd wedi ei fedyddio i Grist wedi gwisgo Crist amdano' (Gal. 3:27). Hynny yw, mae'r credinwyr yn sefyll yn yr un berthynas â Duw ag y saif Crist ei hun. Y maent wedi gadael yr hen fywyd ar ôl, ac er gwaethaf brwydr barhaus â'r 'hen ddyn' y maent yn symud ymlaen tuag at wawr y deyrnas.

Trydedd thema yn nysgeidiaeth Paul yw, *bedydd a'r Ysbryd Glân*. Ochr yn ochr â sôn am fedydd 'i Grist Iesu', ac 'i'w farwolaeth' (Rhuf. 6:3), y mae Paul yn sôn hefyd am fedydd 'i un corff' mewn 'un Ysbryd': 'Oherwydd mewn un Ysbryd y cawsom i gyd ein bedyddio i un corff, boed yn Iddewon neu yn Roegiaid, yn gaethweision neu yn rhyddion, a rhoddwyd i bawb ohonom un Ysbryd i'w yfed' (1 Cor. 12:13). Undod yr Eglwys a bwysleisir gan Paul yn y bennod hon. Ar ddechrau ei drafodaeth, cyfeirir at y sylfaen unol sydd i'r aelodau, yn Iddewon a Groegiaid, yn gaethweision neu'n rhyddion, sef eu bod oll wedi derbyn rhodd yr Ysbryd Glân wrth ddod yn Gristnogion. Dechrau'r daith i bob Cristion, yn ôl Paul, yw bedydd a phrofiad o'r Ysbryd.

Gan fod yr Ysbryd ganddynt yn gyffredin, dylent fod yn un mewn corff: 'Un corff sydd, ac un Ysbryd ... un Arglwydd, un ffydd, un bedydd, un Duw a Thad i bawb' (Effes. 4:4–5). Y mae'n anodd gwybod beth yw ystyr y geiriau, 'rhoddwyd i bawb ohonom un Ysbryd *i'w yfed'*. Y tebyg yw bod derbyn yr Ysbryd Glân mewn tröedigaeth ac mewn bedydd fel tywalltiad helaeth a chyffrous yn codi cwestiwn diddorol i ni heddiw, sef beth yn union oedd y profiad o dderbyn yr Ysbryd? Dywedir am yr hanner-credinwyr yn Effesus iddynt gael eu bedyddio gan Paul yn enw Iesu, 'a phan roddodd Paul ei ddwylo arnynt daeth yr Ysbryd Glân arnynt, a dechreuasant lefaru â thafodau a phroffwydo' (Act. 19:6). Tybed a oedd pob gweinyddiad o fedydd yn golygu arddangos y fath arwyddion carismataidd?

Cwestiwn arall perthnasol i ni yw, a oedd yr arfer o fedyddio plant wedi cychwyn yn nyddiau Paul? Mae ei ddehongliad ef o fedydd yn rhagdybio bedydd credinwyr, sef trochi oedolion ar broffes o ffydd. Mae rhai esbonwyr yn dadlau fod cyfeiriad Paul ato'i hun yn bedyddio *teulu* Steffanas (1 Cor. 1:16) yn debygol o gynnwys plant. Ond yn y cyfnod hwnnw byddai 'teulu' *(household)* yn cynnwys hefyd gaethweision a gweithwyr eraill, a phrin y byddai'r cyfan, yn cynnwys plant, yn cael eu bedyddio. Mae yna ddadleuon cryf dros yr arfer o fedyddio plant, ond mae'n anodd eu seilio ar ddysgeidiaeth Paul.

Swper yr Arglwydd

Er bod Cristnogion dros y canrifoedd wedi mabwysiadu gwahanol enwau i ddisgrifio Swper yr Arglwydd, megis ewcharist, yr ordinhad, y sacrament, y cymun bendigaid a'r offeren, gan fynegi'r amrywiaeth eang o ran arfer a dehongli ystyr y sacrament, mae eglwysi o bron pob traddodiad yn ystyried y cymun fel prif ganolbwynt addoliad a bywyd yr Eglwys. Y mae'n amlwg o Lyfr yr Actau fod y credinwyr cynnar, o'r dechrau, wedi sefydlu'r arfer o dorri bara a chyd-fwyta fel rhan o'u haddoliad. 'A chan ddyfalbarhau beunydd yn unfryd yn y deml, a thorri bara yn eu tai, yr oeddent yn cyd-fwyta mewn llawenydd a symledd calon' (Act. 2:46).

Erbyn i Paul ysgrifennu ei Lythyr cyntaf at y Corinthiaid, roedd problemau wedi codi ynglŷn â'r dull o gynnal Swper yr Arglwydd. Cyplyswyd y sacrament yn y cyfnod hwnnw â phryd bwyd. Nid yw'n gwbl eglur a weinyddid y cymun cyn y pryd bwyd neu ar ei ôl, ond roedd aflerwch difrifol yn codi wrth i rai o'r aelodau mwyaf cyfoethog fwyta ac yfed, nes meddwi, â'r tlawd yn mynd heb ddim. Gwnaed y sefyllfa'n waeth gan y rhaniadau a'r ymgecru oedd yn bod yn eglwys Corinth ar y pryd.

Yn 1 Cor. 11: 23–34, ceir disgrifiad hynod werthfawr gan Paul o hanes sefydlu Swper yr Arglwydd a'i wir ystyr. Ond mae'n ysgrifennu'n bennaf nid i ddehongli ystyr ddiwinyddol y sacrament, ond i ddelio â phroblem yr anghydfod a oedd yn rhwygo eglwys Corinth a chamarferion ei haelodau mewn perthynas â'r Swper. Y mae yn eu harwain yn ôl at wreiddiau hanesyddol y Swper, ac yn pwysleisio ei bwysigrwydd fel mynegiant o'u hundeb. O gamarfer y Swper, yr oeddent yn gwadu ei wir ystyr ac yn rhwygo cymdeithas yr eglwys.

Mynegir hynny'n gwbl glir yn 1 Corinthiaid 10:16–17: 'Cwpan y fendith yr ydym yn ei fendithio, onid cyfranogiad o waed Crist ydyw? A'r bara yr ydym yn ei dorri, onid cyfranogiad o gorff Crist ydyw? Gan mai un yw'r bara, yr ydym ni, a ninnau'n llawer, yn un corff, oherwydd yr ydym i gyd yn cyfranogi o'r un bara'. Y mae'n amlwg felly fod cynnal Swper yr Arglwydd yn fynegiant o undod y credinwyr â'i gilydd ac â Christ.

O symud ymlaen i 1 Corinthiaid 11:23–34, cawn fersiwn Paul o hanes sefydlu Swper yr Arglwydd. Y mae'n bwysig cofio mai adroddiad Paul yw'r disgrifiad cynharaf o Iesu'n sefydlu'r Swper y noson cyn iddo gael ei groeshoelio. Dywed iddo dderbyn 'oddi wrth yr Arglwydd' yr hyn yr oedd yn ei draddodi iddynt hwy. Hynny yw, yr oedd yn trosglwyddo'r hyn yr oedd ef ei hun wedi ei dderbyn, nid oddi wrth Iesu fel y cyfryw, ond oddi wrth yr apostolion ac eraill o fewn yr Eglwys a oedd yn gyfarwydd â'r hanes. Er nad yw'n gwneud dim mwy nag adrodd yr hyn a ddigwyddodd yn yr oruwch ystafell ceir, ymhlyg yn ei ddisgrifiad, brif elfennau sacramentaidd Swper yr Arglwydd.

Yn gyntaf, *y mae Iesu'n cymryd bara a'i dorri.* Mae'n debygol mai Swper y Pasg a fwytâi Iesu a'i ddisgyblion yn yr oruwch ystafell, a'i fod wedi cysylltu'r achlysur â'i farwolaeth ei hun. Mae Paul yntau'n gwneud yr un cysylltiad: 'Y mae Crist, ein Pasg ni, wedi ei aberthu' (1 Cor. 5:7). Ar ŵyl y Pasg, byddai pob teulu Iddewig yn cofio gweithred achubol Duw yn eu rhyddhau o gaethiwed yr Aifft. Byddai pennaeth y teulu'n rhoi'r eglurhad traddodiadol o ystyr yr ŵyl, ac yna'n bendithio a rhannu bara o amgylch y bwrdd. Wrth feddwl am Iesu'n gwneud yr un peth, fe welai Paul arwyddocâd achubol yn ei weithred ac yn ei eiriau. Daw yn ôl at yr un pwynt yn niwedd ei ddisgrifiad: 'Bob tro y byddwch yn bwyta'r bara hwn ac yn yfed y cwpan hwn, yr ydych yn cyhoeddi marwolaeth yr Arglwydd, hyd nes y daw' (1 Cor. 11:26). Gwneud aberth Crist yn hysbys yw amcan Swper yr Arglwydd, ond y mae hefyd yn estyn i'r cymunwyr freintiau a bendithion ei aberth.

185

Yn ail, *y mae Iesu'n dweud, 'Hwn yw fy nghorff'.* Yr hyn a olygai wrth y geiriau oedd, 'y mae'r bara hwn yn dynodi, neu'n cynrychioli, fy nghorff i'. Wrth estyn y bara i'w fwyta ychwanega Iesu ei fod 'er eich mwyn chwi' (1 Cor. 11:24), neu 'er eich budd chwi', sy'n cynnwys y syniad o ymborthi – syniad sydd wedi arwain at wahanol ddamcaniaethau ynglŷn ag ystyr yr ymadrodd 'hwn yw fy nghorff'. Y gred Gatholig yw bod y bara, yn ystod yr offeren, yn troi'n llythrennol yn gorff Crist, sef *traws-sylweddiad.* Y gred Lwtheraidd yw bod y bara yn cydfodoli â chorff Crist, sef *cydsylweddiad,* ond nad oes unrhyw 'foment' o newid yn sylwedd yr elfennau. Y gred Ddiwygiedig-Galfinaidd yw bod y Crist byw'n bresennol i'w bobl 'o dan yr arwyddion' o fara a gwin – nid bod yr elfennau yn newid dim o ran eu natur na'u sylwedd, ond eu bod yn sianelau gras a maeth i'r enaid. Er gwaetha'r anghytundebau hyn, y mae Cristnogion yn gytûn bod y syniad o ymborthi ar Grist, mewn rhyw ystyr, ymhlyg yn y geiriau 'hwn yw fy nghorff'.

Yn drydydd, dywed Iesu, *'gwnewch hyn er cof amdanaf'.* Y mae Swper yr Arglwydd yn weithred o *gofio,* ond cofio yn yr ystyr o *adalw.* Hynny yw, cofio mewn ffydd a dychymyg, fel bo'r digwyddiad a gofir yn dod yn fyw ac yn weithredol yn y presennol. Wrth *gofio'*r groes ac aberth Crist yn y cymun, daw'r digwyddiad hanesyddol yn fyw yn y presennol ym meddwl a chalon y credadun. Y gair a ddefnyddir i ddynodi'r math hwn o gofio yw *anamnesis:* 'The recalling of Christ and his work, epitomized in the Last Supper, by the Christians at their eucharist' (D.E.H. Whiteley).

Yn bedwerydd, dywed Paul fod Iesu wedi dweud wrth iddo gymryd y cwpan, *'y cwpan hwn yw'r cyfamod newydd yn fy ngwaed i'.* Y mae'r geiriau hyn yn datgan fod gwaed Crist, a dywalltwyd ar y groes, yn arwyddo sefydlu cyfamod newydd rhwng Duw a'r ddynoliaeth. Yn yr Hen Destament, sefydlodd Duw gyfamod â'i bobl ar fynydd Sinai; ac fe'i seliwyd wrth i Moses daenellu gwaed dros y bobl, a dweud, 'Dyma waed y cyfamod a wnaeth yr Arglwydd â chwi yn unol â'r holl eiriau hyn' (Ex. 24:8). Yn ddiweddarach, rhagwelai Jeremeia y byddai Duw'n sefydlu cyfamod newydd â'i bobl, yn seiliedig nid ar aberthau ond ar ufudd-dod i gyfraith Duw. Fel y sefydlwyd y cyfamod cyntaf gyda thaenelliad gwaed, sefydlir y cyfamod newydd gyda thywalltiad gwaed Iesu ar y groes. Wrth yfed o'r cwpan yn Swper yr Arglwydd, mae'r addolwyr yn dathlu'r cyfamod newydd ac yn ymrwymo i fod yn ffyddlon iddo.

Yn bumed, dywed Paul fod cofio Iesu a chyhoeddi ei farwolaeth yn y Swper i ddigwydd *'hyd nes y daw'.* Mae'r cymun nid yn unig yn edrych yn ôl at aberth Crist ar y groes, ond hefyd yn edrych ymlaen at ei ailddyfodiad – y *parousia*. Ymborth yw'r cymun i bererinion ar eu taith tua'r dyfodol, a thuag at ddyfodiad y deyrnas yn ei llawnder.

Cwestiynau i'w trafod

1. Beth sydd gan Paul i'w ddweud wrthym heddiw am ystyr Sacrament Bedydd?

2. A oes angen ailddarganfod ystyr 'tywalltiad yr Ysbryd Glân' yn yr Eglwys heddiw?

3. Ym mha ystyr y mae'r cymun yn weithred o ymborthi ar gorff a gwaed Crist?

23. Y Bywyd Cristnogol

Rhufeiniaid 12:1–2, 9–21; 1 Corinthiaid 7:1–16

Fel bugail Cristnogol, yn ogystal ag athro a diwinydd, yr oedd gan Paul gonsyrn am effaith yr Efengyl, nid yn unig ym mywyd a chymdeithas yr Eglwys, ond hefyd yn ansawdd bywydau personol y credinwyr. Y mae dwy ran i'w lythyrau – y diwinyddol a'r ymarferol. Y mae'r newidiad o bennod 11 i bennod 12 o'i Lythyr at y Rhufeiniaid yn enghraifft o hynny: 'Am hynny, yr wyf yn ymbil arnoch, gyfeillion, ar sail tosturiaethau Duw, i'ch offrymu eich hunain yn aberth byw, sanctaidd a derbyniol gan Dduw' (Rhuf. 12:1). 'Am hynny', sef 'o ystyried yr hyn sydd eisoes wedi ei ddweud'. Mae'r newid o bennod 4 i bennod 5 o'r Llythyr at y Galatiaid, 'Safwch yn gadarn, felly ...' , ac o bennod 2 i bennod 3 o'r Llythyr at y Colosiaid, 'Felly, os cyfodwyd chwi gyda Christ ...', yn enghreifftiau tebyg o'r ymarferol yn dilyn yr athrawiaethol. Mewn llawer man arall yng nghorff ei lythyrau, fe'i cawn yn symud o'r haniaethol i'r gweithredol, o'r ysbrydol i'r daearol, o'r arwyddol i'r gorchmynnol. 'Gweithredwch, mewn ofn a dychryn, yr iachawdwriaeth sy'n eiddo i chwi' (Phil. 2:12). Dylai'r genadwri am yr iachawdwriaeth arwain at weithredu'n gyfrifol yn y byd.

Seiliau'r bywyd da

Nid yw Paul yn awgrymu yn unman fod bywyd moesol yn *amod* cyfiawnhad, ond y mae'n mynnu fod byw yn anfoesol yn *gwbl anghyson* â bywyd y Cristion. Y mae bywyd y sawl sydd 'yng Nghrist' i fod i amlygu bywyd Crist ei hun: 'Amlygwch yn eich plith eich hunain yr agwedd meddwl honno sydd, yn wir, yn eiddo i chwi yng Nghrist Iesu' (Phil. 2:5). Oherwydd i Grist ei ddarostwng ei hun yn ei ymgnawdoliad a'i farwolaeth ar y groes, y mae ei ddilynwyr i'w efelychu yn ei ostyngeiddrwydd. Beth felly yw cymhellion y bywyd da?

Yn gyntaf, *ystyr a gofynion bedydd.* Gan fod y Cristion yn ei fedydd yn rhannu ym marwolaeth ac atgyfodiad Iesu Grist, man cychwyn y bywyd moesol yw ymrwymiad i fyw yn unol ag ystyr a gofynion ei fedydd, sef ymwrthod â'i hen fywyd ac ymroi i fyw bywyd newydd Crist. 'A ydych heb ddeall fod pawb ohonom a fedyddiwyd i Grist Iesu wedi ein bedyddio i'w farwolaeth? ... Fe wyddom fod yr hen ddynoliaeth oedd ynom wedi ei chroeshoelio gydag ef, er mwyn dirymu'r corff pechadurus, ac i'n cadw rhag bod, mwyach, yn gaethion i bechod' (Rhuf. 6:3, 6). Gan ein bod, trwy'r bedydd, 'yng Nghrist', y mae ein bywydau yn barhad o'i fywyd ef, ac y maent felly i ddwyn argraff ei esiampl. Oherwydd y cyswllt rhwng bedydd a'r bywyd da, mae rhai esbonwyr wedi awgrymu efallai bod detholiad o gyfarwyddiadau moesol ar gael i hyfforddi credinwyr newydd, fel rhan o'r paratoad ar gyfer eu bedyddio. Ni ellir bod yn sicr o hynny, ond y mae llythyrau Paul, heb unrhyw amheuaeth, yn cynnwys dysgeidiaeth foesol sydd ymhlyg yn ystyr bedydd.

Yn ail, ac ynghlwm wrth ystyr bedydd, *cofio'r hyn a gyflawnodd Duw drosom.* Y mae cofio am waith achubol Duw yn anogaeth i dyfu mewn buchedd sy'n deilwng o'r Efengyl. Er mai bedydd yw cychwyn y bywyd Cristnogol, dim ond cychwyn ydyw. Dyna'r rheswm fod Paul yn annog ei ddilynwyr i barhau i ymdrechu i dyfu mewn sancteiddrwydd. Meddai wrth y Colosiaid,'Ond yn awr fe'ch cymododd, yng nghorff ei gnawd trwy ei farwolaeth, i'ch cyflwyno'n sanctaidd a di-fai a di-fefl ger ei fron' (Col. 1:21–22). Dyna'r hyn a gyflawnodd Duw. Yr ymateb moesol a ddisgwylir i hynny yw, 'Ond y mae'n rhaid ichwi barhau yn eich ffydd, yn gadarn a diysgog, a pheidio â symud oddi wrth obaith yr Efengyl a glywsoch' (Col. 1:23). Y mae nifer o esbonwyr wedi tynnu sylw at y symud o'r mynegol *(indicative)* i'r gorchmynnol *(imperative)* yng ngweithiau Paul – sef symud o'r cofio am waith achubol Duw at yr ymateb iddo, trwy ymroi i fyw yn deilwng honno.

Yn drydydd, cymhelliad arall gan Paul yw'r *gorchymyn i efelychu Crist.* Er enghraifft, 'Am hynny, derbyniwch eich gilydd, fel y derbyniodd Crist chwi, er gogoniant Duw' (Rhuf. 15:7). Wrth drafod priodas, mae'n cyfeirio at ddysgeidiaeth Iesu ei hun: 'I'r rhai sydd wedi priodi yr wyf fi'n gorchymyn – na, nid fi, ond yr Arglwydd – nad yw'r wraig i ymadael â'i gŵr' (1 Cor. 7: 10). Ar adegau eraill, mae'n annog ei ddilynwyr i'w efelychu ef ei hun, fel yr oedd ef yn efelychu Crist. 'Byddwch yn efelychwyr ohonof fi, fel yr wyf finnau o Grist' (1 Cor. 11:1); 'Daethoch chwi yn efelychwyr ohonom ni ac o'r Arglwydd' (1 Thes. 1:6). Ond er ei fod yn ei wneud ei hunan yn esiampl i eraill, byddai Paul yn sicr wedi ymwrthod ag unrhyw syniad fod ganddo'r un awdurdod â Christ, neu ei fod wedi cyrraedd yr un safon o sancteiddrwydd â Christ ei hun. Y gwrthwyneb sy'n wir yn hytrach. Dweud a wna Paul fod bywyd a meddwl Crist wedi meddiannu ei fywyd a'i feddwl ef a'i gyd-gredinwyr. Dyna pam y gall feiddio hawlio, 'Ond y mae meddwl Crist gennym ni' (1 Cor. 2:16), ac y gall gyfeirio at y 'Crist sy'n llefaru ynof fi' (2 Cor. 13:3). Yr argyhoeddiad sy'n peri iddo ei osod ei hun yn esiampl yw fod Crist mwyach yn byw ynddo: 'Yr wyf wedi fy nghroeshoelio gyda Christ; a mwyach, nid myfi sy'n byw, ond Crist sy'n byw ynof fi' (Gal. 2:20). Gwaith yr Eglwys, corff Crist, yw adlewyrchu bywyd Crist i'r byd, a bod ei hunan yn esiampl o'i fywyd ef.

Yn bedwerydd, *gorchmynion Duw yn ei Gyfraith*. Nid trwy gadw gorchmynion y ddeddf yr oedd cyrraedd at gyfiawnhad, ond i Paul y Cristion, fel i Paul yr Iddew, Cyfraith Moses oedd sail gwir foesoldeb. Mae'n trafod materion moesol yng ngoleuni dysgeidiaeth y Gyfraith. Wrth egluro dyletswyddau gwragedd, plant, caethweision ac aelodau eraill o'r teulu, mae'n dilyn yn reddfol ddysgeidiaeth draddodiadol y Gyfraith. Yn Rhufeiniaid 13:9–10, mae'n dyfynnu'n uniongyrchol o'r Deg Gorchymyn: 'Oherwydd y mae'r gorchmynion, "Na odineba, na ladd, na ladrata, na chwennych", a phob gorchymyn arall, wedi eu crynhoi yn y gorchymyn hwn, "Câr dy gymydog fel ti dy hun." Ni all cariad wneud cam â chymydog. Y mae cariad, felly yn gyflawniad o holl ofynion y Gyfraith.' Y mae'n amlwg fod Paul wedi glynu, i fesur helaeth, wrth ddysgeidiaeth foesol Iddewiaeth, a'i fod wedi trosglwyddo oddi wrthi i'w Gristnogaeth yr elfennau hynny o'r Gyfraith a oedd yn cyd-fynd â dysgeidiaeth ac esiampl yr Arglwydd Iesu. Ond er bod y Gyfraith yn dangos yn glir beth yw ewyllys Duw a beth yw'r da, peth arall yw canfod y gallu i'w gyflawni.

Chwantau'r cnawd

Gwyddai Paul fod angen mwy na gorchmynion y Gyfraith i symbylu'r bywyd da. Yn eu bedydd, yr oedd Cristnogion wedi derbyn nerth yr Ysbryd Glân. Golygai hynny eu bod, 'yng Nghrist', yn byw hefyd 'yn yr Ysbryd'. Wrth geisio byw'r bywyd da, roedd y Cristion mewn brwydr barhaus â 'chwantau'r cnawd'. Ond o fyw 'yn yr Ysbryd', gallai ennill y frwydr honno. 'Rhodiwch yn yr Ysbryd, ac ni fyddwch fyth yn cyflawni chwantau'r cnawd. Oherwydd y mae chwantau'r cnawd yn erbyn yr Ysbryd, a chwantau'r Ysbryd yn erbyn y cnawd. Y maent yn tynnu'n groes i'w gilydd ... Os yw ein bywyd yn yr Ysbryd, ynddo hefyd bydded eich buchedd' (Gal. 5:16–17, 25).

Er bod pob Cristion, trwy fedydd, 'yng Nghrist' ac wedi derbyn yr Ysbryd Glân, gwyddai Paul fod llawer yn syrthio'n fyr o safonau'r bywyd Crist-debyg. Tynnwyd ei sylw at un achos o 'anfoesoldeb rhywiol' yn eglwys Corinth. Roedd hwnnw, meddai, y 'fath anfoesoldeb na cheir mohono hyd yn oed ymhlith y paganiaid, bod rhyw ddyn yn gorwedd gyda gwraig ei dad' (1 Cor. 5:2), hynny yw, gyda'i lysfam. Mae'n egluro mai'r pechodau mwyaf difrifol oedd y rhai oedd yn llygru bywyd yr Eglwys, ac yna'n eu rhestru: y rhai sy'n 'anfoesol yn rhywiol neu'n trachwantu, yn addoli eilunod, yn difenwi, yn meddwi, neu'n cribddeilio' (1 Cor. 5:11– 13).

Y mae ganddo restr arall yn ei Lythyr at y Galatiaid: 'Y mae gweithredoedd y cnawd yn amlwg, sef puteindra, amhurdeb, anlladrwydd, eilunaddoliaeth, dewiniaeth, cweryla, cynnen, eiddigedd, llidio, ymgiprys, rhwygo, ymbleidio, cenfigennu, meddwi, cyfeddach, a phethau tebyg' (Gal. 5:19–21). 'Gweithredoedd y cnawd' yw'r rhain, mewn cyferbyniad â 'ffrwythau'r Ysbryd', a nodir pedwar ar bymtheg ohonynt. Gellir eu rhannu'n grwpiau, gyda'r tri phechod cyntaf yn bechodau *rhywiol*. O fewn y byd Groegaidd, cysylltwyd puteindra ac amhuredd ac anlladrwydd ag addoliad y temlau paganaidd. Yna, daw dau bechod *ysbrydol* (eilunaddoliaeth a dewiniaeth), sydd eto'n gysylltiedig â defodau'r temlau ac yn awgrymu bod rhai o'r Galatiaid yn methu ag ymddihatru'n llwyr oddi wrth eu hen arferion paganaidd. Yna, daw grŵp o wyth pechod *cymdeithasol;* hynny yw, y pechodau a oedd yn rhannu ac yn llygru'r gymdeithas Gristnogol. Yn eglwysi Galatia, fel yng Nghorinth, yr oedd cweryla, cynnen, eiddigedd ac ati yn boendod cyson ac yn arwain at rwygo ac ymbleidio. Ac yn olaf, ceir dau bechod *cyffredinol,* sef meddwi a chyfeddach – y rhain eto'n gysylltiedig ag addoliad y temlau paganaidd, lle caed meddwi cyson a gloddesta mewn cysylltiad â dathlu gwyliau'r duwiau. Ffieiddiai'r Iddewon y dathliadau hyn; ac ym meddwl Paul, dylai Cristnogion hefyd gadw draw oddi wrthynt. Mae'n rhybuddio 'na chaiff y rhai sy'n gwneud y fath bethau etifeddu teyrnas Dduw' (Gal. 5:21).

Nid yw Paul yn cyfeirio'n aml at deyrnas Dduw, ond y mae'n amlwg ei fod yn meddwl amdani fel rhywbeth sydd eto i ddod yn y dyfodol. Mae'n defnyddio'r un rhybudd yn 1 Corinthiaid 6:9. 'Oni wyddoch na chaiff yr anghyfiawn etifeddu teyrnas Dduw?' Yna, ceir ganddo restr arall o'r rhai a ystyriai yn 'anghyfiawn', sef rhai sy'n euog o bechodau rhywiol megis puteinwyr, eilunaddolwyr, godinebwyr a 'rhai sy'n ymlygru â'u rhyw eu hunain', sef gwrywgydwyr. Fel Iddew, byddai Paul wedi ei fagu i ystyried gwrywgydiaeth yn gyfan gwbl bechadurus. Y gosb, yn ôl y Gyfraith, am y drosedd hon oedd llabyddio; ond nid oes unrhyw awgrym y byddai Paul yn cymeradwyo'r fath ddedfryd! Mae ei restr yn mynd ymlaen i gynnwys pobl sy'n cyflawni pechodau cymdeithasol: lladron, rhai trachwantus, meddwon, difenwyr a chribddeilwyr.

Pethau ffiaidd a berthynai i orffennol aelodau eglwys Corinth oedd y pechodau hyn: 'A dyna oedd rhai ohonoch chwi; ond yr ydych wedi'ch golchi, a'ch sancteiddio, a'ch cyfiawnhau trwy enw'r Arglwydd Iesu Grist, a thrwy Ysbryd ein Duw ni' (1 Cor. 6:11).

Nid yw Paul am orffen ei draethiad ar bechodau cnawdol ar nodyn negyddol. Yr hyn sy'n achos pryder iddo yw fod pechodau rhywiol yn arbennig yn llygru'r corff. Pethau oddi allan i'r corff yw'r pechodau eraill, 'ond y mae'r sawl sydd yn puteinio yn pechu yn erbyn ei gorff ei hun' (1 Cor. 6:18). Ystyr 'corff' yn y cyswllt hwn yw *cymeriad,* neu *bersonoliaeth.* Gwneud niwed i'w gymeriad a llygru ei bersonoliaeth y mae'r puteiniwr. Ac mae'n ychwanegu, 'Oni wyddoch fod eich corff yn deml i'r Ysbryd Glân sydd ynoch?' (1 Cor 6:19). I Paul, y mae i'r corff arwyddocâd ysbrydol, ac ni ddylid ei ddifwyno na'i gamddefnyddio mewn unrhyw fodd.

Er pob ymdrech i'w gwrthsefyll, y mae temtasiynau yn blino hyd yn oed y credinwyr mwyaf ffyddlon. Ond, os yw'n 'rhodio yn yr Ysbryd' y mae'n llai tebygol o gael ei drechu ganddynt. Er bod y *cnawd* yn tynnu dyn tuag at bechod, y mae'r *Ysbryd* yn ei ogwyddo tuag at ddaioni. Mae Paul yn gwbl ffyddiog pan ddywed, 'rhodiwch yn yr Ysbryd, ac ni fyddwch fyth yn cyflawni chwantau'r cnawd' (Gal. 5:16). Nid amddiffyn y credadun rhag hudoliaeth drygioni yn unig a wna'r Ysbryd, ond dwyn ffrwyth yn ei fywyd, mewn daioni a rhinweddau. Ac fel y caed gan Paul restr o bechodau'r cnawd, ceir ganddo hefyd restr o ffrwythau'r Ysbryd: 'cariad, llawenydd, tangnefedd, goddefgarwch, caredigrwydd, daioni, ffyddlondeb, addfwynder, hunanddisgyblaeth' (Gal. 5:22–23).

Y mae byw'r bywyd Cristnogol yn golygu mwy nag ymwrthod â phechod a 'chwantau'r cnawd'. Mae hefyd yn golygu efelychu Crist a thyfu yn rhinweddau'r Efengyl. O 'rodio yn yr Ysbryd', neu 'fyw yng Nghrist' - dau ymadrodd sy'n golygu'r un peth - bydd y Cristion yn dwyn ffrwyth yr Ysbryd yn ei gymeriad, ac yn tyfu'n Grist-debyg. 'Os yw ein bywyd yn yr Ysbryd, ynddo hefyd bydded ein buchedd' (Gal. 5:25). Dyma'r ochr gadarnhaol i'r bywyd yng Nghrist.

Priodas ac ysgariad

Y pwnc moesegol sy'n cael y sylw blaenaf gan Paul yw priodas. Mae'r cyfan o'r seithfed bennod o'i Lythyr Cyntaf at y Corinthiaid yn ymwneud â phroblemau priodasol. Ar un llaw, mae ei syniadau'n ymddangos i ni yn hynod asgetaidd ac anymarferol. Ond ar y llaw arall, mae ei ymdriniaeth yn oddefgar a thyner, ac yn llawer llai awdurdodol nag mewn rhannau eraill o'i lythyr. Mae llawer wedi cwestiynu pa hawl oedd gan Paul, fel hen lanc, i drafod priodas. Ond nid oes sicrwydd ynghylch ei safle priodasol. Mae'n bosibl iddo aros yn ddi-briod ar hyd ei oes, neu ei fod wedi ei adael yn weddw, neu fod ei wraig wedi ei adael ar ôl ei dröedigaeth. Ond roedd yn sicr yn ddibriod pan oedd yn ysgrifennu ei lythyrau, gan ei fod yn dweud wrth bobl ddibriod a gwragedd gweddwon, 'mai da fyddai iddynt aros felly, *fel finnau'* (1 Cor. 7:8).

Fel gyda nifer o faterion moesol, mae Paul yn traethu ar bwnc priodas mewn ymateb i lythyr, a dderbyniodd oddi wrth rai o aelodau eglwys Corinth, a oedd yn codi cwestiynau ynghylch gwahanol faterion rhywiol. Er na allwn fod yn hollol sicr beth a ofynnwyd iddo, y mae'n cyfeirio ar ddechrau'r bennod at 'bethau yn eich llythyr', ac yna'n mynd ymlaen i ddweud, 'Peth da yw i ddyn beidio â chyffwrdd â gwraig' (1 Cor. 7:1). Mae'r frawddeg hon yn awgrymu fod y Corinthiaid wedi gofyn a ddylai pobl, wedi iddynt ddod yn Gristnogion, barhau i gael cyfathrach rywiol. Safbwynt Paul yw mai gwell fyddai iddynt aros yn ddibriod, ond mae'n sylweddoli mai sefyllfa ddelfrydol fyddai honno. Gan gydnabod na all y rhan fwyaf o bobl ymatal rhag cyfathrach rywiol, mae'n dweud y dylent briodi, 'bydded gan bob dyn ei wraig ei hun, a chan bob gwraig ei gŵr ei hun' (1 Cor. 7:2).

Wedi cyfaddef hynny, fe â Paul ymlaen i ddadlau y dylai fod cyfartaledd llwyr rhwng gŵr a gwraig yn eu perthynas â'i gilydd: 'Nid y wraig biau'r hawl ar ei chorff ei hun, ond y gŵr. A'r un modd, nid y gŵr biau'r hawl ar ei gorff ei hun, ond y wraig. Peidiwch â gwrthod eich gilydd' (1 Cor. 7:4–5). O gofio safle israddol y ferch yn yr oes honno, mae safbwynt Paul ymhell o flaen ei amser.

Mae Paul yn annog pobl ddibriod a gweddwon i aros yn ddibriod. Mae dau reswm am hynny. Yn gyntaf, gallent wasanaethu'r Arglwydd yn fwy effeithio. Ac yn ail, credai Paul fod y diwedd yn agos, a bod ailddyfodiad Crist ar y gorwel. Ond pe baent yn methu ag ymatal, dylent briodi. Oddi mewn i briodas y mae ymarfer cyfathrach rywiol, ac nid y tu allan iddi.

Wrth droi at fater ysgariad, cyngor Paul yw na ddylai gwraig adael ei gŵr; ond os byddai'n ymadael, na ddylai ailbriodi. Yr un modd, ni ddylai gŵr ysgaru ei wraig. Ac os bydd gan Gristion wraig ddi-gred, a hithau'n cytuno i fyw gydag ef, ni ddylai ei hysgaru. Ac ni ddylai gwraig sy'n Gristion ysgaru gŵr di-gred os yw hwnnw'n cytuno i fyw gyda hi. A'r rheswm a roddir yw, 'Oherwydd y mae'r gŵr di-gred wedi ei gysegru trwy ei wraig, a'r wraig ddi-gred wedi ei chysegru trwy ei gŵr o Gristion' (1 Cor. 7:14). Hynny yw, mae'n bosibl i'r dylanwad Cristnogol effeithio ar y cymar di-gred, a'i ennill ef neu hi i Grist. Y mae priodas yn ei hanfod, felly, yn gysegredig; ac o ganlyniad, dylai fod yn foddion gras a bendith i ŵr a gwraig ac i deulu cyfan.

Cwestiynau i'w trafod

1. A ydych yn cytuno fod esiampl bywyd da yn fwy effeithiol fel tystiolaeth i'r Efengyl na geiriau?

2. A yw Paul yn rhy negyddol a chondemniol yn ei agwedd at ryw, yn enwedig at wrywgydiaeth?

3. O gofio fod un briodas o bob tair yn diweddu mewn ysgariad, beth yw effaith hynny ar sefydlogrwydd cymdeithas?

24. Y Cristion yn y Gymdeithas

Effesiaid 5:22 – 6:9

Roedd gan Paul gonsyrn am fywyd a buchedd y credinwyr cynnar ac am ansawdd eu perthynas â'i gilydd o fewn yr Eglwys, ond gwelai hefyd fod arnynt angen arweiniad yn eu bywyd o fewn y gymdeithas ehangach. A chymdeithas gymysg oedd honno, yn cynnwys pobl o awdurdod a phobl ddi-nod, cyfoethogion a thlodion, rhyddion a chaethion, Iddewon a Groegiaid, gwŷr busnes a masnachwyr, penaethiaid milwrol a swyddogion gweinyddol. Y broblem sylfaenol i Paul a'i gyd-gristnogion oedd sut i fyw yn ôl egwyddorion yr Efengyl, o ryddid, cydraddoldeb a pharch at gyd-ddyn, a hynny o fewn cymdeithas a oedd wedi ei rhannu yn ôl dosbarth, statws, hil, dinasyddiaeth a hawliau. Daw'r tyndra i'r amlwg yn y datganiadau o eiddo Paul sydd fel pe baent yn gwrthddweud ei gilydd.

Yn ei Lythyr at y Galatiaid dywed, 'Nid oes rhagor rhwng Iddewon a Groegiaid, rhwng caeth a rhydd, rhwng gwryw a benyw, oherwydd un person ydych chwi oll yng Nghrist Iesu' (3:28). Nid yw gwahaniaethau hiliol na chymdeithasol na rhywiol yn cyfrif dim mwyach, gan fod yr Efengyl yn chwalu'r gwahanfuriau ac yn creu undod o'r ddynoliaeth gyfan, sef 'yn un person yng Nghrist Iesu'. A dywed yr un peth, bron yn yr un geiriau, yn ei Lythyr at y Colosiaid: 'Nid oes yma ragor rhwng Groegiaid ac Iddewon, enwaediad a dienwaediad, barbariad, Scythiad, caeth, rhydd; ond Crist yw pob peth, a Christ sydd ym mhob peth' (Col. 3:11). Gweler hefyd 1 Corinthiaid 12:13.

Ond wedi gwneud y datganiadau hyn o gydraddoldeb a brawdoliaeth yn yr Efengyl, mae'n mynd ymlaen i ddweud yn yr un bennod, 'Chwi, wragedd, byddwch ddarostyngedig i'ch gwŷr; hyn yw eich dyletswydd fel pobl yr Arglwydd', a 'Chwi gaethweision, ufuddhewch ym mhob peth i'ch meistri daearol' (Col. 3:11, 18). Ond mae'n tymheru peth ar ei eiriau trwy ychwanegu, 'Chwi wŷr, carwch eich gwragedd, a pheidiwch â bod yn llym wrthynt' (Col. 3:19), a 'Chwi feistri, rhowch i'ch caethweision yr hyn sy'n gyfiawn a theg, gan wybod fod gennych chwithau hefyd Feistr yn y nef' (Col. 4:1).

Sut ellir cysoni pwyslais Paul ar y naill law ar gydraddoldeb ac undod yng Nghrist, a'i gynghorion ar y llaw arall i rai sy'n gaeth neu'n israddol i ymgodymu â'u cyflwr ac i gyflawni eu dyletswyddau yn ufudd a dirwgnach? Y dewis, ar yr olwg gyntaf, yw naill ai anwybyddu rhannau o ddysgeidiaeth Paul, er mwyn ei bortreadu fel arloeswr rhyddid a chydraddoldeb, neu bwysleisio ei gyfeiriadau at fod yn ufudd ac yn ddarostyngedig i drefn economaidd a chymdeithasol ei gyfnod, er mwyn dadlau nad yw'n gwneud unrhyw ymgais i newid y drefn. Nid yw'n herio safle isel y ferch; nid yw'n condemnio caethwasiaeth; nid yw'n codi llais yn erbyn llywodraethwyr gormesol; ac nid yw'n protestio yn erbyn y gyfundrefn wleidyddol.

Undod ac amrywiaeth

Os yw hyn yn ymddangos i ni yn anghysondeb, rhaid i ni ddeall y ffactorau oedd yn mowldio meddwl Paul ac yn ei wneud yn ddyn ei gyfnod, yn ogystal ag yn rhagredegydd oes newydd. Yn y lle cyntaf, dylid sylwi fod ei ddatganiadau ynghylch diddymu'r gwahanfuriau hiliol a chymdeithasol yn *fynegiant o agwedd Iesu Grist.* 'Un person ydych chwi oll *yng Nghrist Iesu'* (Gal. 3:28). A dywed wrth Gristnogion Colosae nad oes ragor rhwng Groegiaid ac Iddewon, enwaediad a dienwaediad, oherwydd 'Crist yw pob peth, a Christ sydd ym mhob peth' (Col. 3:11). Yng Nghrist, yng ngolwg Crist ac o fewn cymdeithas pobl Crist y mae'r gwahanfuriau sy'n nodweddu'r gymdeithas baganaidd oddi allan yn diflannu. Mae'r cyfeiriadau at bawb yn un yng Nghrist, a Christ 'ym mhob peth', yn golygu undod o fewn corff Crist, a'r undod hwnnw'n realiti gweladwy o fewn cymdeithas ac addoliad yr Eglwys. Sôn am greadigaeth newydd a wna Paul, gyda Christ yn sail iddi, a'r ddynoliaeth gyfan yn un ynddo ef. Nid oedd hyn yn golygu dileu'r gwahaniaethau naturiol rhwng cenhedloedd a'i gilydd, a rhwng gwryw a benyw. Byddai angen canrifoedd cyn y byddai Cristnogion yn deall fod neges yr Efengyl yn herio'r holl bwerau gormesol, a chyn y caent eu sbarduno i weithredu i greu tecach byd.

Yn ail, ystyriaeth arall a oedd yn effeithio ar feddwl Paul mewn perthynas â natur a rhaniadau cymdeithas oedd *ei gred fod diwedd y byd ac ailddyfodiad Crist yn agos.* Dyna'r hyn a olygir wrth y *parousia,* sef Crist yn ailymddangos ac yn dwyn bob peth i'w derfyn. Credai Paul fod y *parousia* yn agos. Yn 1 Thesaloniaid 4:15, dywed ei fod yn disgwyl 'dyfodiad yr Arglwydd' yn ei oes ei hun. Wrth annog Cristnogion Rhufain i feithrin cariad brawdol ymysg ei gilydd, ychwanega fod yr amser yn brin, 'y nos ar ddod i ben, a'r dydd ar wawrio' (Rhuf. 13:12).

Yr oedd i'r gred yn yr ailddyfodiad wedd gadarnhaol a negyddol. Y cadarnhaol oedd bod rhaid gwneud yn fawr o'r amser, edifarhau am feiau'r gorffennol, tyfu mewn sancteiddrwydd a phob daioni, ac estyn newyddion da'r Efengyl i bawb cyn y byddai Crist yn dychwelyd. 'Gadewch inni, felly, roi heibio weithredoedd y tywyllwch, a gwisgo arfau'r goleuni' (Rhuf. 13:12). Y wedd negyddol oedd mai ofer fyddai pob ymdrech i newid strwythurau cymdeithas. O fewn dim amser, byddai tywysogaethau'r byd hwn wedi eu dirwyn i ben, a phob cyfundrefn ormesol wedi ei diddymu. Wrth i amser ddirwyn i ben ac i'r *parousia* agosáu, byddai'r syniad o ymgyrchu i newid cymdeithas a dileu caethwasiaeth a diwygio'r drefn wleidyddol wedi ymddangos yn gwbl amhosibl. Wedi dweud hynny, yr oedd egwyddorion yr Efengyl – cariad, cydraddoldeb, rhyddid ac urddas – yn effeithio ar berthynas y credinwyr ag eraill, yn yr Eglwys ac yn y gymdeithas oddi allan. Roedd hynny i'w weld yn amlwg ynglŷn â thri mater: gwragedd a phlant, caethweision, ac awdurdod gwladol.

Gwragedd a phlant

Y bennod sy'n delio'n bennaf â phroblemau ynglŷn â phriodas, ysgariad, y dibriod a gweddwon yw 1 Corinthiaid 7. Ond mae llawer o gynnwys y bennod yn trafod cwestiynau a godwyd gan aelodau eglwys Corinth mewn llythyr blaenorol. Rhaid bod yn ofalus, felly, rhag tybio bod y bennod yn cynnwys y cyfan sydd gan Paul i'w ddweud am y pynciau hyn. Rhaid cofio hefyd fod Paul yn argyhoeddedig fod y diwedd yn agos: 'Hyn yr wyf yn ei ddweud, gyfeillion: y mae'r amser wedi mynd yn brin ... Oherwydd mynd heibio y mae holl drefn y byd hwn' (1 Cor. 7:29, 31). Oherwydd hynny, ni ddylai dyn geisio ysgariad oddi wrth ei wraig; ac os yw dyn yn ddi-briod, ni ddylai geisio priodi. Os mai bwriad rhai yw priodi, ni fyddant yn pechu wrth wneud hynny; ond yn ddelfrydol, dylai credinwyr fod yn rhydd o'r pryderon sy'n nodweddu bywyd teuluol, er mwyn rhoi eu holl sylw i bethau'r Arglwydd. Yn wir y mae'n mynd mor bell â dweud fod gŵr priod yn gorfod 'gofalu am bethau'r byd, sut i foddhau ei wraig, ac y mae'n cael ei dynnu y naill ffordd a'r llall', a bod hynny'n wir am y wraig yn ogystal, sydd fel ei gŵr 'yn pryderu am bethau'r byd, sut i foddhau ei gŵr' (1 Cor. 7:33–34).

Does dim dwywaith nad oedd Paul yn ffafrio'r bywyd di-briod: 'Carwn pe bai pawb fel yr wyf fi fy hunan' (1 Cor. 7:7). Yn ei farn ef, roedd yn haws i berson dibriod roi ei amser i wasanaethu'r Arglwydd, heb fod ganddo bryderon am bethau'r byd. Ar ben hynny, os oedd y diwedd yn agos, gwell o lawer oedd i gredinwyr eu paratoi eu hunain ar gyfer hynny. Does dim amheuaeth chwaith nad oedd Paul, fel pawb arall yn yr oes honno, yn ystyried merched yn ddarostyngedig i ddynion. 'Ond yr wyf am ichwi wybod mai pen pob gŵr yw Crist, ac mai pen y wraig yw'r gŵr, ac mai pen Crist yw Duw' (1 Cor. 11:3). Ond y cwestiwn diddorol mewn perthynas â'r adnod hon yw, beth yw ystyr y gair 'pen', sy'n gallu golygu naill ai 'pennaeth', sef un a chanddo awdurdod dros arall, neu 'ffynhonnell', sef 'tarddiad', ac yn arbennig darddiad bywyd. Os mai 'tarddiad' yw ystyr 'pen' yn yr adnodau hyn (1 Cor. 11:3–10), yr hyn a ddywed Paul yw mai Crist yw ffynhonnell bywyd pob dyn, neu mai o Grist y mae'r greadigaeth newydd yn tarddu. Yr un modd, mae'r wraig wedi tarddu o'r gŵr, Efa o Adda, a Christ wedi tarddu o Dduw, ffynhonnell pob peth

Mae Paul yn datgan y dylai gwragedd orchuddio'u pennau wrth weddïo'n gyhoeddus, ac un rheswm a rydd am hynny yw mai 'drych o ogoniant y gŵr yw'r wraig. Oherwydd nid y gŵr a ddaeth o'r wraig, ond y wraig o'r gŵr' (1 Cor. 11:7–8) – hynny yw, yn y Creu, yn y dechrau. Ond bellach, yn y drefn newydd y mae Cristnogion yn rhan ohoni, mae gwŷr a gwragedd yn gwbl ddibynnol ar ei gilydd: 'Yn yr Arglwydd y mae'r gŵr yn angenrheidiol i'r wraig a'r wraig yn angenrheidiol i'r gŵr. Oherwydd fel y daeth y wraig o'r gŵr, felly hefyd y daw'r gŵr drwy'r wraig. A daw'r cwbl o Dduw' (1 Cor. 11:11–12). Os oes gan ŵr flaenoriaeth dros wraig yn rhinwedd ei greu o'i blaen, mae gan y wraig safle cydradd â'i gŵr yn rhinwedd y ffaith mai o wraig y ganwyd dyn, ac mai Duw yw Creawdwr y naill a'r llall.

O ystyried statws isel y wraig o fewn cymdeithas yn y ganrif gyntaf, rhaid rhoi clod i Paul am ei dyrchafu ac am fynnu fod gwŷr a gwragedd yn gwbl ddibynnol ar ei gilydd. Fel mynegiant o hynny, mae gwragedd i fod yn ddarostyngedig i'w gwŷr, ond ar yr un pryd y mae'r gwŷr i garu eu gwragedd a pheidio â bod yn llym wrthynt (Col. 3:19). Dywed Paul yr un peth yn ei Lythyr at yr Effesiaid, ond y tro hwn y mae sail ei ymresymiad yn wahanol. Yn gyntaf, dylai pawb fod yn ddarostyngedig i'w gilydd yn enw Crist; 'Byddwch ddarostyngedig i'ch gilydd, o barchedig ofn tuag at Grist' (Eff. 5:21). Yna dywed, 'Chwi wragedd, byddwch ddarostyngedig i'ch gwŷr fel i'r Arglwydd: oherwydd y gŵr yw pen y wraig, fel y mae Crist hefyd yn ben yr eglwys' (Eff. 5:22). Ond nid mater o ufudd-dod dall i awdurdod mo hyn, oherwydd y mae cyfrifoldeb ar wŷr hefyd: 'Chwi wŷr, carwch eich gwragedd, fel y carodd Crist yntau'r eglwys a'i roi ei hun drosti' (Eff. 5:25). Dyletswydd y gŵr yw caru ei wraig ar gynllun cariad Crist at ei Eglwys. Gall hynny olygu cariad ymarferol, hunanaberthol, yn cynnwys cynnal a chynorthwyo ei wraig ymhob ffordd. Meddai W. D. Davies yn ei esboniad ar Effesiaid, 'Nid Cristion yw'r gŵr sy'n eistedd yn darllen ei Feibl tra fo'r wraig yn cario glo i'r tân!'

Nid yw Paul yn awgrymu unrhyw anfri ar y wraig wrth ei hannog i ufuddhau i'w gŵr gan fod hynny'n ei chynnwys o fewn y rhwydwaith sanctaidd – Crist yn ben yr Eglwys, y gŵr yn ben y wraig, Duw yn ben ar bob peth: Duw, Crist, gŵr, gwraig.

Cwestiwn arall a oedd yn codi o statws gwragedd oedd, a ddylent gymryd rhan yn gyhoeddus yn addoliad yr eglwys? Gall ymddangos fod Paul yn dweud dau beth cwbl groes i'w gilydd. Yn 1 Corinthiaid 11:5, dywed y dylai pob gwraig sy'n gweddïo neu'n proffwydo wisgo gorchudd ar ei phen. O beidio â gwisgo gorchudd, mae'n 'gwaradwyddo'i phen', yn tynnu sylw ati ei hun ac yn dwyn cywilydd ar ei gŵr. Ond sylwer nad oes unrhyw waharddiad ar wragedd rhag llefaru'n gyhoeddus fel y cyfryw, naill ai trwy weddïo neu broffwydo.

Yn 1 Corinthiaid 14:34-35, mae'r pwyslais yn wahanol. 'Dylai'r gwragedd fod yn ddistaw yn yr eglwysi, oherwydd ni chaniateir iddynt lefaru ... oherwydd peth anweddus yw i wraig lefaru yn y gynulleidfa.' O ystyried geiriau Paul yn eu cyd-destun, gwelwn ei fod yn delio â phroblem anhrefn yn y gwasanaethau cyhoeddus yn eglwys Corinth. Roedd llefaru a gweithredu byrfyfyr dan ddylanwad yr Ysbryd Glân yn achosi i aelodau'r eglwys, yn enwedig rai o'r gwragedd, fynd i eithafion wrth iddynt eu mynegi eu hunain, o bosibl trwy broffwydo, neu trwy fynd i ecstasi wrth weddïo, neu trwy dorri ar draws siaradwr i ofyn cwestiynau neu i ddadlau. Nid yw Paul am roi taw ar broffwydo na llefaru â thafodau. Yn hytrach, fel y dywed yn adnod olaf yr adran hon, 'Dylid gwneud popeth yn weddus ac mewn trefn' (1 Cor. 14:40).

Defnyddiwyd gwaharddiad Paul fel dadl dros wrthod derbyn merched i'r Weinidogaeth neu i fod yn bregethwyr. Ond y mae'r anghysondeb rhwng 1 Corinthiaid 11:5 ac 14: 34 yn tanseilio unrhyw ddadl ar dir Beiblaidd. Prin y gellir derbyn bod Paul yn gosod rheol i'r Eglwys ar gyfer pob oes. Erbyn heddiw, mae'r mwyafrif o eglwysi Protestannaidd wedi ordeinio merched yn weinidogion ac yn flaenoriaid, ac wedi elwa'n fawr o'u cyfraniad.

Mae gan Paul air i'w ddweud hefyd am blant a'u rhieni. 'Chwi blant, ufuddhewch i'ch rhieni yn yr Arglwydd ... Chwi dadau, peidiwch â chythruddo'ch plant, ond eu meithrin yn nisgyblaeth a hyfforddiant yr Arglwydd' (Eff. 6:1, 4). Ufudd-dod, gwrando, dysgu a meithrin perthynas iach rhwng plentyn a rhiant yw'r pwyslais yma, nid mater o ymostwng i ddisgyblaeth lem. Yn Colosiaid 3:21, sy'n delio â'r un pwnc, dywed Paul, 'Chwi dadau, peidiwch â chythruddo eich plant, rhag iddynt ddigalonni'. Gall ambell riant fod yn or-awdurdodol, gan ddeffro'r gwaethaf mewn plentyn a'i ddigio a pheri iddo golli pob hyder, neu, fel y dywed Paul, ei gythruddo. Rhaid i bob disgyblu fynd law yn llaw â 'hyfforddiant yr Arglwydd' (Eff. 5:4). Hawdd iawn yw troi plentyn oddi wrth grefydd os nad yw ei hyfforddiant yn ysbryd a chariad Duw.

Caethweision a meistri

Rhyfedd yw gweld Paul, apostol rhyddid yr Efengyl, yn goddef cyfundrefn fel caethwasiaeth. Ond ym myd y ganrif gyntaf, roedd holl fywyd cymdeithas – yn economaidd, yn wleidyddol ac yn fasnachol - yn seiliedig ar gaethwasiaeth; ac yr oedd mwy o gaethion nag o ddynion rhydd ar draws yr Ymerodraeth, gyda chaethwas yn rhan o bob teulu. Byddai dileu'r system yn creu anhrefn llwyr, ac ni fyddai wedi gwawrio ar feddwl Paul y dylai Cristnogaeth ymgyrchu i ddiddymu'r drefn. Ganrifoedd yn ddiweddarach y gwelodd Cristnogion fod y fasnach gaethion yn groes i ysbryd yr Efengyl; a phan ddaeth yr amser, Cristnogion oedd ar flaen y gad yn llafurio i roi terfyn ar y fath system greulon a dieflig. Rhaid cofio er hynny fod caethwasiaeth yn dal i fodoli mewn rhai gwledydd hyd heddiw. Ond nid ar ddileu caethwasiaeth yr oedd bryd Paul, ond yn hytrach ar lenwi'r berthynas rhwng caethwas a'i feistr ag ysbryd newydd yr Efengyl.

Yr anogaeth i gaethion yw, 'Chwi gaethweision, ufuddhewch i'ch meistri daearol mewn ofn a dychryn, mewn unplygrwydd calon fel i Grist' (Eff. 6:5). Yn ddiwyd, yn ffyddlon ac yn onest, dylai caethwas ymroi i wneud pob gwaith, gan ystyried hynny'n gyfle i wasanaethu Crist. Ceir yr un anogaeth yn Colosiaid 3:23: 'Beth bynnag yr ydych yn ei wneud, gweithiwch â'ch holl galon, fel i'r Arglwydd, ac nid i neb arall'. Yr oedd y meistri hefyd i ddangos yr un ysbryd ac i ymddwyn yn gyfrifol ac yn deg tuag at eu caethion, gan gofio bob amser mai dynion yw'r caethion hwythau, a gweision i'r un Arglwydd dwyfol a phlant yr un Tad nefol. O wneud hynny, dylent 'roi'r gorau i fygwth' (Eff. 6:9). Bygwth oedd dull arferol rhai meistri o gyfarch rhai israddol ac anifeiliaid. Ond y mae'r gair caredig a gwerthfawrogol yn debycach o ennyn ymateb cadarnhaol. Ac yn sicr, fel yna y dylai'r meistr Cristnogol siarad â'i weision. A dylai meistri a chaethweision fel ei gilydd gofio eu bod yn atebol i Feistr mwy o lawer yn y nefoedd.

Hanfod dysgeidiaeth Paul yma yw mai ysbryd Crist sydd i lywodraethu ym myd gwasanaeth ac ym mherthynas meistr a gwas. O bosibl fod hanes Onesimus yn fyw yn ei feddwl wrth iddo gymell gweision i fod yn onest a chywir yn eu gwaith, ac wrth iddo annog y meistri hwythau i gofio eu cyfrifoldeb tuag at eu gweision, gan gofio eu bod hwythau hefyd yn blant i Dduw. I Paul yr oedd yr ysbryd a reolai dyn oddi mewn yn bwysicach nag unrhyw gyfundrefn allanol. Ac yn y diwedd, gerbron brawdle Crist, gwell fyddai i ddyn fod yn gaethwas cywir nag yn feistr anghyfiawn, neu yn feistr teg a thosturiol nag yn ŵr tlawd heb ras yn ei galon. Os nad oedd Paul yn ymgyrchu i ddileu caethwasiaeth, yr oedd yn dangos seiliau'r math o frawdgarwch didwyll a fyddai'n arwain maes o law at greu cymdeithas wâr, na allai caethwasiaeth fodoli o'i mewn.

Cwestiynau i'w trafod

1. Ym mha ystyr y mae'r Efengyl yn chwalu'r ffiniau rhwng cenhedloedd, hiliau, gwŷr a gwragedd, tlawd a chyfoethog?

2. Pa mor berthnasol yw sylwadau Paul am briodas a bywyd teulu i ni heddiw?

3. Pam y bu Cristnogion mor hir cyn dechrau ymgyrchu i ddileu caethwasiaeth?

25. Dyfodiad yr Arglwydd a'r Pethau Olaf

1 Thesaloniaid 4:13–18; 2 Thesaloniaid 2:1–12

Y mae syniadau am ddiwedd y byd ac ailddyfodiad Crist yn gysylltiedig, yn y meddwl modern, ag eithafwyr crefyddol sy'n sefyll ar gornel stryd, â baneri yn eu dwylo, yn bloeddio fod Dydd y Farn ar ddod. Oherwydd fod cymaint o sectau od wedi rhoi amlygrwydd i'r pwnc – a rhai wedi mentro rhagfynegi'r dyddiad y deuai'r byd i ben – mae'r rhelyw o Gristnogion yn dewis anwybyddu'r gred yn yr Ailddyfodiad a'r Pethau Olaf, gan ei hystyried yn amherthnasol i'n ffydd a'n bywyd Cristnogol ni heddiw. Ar yr un pryd, yn ystod y blynyddoedd diwethaf, bu carfan gref o Gristnogion ceidwadol yn yr Unol Daleithiau yn darogan diwedd y byd, ac yn rhoi amlygrwydd i syniad Paul am y rhai byw yn cael eu *cipio i fyny*, gyda'r meirw, i gyfarfod â'u Harglwydd ar ei ddyfodiad *(the Rapture).* Perygl mawr y pwyslais hwn yn y cyd-destun Americanaidd yw fod rhai, yn cynnwys nifer o wleidyddion amlwg, yn gweld helyntion y Dwyrain Canol, llygru'r amgylchfyd, newyn a thlodi a therfysg, nid fel problemau dwys i'w datrys, ond fel arwyddion i'w croesawu o agosrwydd y diwedd a dyrchafiad y saint i'r gogoniant. Ond beth yn union oedd gan Paul i'w ddweud am ddyfodiad yr Arglwydd ac am ddiwedd hanes?

Diwedd yr Amser

Y *parousia* yw'r gair a ddefnyddir yn y Testament Newydd i ddynodi'r Ailddyfodiad, ac *escatoleg* yw'r gair sy'n dynodi'r Pethau Olaf. Does dim dwywaith nad oedd agosrwydd y *parousia* yn thema amlwg ym mhregethu Paul, ac yn gefndir i'w ddysgeidiaeth. Yn Rhufeiniaid 13:1–7, mae'n dysgu'r pwysigrwydd o ufuddhau i lywodraethwyr a thalu trethi, i ddangos parch tuag atynt, gan eu bod wedi eu sefydlu gan Dduw i gadw trefn ac i wneud daioni. Does dim awgrym o anfodlonrwydd ynglŷn ag awdurdod gwladol, na sôn am brotestio na gwrthryfela. Y tu cefn i'w anogaeth i ymostwng y mae ofn anhrefn yn y gymdeithas, ond factor arall yw fod y diwedd yn agos: 'Ie, gwnewch hyn oll fel rhai sy'n ymwybodol o'r amser, mai dyma'r awr ichwi i ddeffro o gwsg ... Y mae'r nos ar ddod i ben, a'r dydd ar wawrio' (Rhuf. 13:11–12).

Yn yr un modd, mae Paul yn cynghori'r di-briod i beidio â phriodi oherwydd 'y mae'r amser wedi mynd yn brin' (1 Cor. 7:29). Cyfeiria ato'i hun a'i genhedlaeth fel 'rhai y daeth terfyn yr oesau arnom' (1 Cor. 10:11). Mae'n mynegi ei ddeisyfiad am weld yr Arglwydd yn dod mewn geiriau a ddefnyddid fel rhan o addoliad yr Eglwys, *Marana tha,* sef 'Tyrd, Arglwydd'. Ac wrth annog y Philipiaid i lawenhau yn yr Arglwydd, meddai, 'Y mae'r Arglwydd yn agos' (Phil. 4:5).

Pan yw Paul yn galw ar Gristnogion i fod yn ymwybodol o'r amser ac yn eu rhybuddio bod yr amser yn mynd yn brin, mae'n datgan ei gred fod 'yr oes bresennol' yn agosáu at ei therfyn. Mae'r sawl sydd 'yng Nghrist' yn dilyn 'amser Duw'. Meddai Paul am enedigaeth Iesu: 'Ond pan ddaeth cyflawniad yr amser, anfonodd Duw ei Fab, wedi ei eni o wraig' (Gal. 4:4). A phan ddechreuodd Iesu ar ei weinidogaeth gyhoeddus cyhoeddodd , 'Y mae'r amser wedi ei gyflawni, ac y mae teyrnas Dduw wedi dod yn agos' (Mc. 1:14–15). Ac meddai yn yr oruwch ystafell, 'O Dad, y mae'r awr wedi dod' (In. 17:1). Y mae Cristnogion, bellach, yn 'rhai y daeth terfyn yr oesoedd arnom' (1 Cor. 10:11), sef y rhai sy'n byw ar ddiwedd hanes, pryd y bydd Duw yn dwyn ei amcanion i ben yn Ailddyfodiad Iesu Grist.

Yn nyfodiad cyntaf Iesu, sefydlwyd y deyrnas, ond nid oedd eto wedi dod yn ei chyflawnder. Yn ei Ailddyfodiad, daw Iesu i weithredu barn Duw ac i sefydlu'r deyrnas yn derfynol. Yn y cyfamser, roedd y Cristion, er ei fod yn un o blant y goleuni, yn byw o hyd mewn nos, ond nos sydd ar ddod i ben. Y mae ei iachawdwriaeth wedi ei sicrhau, ond rhaid parhau i fyw yn y byd hwn ac yn 'yr oes bresennol'. 'Erbyn hyn, y mae ein hiachawdwriaeth yn nes atom nag oedd pan ddaethom i gredu' (Rhuf. 13:11). Mae'r Cristion yn byw ar y ffin rhwng amser a thragwyddoldeb, gan gredu bod gwawr tragwyddoldeb wrth ymyl. Yn y cyfamser, dylai roi heibio weithredoedd y tywyllwch a gwisgo arfau'r goleuni.

Wrth drafod cwestiwn dyfodiad yr Arglwydd yn ei lythyrau at y Thesaloniaid, dywed Paul y dylai credinwyr ymddwyn yn weddus, gan ymdrechu 'i roi eich bryd ar fyw yn dawel, a dilyn eich gorchwylion eich hunain, a gweithio â'ch dwylo eich hunain, fel y gorchmynasom ichwi. Felly byddwch yn ymddwyn yn weddaidd yng ngolwg y rhai sydd y tu allan, ac ni fydd angen dim arnoch' (1 Thes. 4:11–12). Nes y daw'r diwedd, mae'r Cristion i fyw mewn modd sy'n adlewyrchu ansawdd y bywyd sydd eto i ddod.

Yn ôl yr hyn a ddywed Paul yn ei lythyrau at yr eglwys yn Thesalonica, credai y byddai ef ei hun yn dal yn fyw pan ddeuai'r diwedd: 'Ni fyddwn ni, y rhai byw a adewir hyd ddyfodiad yr Arglwydd, yn rhagflaenu dim ar y rhai sydd wedi huno' (1 Thes. 4:15). Rai blynyddoedd yn ddiweddarach, wrth iddo ysgrifennu at y Rhufeiniaid, yr oedd yn dal i gredu'r un peth, sef fod y gwaith achubol a gychwynnwyd yng Nghrist eto i'w gwblhau, er nad oedd yn hawlio gyda'r un pendantrwydd y byddai ef ei hun yn dal yn fyw i'w weld.

Rhybuddion ac arwyddion

Yn y ddau lythyr at eglwys Thesalonica, ceir disgrifiadau manwl gan Paul o Ailddyfodiad Crist – y naill yn darlunio'r arwyddion a fydd i'w gweld pan fydd y diwedd yn agosáu (2 Thes. 2:1–12), a'r llall yn egluro fel bydd y byw a'r meirw yn rhannu yn atgyfodiad Crist ar ei ddyfodiad (1 Thes. 4:13–18). Mae'n amlwg fod Paul yn ysgrifennu at y Thesaloniaid am fod rhai ohonynt yn coleddu syniadau cyfeiliornus am ddyfodiad Crist – roedd rhai'n dadlau fod y diwedd eisoes wedi dod, ac eraill yn mynnu ei fod yn agos, fel bod y pwnc wedi troi'n obsesiwn yn eu plith, a llawer yn cael eu cynhyrfu gan y syniadau eithafol oedd yn cael eu lleisio gan rai. 'Peidiwch â chymryd eich twyllo gan neb mewn unrhyw fodd' (2 Thes. 2:3).

Y mae'r adran sy'n dilyn yn un o'r mwyaf dyrys yn y Testament Newydd, a hynny am fod Paul yn defnyddio termau a darluniau a oedd yn gyfarwydd i'w gyfoedion, ond sy'n ddirgelwch i ni. Mae'n dechrau trwy wadu'r honiadau iddo ef ei hun honni fod Dydd yr Arglwydd eisoes wedi dod. Dim o'r fath beth, meddai Paul. Yr oedd rhai pethau i ddigwydd cyn y deuai'r diwedd. Y peth cyntaf fydd *gwrthgiliad oddi wrth Dduw* o ganlyniad i ddrygioni yn estyn ei ddylanwad ar draws y byd. Yna, yn ail, bydd *yr un digyfraith, plentyn colledigaeth,* yn cael ei ddatguddio. Ystyr hynny yw y bydd un yn ymddangos fel ymgnawdoliad o ddrygioni, fel yr oedd Iesu yn ymgnawdoliad o'r dwyfol. Bydd hwn yn ymgyrchu yn erbyn popeth da a dyrchafol ac yn amcanu eistedd ei hun yn nheml Duw. Yn drydydd, bydd yr 'un digyfraith' ar waith yn y byd, nes y bydd *yr hwn sydd yn awr yn ei ddal yn ôl wedi ei symud o'r ffordd.* Yna, bydd y grym dieflig hwn yn amlwg i bawb. Yn bedwerydd, *bydd yr Arglwydd Iesu yn ei ddinistrio:* 'yn ei ladd ag anadl ei enau, ac yn ei ddiddymu trwy ysblander ei ddyfodiad' (2 Thes. 2:8). Ceir yma awgrym o'r syniad o ryfel sanctaidd a oedd yn gyfarwydd o fewn Iddewiaeth fel brwydr rhwng Duw a'i angylion a Satan a'i leng yntau o angylion. Ond darlun symbolaidd yn unig a geir yma: nid rhyfel llythrennol, ond brwydr ysbrydol yn gysylltiedig â'r *parousia.* 'Yna daw'r diwedd, pan fydd Crist yn traddodi'r deyrnas i Dduw'r Tad, ar ôl iddo ddileu pob tywysogaeth, a phob awdurdod a gallu. Oherwydd y mae'n rhaid iddo ef ddal i deyrnasu nes iddo osod ei holl elynion dan ei draed' (1 Cor. 15: 24–25).

Gwaith Satan fydd anfon yr 'un digyfraith', a bydd hwnnw'n gyfrifol am arwyddion a rhyfeddodau gau, twyll, anghyfiawnder a phob drygioni. Ond yn y diwedd, bydd pawb sydd wedi eu hudo gan ddrygioni, sy'n credu celwydd, ac sy'n ymhyfrydu mewn anghyfiawnder, yn cael eu barnu.

Amhosibl yw gwybod pwy yw'r cymeriadau y mae Paul yn cyfeirio atynt, er bod gwahanol rai wedi eu hawgrymu dros y canrifoedd, o Nero i Adolf Hitler! Ond er mor ddieithr yw'r cyfeiriadau a'r darluniau, y maent yn cynrychioli gwirioneddau sy'n real i ni, fel i bob oes. Yn gyntaf, y mae grym drygioni ar waith yn y byd, yn darnio, yn dinistrio ac yn ceisio diddymu popeth da a dwyfol. Pa enw bynnag a roddwn i'r pŵer hwn – Satan, Diafol, yr Anghrist – y mae ei weithgarwch dieflig i'w weld o'n cwmpas bob dydd. Yn ail, y mae cariad a gogoniant Crist yn rymusach na holl alluoedd pechod a'r tywyllwch, ac ef yn y diwedd a fydd yn cario'r dydd. Yn drydydd, mae'r frwydr gosmig rhwng da a drwg yn ein gorfodi, bob un, i ddewis ochr – rhwng Crist a Satan.

Atgyfodiad y meirw

Fel yr oedd i'r gred yn Ailddyfodiad Crist arwyddocâd cosmig, yr oedd iddi hefyd arwyddocâd personol sef, tynged y byw a'r meirw, a'r addewid o atgyfodiad. Roedd yn amlwg fod y cwestiwn yn poeni'r Thesaloniaid, fel y dengys geiriau Paul: 'Yr ydym am ichwi wybod, gyfeillion, am y rhai sydd yn huno' (1 Thes. 4:13). Roeddent yn pryderu ynghylch y rhai a ddaethai'n Gristnogion, ond a fu farw cyn yr Ailddyfodiad. A fyddent hwy yn rhannu yng ngogoniant Crist ar ddydd mawr ei ddyfodiad? Ateb Paul oedd na ddylent fod yn drallodus fel y rhai sydd heb obaith. Yn hytrach, dylent fod yn ffyddiog y bydd y byw a'r meirw fel ei gilydd yn cael eu cipio i fyny i gyfarfod â'u Harglwydd byw.

Dadl Paul yw hyn: os yw dyn wedi byw yng Nghrist, ac wedi marw yng Nghrist, mae'n aros yng Nghrist, mewn perthynas na all dim, hyd yn oed angau, ei thorri, ac felly bydd yn rhannu hefyd yng ngogoniant Crist. Caiff y rhai ohonynt a fydd yn dal yn fyw ar ei ddyfodiad eu cipio i fyny, gyda'r meirw atgyfodedig, 'i gyfarfod â'r Arglwydd yn yr awyr; ac felly byddwn gyda'r Arglwydd yn barhaus' (1 Thes. 4:17).

Mynegi ei gred trwy ddarlun symbolaidd a wna Paul. Mae'n ceisio disgrifio mewn geiriau yr hyn na ellir ei ddisgrifio na'i lawn amgyffred. Yn ei ddarlun, mae'n dychmygu archangel yn bloeddio gorchymyn, utgorn Duw yn seinio, Crist ei hun yn disgyn o'r nef, y meirw yn atgyfodi, y byw yn cael eu cipio i fyny gyda hwy yn y cymylau ac yn cyfarfod â'r Arglwydd yn yr awyr, i fod gydag ef yn barhaus. Nid oes disgwyl i ni gredu darlun Paul yn llythrennol. Ei amcan yw argraffu arnom, mewn termau graffig a dramatig, yr arswyd sanctaidd sy'n rhan o'r disgwyl am y Diwedd ac am Ailddyfodiad yr Arglwydd.

Ar ddechrau'r bennod ddilynol (1 Thes. 5:1–11), ceir anogaeth i fod yn effro ac yn sobr, i ddisgwyl yn eiddgar am Ddydd yr Arglwydd, yn llawn ffydd a chariad, fel 'pobl y goleuni, pobl y dydd'. Oherwydd y mae 'pobl y goleuni' yn byw mewn gobaith gan eu bod wedi eu penodi gan Dduw 'i feddu iachawdwriaeth drwy ein Harglwydd Iesu Grist, yr hwn a fu farw drosom, er mwyn inni gael byw gydag ef, prun bynnag ai yn effro ai yn cysgu y byddwn' (1 Thes. 5:9–10). Daw Paul â'i ymresymiad i ben trwy ddangos y cyswllt rhwng aberth ac atgyfodiad Iesu Grist, a'r disgwyl am ei Ailddyfodiad a'r gobaith o rannu yn ei atgyfodiad.

Rhaid troi at 1 Corinthiaid 15:35–58 i gael dehongliad llawn Paul o'r berthynas rhwng atgyfodiad Crist, ei Ailddyfodiad ac atgyfodiad y meirw. Ond cyn gwneud hynny, mae'n werth sylwi ar ei eiriau yn ei Lythyr at y Philipiaid: 'Oherwydd yn y nefoedd y mae ein dinasyddiaeth ni, ac oddi yno hefyd yr ydym yn disgwyl Gwaredwr, sef yr Arglwydd Iesu Grist. Bydd ef yn gweddnewid ein corff iselwael ni ac yn ei wneud yn unffurf â'i gorff gogoneddus ef' (Phil. 3:20–21). Darostyngodd Iesu ei hun wrth gymryd arno ein corff gwael ni, ond fe'i gogoneddwyd gan Dduw yn ei atgyfodiad a'i esgyniad, 'a rhoi iddo'r enw sydd goruwch pob enw, fel wrth enw Iesu y plygai pob glin yn y nef ac ar y ddaear a than y ddaear' (Phil. 2:9–10). Y gobaith Cristnogol yw y bydd yr un 'gweddnewidiad' yn digwydd i'n cyrff ninnau ac y byddant yn cael eu gwneud yn debyg i'w gorff gogoneddus ef.

Achos gofid i Paul oedd bod rhai o aelodau eglwys Corinth yn amau fod y fath beth ag atgyfodiad y meirw, er eu bod yn credu yn atgyfodiad Crist. Mae'n bosibl fod y syniad o atgyfodiad corfforol yn wrthun i rai Groegwyr a oedd yn tueddu i ddibrisio'r materol a'r corfforol. Roedd y syniad o barhad yr enaid yn dderbyniol ganddynt, ond nid o atgyfodiad y corff. Ond os nad oedd atgyfodiad y meirw, roedd hynny'n taflu amheuaeth dros atgyfodiad Crist: 'Os nad oes atgyfodiad y meirw, nid yw Crist wedi ei gyfodi chwaith' (1 Cor. 15:13). Yn yr un modd, os nad oedd Crist wedi ei gyfodi nid oedd sail i gredu yn atgyfodiad y credinwyr; y maent wedi darfod amdanynt.

Nid yw'r rhai sy'n amau'r atgyfodiad yn iawn farnu prosesau natur. Pan yw dyn yn hau had, y mae bywyd yn dod o'r hedyn wrth iddo farw yn y ddaear, ac allan o'i farwolaeth y daw eginyn a bywyd. Y mae natur, felly, yn ategu'r gred mewn atgyfodiad. Wedi sôn am wahanol fathau o hadau, â Paul ymlaen i wahaniaethu rhwng *y corff anianol presennol* a'r *corff nefol ysbrydol.* Y mae'r naill yn sicr o ddadfeilio a darfod, ond bydd y llall yn atgyfodi yn anllygredig. Mae Adda, y dyn cyntaf, yn cynrychioli'r corff anianol. Ond mae'r Ail Adda'n cynrychioli'r corff ysbrydol. Ni all y corff anianol, llygredig, etifeddu bywyd tragwyddol.

Fel pe bai'n ymwybodol ei fod ar dir cysegredig ac yn ymdrin â dirgelwch mawr, dywed Paul fod trawsnewid mawr yn digwydd, a hynny 'ar drawiad amrant, ar ganiad yr utgorn diwethaf' (1 Cor. 15:51), sef gydag Ailddyfodiad Crist. Bydd y meirw'n cael eu cyfodi yn anllygredig, a bydd y byw yn cael eu 'newid'. Disgrifir y 'newid' fel y llygradwy yn gwisgo anllygredigaeth, a'r marwol yn gwisgo anfarwoldeb. Canlyniad hyn fydd diddymu angau ei hun. Gwawdir angau mewn dyfyniad o broffwydoliaeth Hosea: 'O angau, ble mae dy fuddugoliaeth? O angau, ble mae dy golyn?' (1 Cor. 15:53–55).

Daw Paul â'r bennod fawreddog hon i'w therfyn trwy foli Duw 'sy'n rhoi'r fuddugoliaeth i ni trwy ein Harglwydd Iesu Grist', a thrwy annog ei ddarllenwyr i barhau'n gadarn a diysgog yn eu gwaith a'u tystiolaeth 'gan eich bod yn gwybod nad yw eich llafur yn yr Arglwydd yn ofer' (1 Cor. 15:57–58).

Erys un cwestiwn na allai Paul, na neb arall, roi ateb iddo – neb ond Duw ei hun – sef, a fydd pawb yn y diwedd yn cael eu hachub? Yn 1 Corinthiaid 15:22, dywed Paul, 'Oherwydd fel y mae *pawb* yn marw yn Adda, felly hefyd y gwneir *pawb* yn fyw yng Nghrist'. Ond ai ystyr *pawb* yw'r ddynoliaeth gyfan ynteu pawb sydd 'yng Nghrist'? Nid yw Paul yn dweud yn glir beth, yn y diwedd, fydd tynged y rhai nad ydynt yn Gristnogion. Ar y naill law, mae'n dweud y bydd Iesu, yn y diwedd, yn dod gyda'i angylion nerthol mewn fflamau tân, 'gan ddial ar y rhai nad ydynt yn adnabod Duw a'r rhai nad ydynt yn ufuddhau i Efengyl ein Harglwydd Iesu. Dyma'r rhai fydd yn dioddef dinistr tragwyddol yn gosb, wedi eu cau allan o bresenoldeb yr Arglwydd ac o ogoniant ei nerth ef' (2 Thes. 1:8). Ar yr olwg gyntaf, mae'n ymddangos mai cosbedigaeth dragwyddol yw tynged y di-Dduw. Ond a yw 'dinistr' yn golygu poen tragwyddol, ynteu diddymdra? Yn sicr, y gosb waethaf, boed hynny'n cynnwys poen neu'n gyfystyr â diddymndra, yw cael ein cau allan o bresenoldeb Duw.

Mewn mannau eraill, mae Paul yn gogwyddo tuag at gred mewn achubiaeth gyffredinol. Yn Rhufeiniaid 11:26, mae'n cyhoeddi 'y caiff Israel i gyd ei hachub'. Ac yn Colosiaid 1:19–20, meddai am waith Duw yn Iesu Grist, 'Oherwydd gwelodd Duw yn dda i'w holl gyflawnder breswylio ynddo, a thrwyddo ef, ar ôl gwneud heddwch trwy ei waed ar y groes, i gymodi pob peth ag ef ei hun, y pethau sydd ar y ddaear a'r pethau sydd yn y nefoedd', geiriau sy'n adlais o'i ddatganiad yn 2 Corinthiaid 5:19: 'Hynny yw, yr oedd Duw yng Nghrist yn cymodi'r byd ag ef ei hun, heb ddal neb yn gyfrifol am ei droseddau'. O ystyried hyn oll, un o dri pheth sy'n wynebu'r annuwiol: cosbedigaeth dragwyddol, diddymdra, neu'r gobaith y bydd cariad a thrugaredd Duw yn eu cipio i'r goleuni nefol ac i'w bresenoldeb ei hun.

Cwestiynau i'w trafod

1. Sut mae egluro ystyr Ailddyfodiad Crist i'n hoes ni? A ydych yn credu y daw Crist eto?

2. A yw dysgeidiaeth Paul am atgyfodiad y corff yn ystyrlon i ni heddiw?

3. A gaiff pawb yn ddiwahân eu hachub?

Llyfryddiaeth

Armstrong, Karen, *The First Christian,* 1983, Pan Books, Llundain
Bruce, F.F., *Paul: Apostle of the Heart Set Free,* 1977, Grand Rapids
Davies, W.D., *Paul and Rabbinic Judaism,* 1955, SPCK, Llundain
Davies, Dafydd G., *Dod a Bod yn Gristion,* 1984, Gwasg Pantycelyn, Caernarfon
Dunn, James D.G., *The Theology of Paul the Apostle,* 1998, T.& T. Clark, Caeredin
Evans, O.E., *Y Llythyrau Paulaidd,* 1984, Prifysgol Cymru, Caerdydd
Loader, Maurice, *Yr Epistol at y Galatiaid,* 1975, Tŷ John Penry, Abertawe
McRay, John, *Paul: His Life and Teaching,* 2003, Baker Academic, Grand Rapids
Munck, Johannes, *Paul and the Salvation of Mankind,* 1959, SCM Press, Llundain
Robinson, J.A.T, *The Body: A Study in Pauline Theology,* 1952, SCM Press, Llundain
Robinson, J.A.T, *Wrestling with Romans,* 1979, SCM Press, Llundain
Saunders, E.P., *Paul and Palestinian Judaism,* 1977, SCM Press, Llundain
Scott, Anderson, *Christianity According to St Paul,* 1939, Caergrawnt
Stewart, J.S., *A Man in Christ,* 1935, Hodder and Stoughton, Llundain
Vermes, Geza, *The Changing Faces of Jesus,* 2000, Penguin, Llundain
Whiteley, D.E.H., *The Theology of St Paul,* 1966, Blackwell, Rhydychen
Williams, J. Tudno, *Llith i Gorinth,* 1991, Gwasg Pantycelyn, Caernarfon,
Williams, J. Tudno, *Llythyrau at y Galatiaid a'r Philipiaid,* 2001, Gwasg Pantycelyn, Caernarfon